Knaur.

*Im Knaur Taschenbuch Verlag ist bereits
folgendes Buch der Autorin erschienen:*
Wüstenblume

Über die Autorin:
Waris Dirie, geboren 1965, floh im Alter von 14 Jahren aus ihrer Heimat Somalia nach England, wo sie als Model entdeckt wurde. In ihrem Weltbestseller *Wüstenblume,* 2009 verfilmt, prangerte sie den Brauch der weiblichen Genitalverstümmelung an. Mit der von ihr gegründeten Desert Flower Foundation kämpft sie heute weltweit gegen diese Art der Menschenrechtsverletzung und setzt sich für die Rechte afrikanischer Frauen ein.
Weitere Informationen unter: www.desertflowerfoundation.org

*Ich widme dieses Buch
den Frauen Afrikas*

Inhalt

Prolog – Der Traum der Wüstenblume
11

1 – Einmal Nomadin, immer Nomadin
17

2 – Schwarze Frau, weißes Land
33

3 – Liebe und Respekt
45

4 – Wüstenblume – der Film
63

5 – Dschibuti – zurück in Ostafrika
87

6 – Ein Kontinent ohne Zukunft?
101

7 – Trügerische Träume
125

8 – Piraten und Politiker
141

9 – Zerrissen zwischen zwei Welten
159

10 – Das Schicksal der Frauen Afrikas
177

11 – Armut im Paradies
191

12 – Ein Sommer in Polen
209

13 – Berlin
221

14 – Veruschka
239

15 – Schwanger
255

16 – Leons Geburt und neue Pläne
267

17 – Mama Africa
287

18 – Venedig – Start in ein neues Leben
311

Epilog – Afrika, meine Hoffnung
325

Anhang
327

Die Arbeit,
die man sich selbst vorgenommen hat,
ist nie unmöglich.

Aus Kenia

Prolog

Der Traum der Wüstenblume

Leon, ich werde dich nie verlassen.«
Zärtlich betrachte ich meinen kleinen Sohn, während ich ihm diesen Satz ins Ohr flüstere. Leon liegt mit geschlossenen Augen friedlich auf meinem Bauch und schmiegt sich an mich. Ich genieße den Moment der Ruhe und Stille, und die Hängematte, in der wir beide liegen, schaukelt ihn sanft in den Schlaf.
Nach einer Weile drehe ich den Kopf und blicke über den Rand der Hängematte, die ich auf der Terrasse meiner kleinen Lodge aufgehängt habe. Ich kann es kaum fassen, dass dies hier unser neues Zuhause ist. Die ehemals alte, heruntergekommene Farm, die seit Jahren leer stand, liegt etwas abseits von einem Dorf an einer kleinen Straße. In Eigenregie haben meine Brüder und ich mit unseren Helfern das halb abgedeckte Dach erneuert und die von Pflanzen überwucherte, baufällige Ruine Stück für Stück renoviert und instand gesetzt, bis das Haus bewohnbar war.
Hinter der Terrasse erstreckt sich die wunderschöne Natur Tansanias. Alles ist grün, die Pflanzen stehen in voller Blüte, und an dem ovalen See am Ende des großen Grundstücks nisten zahlreiche Wasservögel. Tief atme ich den Duft der Rosen ein, die ich selbst gepflanzt habe und die nun langsam am Geländer der Veranda emporranken. Ich beobachte einige Ziegen, die im Garten herumlaufen und grasen, und halte Ausschau nach meiner Mutter, die ganz in der Nähe sein muss. Auf der anderen Seite der Lodge sind meine beiden Brüder gerade dabei, einen neuen Holzzaun aufzustellen. Ich höre sie reden und lachen.
Als ich die heruntergekommene Farm zum ersten Mal sah,

wusste ich sofort, dass dies hier der Ort war, an dem ich meinen großen Traum verwirklichen könnte. Ich war mit dem Vorhaben hierher nach Ostafrika gekommen, für die Frauen aus der Region Arbeitsplätze zu schaffen. Sie sollten nicht nur fair bezahlt werden, sondern auch etwas über Landwirtschaft und die Führung einer kleinen Farm lernen. Wertvolles Wissen, das ihnen einen Weg in eine neue, unabhängige Zukunft weisen sollte.

Ich versuche, mich so wenig wie möglich zu bewegen, um Leon nicht aufzuwecken, und schaue in die andere Richtung. Der Ausblick von meinem Platz ist einfach unglaublich. In der Ferne zeichnen sich die Umrisse des gewaltigen Kilimandscharo, des höchsten Bergmassivs Afrikas, mit seiner schneebedeckten Spitze vor dem Horizont ab. Der Himmel ist strahlend blau, trotzdem ist die Lufttemperatur selbst jetzt, am späten Nachmittag, noch immer sehr erträglich. Es weht ein leichter Wind, der ein angenehmes Gefühl auf der Haut hinterlässt.

Leon bewegt sich, und ich merke, wie sehr mich dieser Moment mit meinem schlafenden Baby auf dem Bauch erfüllt. Hier, in meiner Hängematte, mit meinem kleinen Leon, mit meiner ganzen Familie in meiner Nähe, bin ich endlich am Ziel angekommen.

Dann höre ich ein Geräusch, und als ich aufblicke, entdecke ich durch die geöffnete Tür meinen älteren Sohn Aleeke, der am Küchentisch sitzt und seine Hausaufgaben macht. Er ist sehr gut in der Schule, hat schon viele Freunde gefunden und fühlt sich, genau wie ich, sehr wohl hier in Tansania, diesem im Gegensatz zu meiner Heimat Somalia friedlichen Land.

Es ist der perfekte Moment. Endlich habe ich mein Zuhause gefunden. Ich kann afrikanischen Frauen dabei helfen, ihre eigene Zukunft und damit die ihres Kontinents zu verbessern. Meine ganze Familie, die ich schon verloren geglaubt hatte, habe ich hier vereint. Meine Eltern, alle meine Geschwister, meine Söhne. Alle Menschen, die ich liebe, leben nun hier mit mir, inmitten der wunderschönen Natur Ostafrikas.

Noch ist es nur ein Traum …

Die kleinen Sterne leuchten immer,
während die große Sonne untergeht.

Aus dem Senegal

I

Einmal Nomadin, immer Nomadin

Ich hatte Wien, das schon beinahe zu meiner neuen Heimat geworden war, nach langen Überlegungen im Jahr 2006 verlassen, um nach Südafrika zu ziehen. Ich wollte so gerne zurück nach Afrika und hatte gehofft, in Kapstadt eine neue Heimat finden zu können. Allerdings war dieses Vorhaben nicht ganz so verlaufen, wie ich es mir vorgestellt hatte. Ich ärgerte mich zwar häufig über die Bürokratie und die pingeligen Behörden in Europa und behauptete gerne, in Afrika sehe man das alles entspannter, aber bei meiner Einreise nach Südafrika erfuhr ich das Gegenteil. Hier hatte ich nicht nur mit Bürokraten, sondern zusätzlich auch noch mit der überall herrschenden Korruption zu kämpfen.
So ist das nun mal: Wenn man in Afrika etwas will, und zwar egal was, dann muss man irgendjemanden bestechen.
Als ich vor Jahren zum ersten Mal nach Somalia zurückkehrte, um mich auf die Suche nach meiner Mutter zu machen, wurde mir dies mit aller Deutlichkeit bewusst. Von dem Moment an, als ich aus dem Flugzeug stieg, musste ich Menschen schmieren und bestechen, egal ob ich Informationen brauchte oder einfach nur unversehrt den Flughafen verlassen wollte. Ich reiste damals mit meinem Bruder Mohammed nach Somalia. Die Maschine, mit der wir nach Mogadischu flogen, hatte die Bezeichnung Flugzeug eigentlich gar nicht verdient, denn wir teilten uns den Laderaum mit Ziegen und Schafen. Am Flughafen in Somalia stand dann plötzlich ein großer Mann mit einem Maschinengewehr vor uns.
»Wir müssen ihm Geld geben«, flüsterte mein Bruder.
Ich sah mich um. Überall standen Bewaffnete herum und

verbreiteten mit ihren großen Gewehren Angst und Schrecken unter den ankommenden Passagieren. Zwar trugen sie die Phantasieuniform irgendeiner Rebellengruppe, sahen aber aus, als würden sie ihre »Aufgabe« durchaus ernst nehmen.

»Geld? Wofür denn? Ist der Typ vielleicht die Einreisebehörde?«, fragte ich trotzig.

»Sie werden uns die Pässe wegnehmen«, prophezeite mein Bruder besorgt.

»Das wollen wir doch mal sehen«, sagte ich kampflustig und wandte mich an den Hünen vor uns. »Entschuldigung, könnten Sie mir vielleicht ein Taxi besorgen?«

Daraufhin packte mich der Mann unsanft am Arm und zerrte mich in das Flughafengebäude, während ein anderer sich meinen Bruder schnappte. Gemeinsam brachten sie uns in einen winzigen Raum, in dem noch mehr Bewaffnete herumsaßen. Am Ende zahlten wir dann.

So ist das in Afrika, und es sieht nicht danach aus, als würde sich in absehbarer Zeit etwas daran ändern. Bis heute können Familien ihre Kinder nicht zur Schule schicken, da sie nur dann einen »freien Platz« bekommen, wenn sie Schmiergeld an den Verantwortlichen zahlen. Ladenbesitzer müssen einen Teil ihrer Einnahmen an völlig sinnlose, eigens dafür geschaffene Institutionen abgeben, damit sie ihr Geschäft führen dürfen. Wer jemals mit guten Absichten versucht hat, in Afrika ein noch so kleines Projekt anzustoßen, wird festgestellt haben, dass er einen guten Teil des Budgets für Schmiergeldzahlungen einplanen muss, vielleicht sogar mehr als für das eigentliche Vorhaben.

In Afrika ist alles möglich, aber nur, solange dafür Geld fließt. In einem Land wie Somalia, in dem es nicht mal mehr einen funktionierenden Staat gibt, braucht man keine Uniform, sondern lediglich eine furchterregend aussehende Waffe nach Wahl, um Autorität auszustrahlen.

In Ländern wie Südafrika hat der höhere Entwicklungsstandard des Landes eine schöne Mischung aus westlicher Uniformverliebtheit und afrikanischer Korruption hervorgebracht. Ergänzt wird das Ganze durch eine unglaublich hohe Kriminalitätsrate. Als ich nach Südafrika zog, konnte ich all diese Phänomene hautnah erleben.
Bei meiner Ankunft stand ich mit meiner PR-Managerin und Freundin Joanna in der Schlange der Zollstelle. Sie kam problemlos durch die Kontrolle, dann war ich an der Reihe und reichte der Frau am Schalter meinen Reisepass.
»Bitte warten Sie hier auf der Seite, Frau ... Dirie«, sagte sie.
»Meine Freundin ist schon durch«, erwiderte ich und hielt nach Joanna Ausschau.
»Bitte warten Sie hier«, wiederholte die Frau nur.
Also stand ich eine Weile neben dem Schalter herum und wartete, bis eine Frau in Uniform auf mich zukam.
»Bitte folgen Sie mir«, sagte sie nur ohne ein weiteres Wort.
Ich ging mit ihr in einen kahlen, ungemütlichen Flughafenraum, wo sie auf einen Stuhl an einem kleinen Tisch deutete. Nachdem ich Platz genommen hatte, setzte sie sich mir gegenüber und blätterte eine Weile schweigend in meinem Reisepass. Dann schloss sie das Dokument, legte es vor sich auf den Tisch, stützte ihre Hände darauf und sah mich an. »Warum sind Sie hier, Frau Dirie?«, fragte sie gedehnt.
»Weil ich hier sein möchte«, erwiderte ich und war etwas erstaunt. Was für eine Frage war das denn?
»Ja, aber aus welchem Grund? Arbeiten Sie hier? Machen Sie Urlaub? Was ist der Grund Ihres Aufenthalts?«
»Ich bin nur zum Vergnügen hier«, antwortete ich. »Ich bin hier, um meinen Kontinent zu besuchen. Immerhin bin ich Afrikanerin.«
Die Frau zog eine Augenbraue hoch. »Es interessiert mich

nicht, wo Sie herkommen«, sagte sie schroff. »Wie ist Ihre Adresse hier in Südafrika? Wo werden Sie wohnen?«
»Das weiß ich nicht auswendig, meine Freundin hat die Unterlagen«, entgegnete ich und wurde allmählich nervös. Ich blickte mich in dem winzigen Raum um, in dem nicht mal ein Bild an der Wand hing, und versuchte ruhig zu bleiben.
Die Frau schickte jemanden los, um Joanna zu suchen. Seit sieben Jahren begleitete sie mich jetzt schon auf meinen Reisen und zu meinen zahlreichen Terminen und war seit langem nicht mehr bloß PR-Managerin, sondern auch unverzichtbare Freundin für mich.
Als die Beamtin mit der Adresse zurückkam, stand die Frau auf und verschwand mitsamt dem Zettel und meinem Reisepass, ohne ein Wort zu mir zu sagen. Ich blieb in dem Zimmer sitzen, und meine Nervosität wich einer unbändigen Wut, denn ich wusste genau, was jetzt kommen würde.
»Sie können einreisen, allerdings wird wegen der besonderen Umstände eine Bearbeitungsgebühr in Höhe von …«, setzte die Frau an, nachdem sie zurückgekehrt war.
Ich musste zahlen, um in meinen eigenen Heimatkontinent einreisen zu dürfen. So wurde ich also in Afrika begrüßt.
Als international tätiges Topmodel habe ich in den letzten Jahren sehr viel Zeit auf Flughäfen verbracht, und ich muss zugeben, in einer Schlange zu stehen gehört nicht zu meinen Lieblingsbeschäftigungen. Schlimmer noch als Warten finde ich allerdings völlig sinnloses und willkürliches Warten, das nur dazu dient, den normalen, einfachen Passagieren sein kleines bisschen Autorität unter die Nase zu reiben.
Flughäfen zählten nun mal zu den Orten, an denen ich schon häufiger schlimme Erfahrungen mit missbrauchter Autorität hatte machen müssen. Einmal – ich war auf dem Weg aus den USA nach England, hatte bereits eingecheckt und war sogar schon durch die Sicherheitskontrolle gegangen –

schlenderte ich durch den Duty-free-Bereich. Da sprach mich unvermittelt eine uniformierte Frau von hinten an.
»Ma'am, kommen Sie bitte mit mir«, sagte sie und wollte mich in ihre Richtung dirigieren.
»Gibt es ein Problem?«, fragte ich und bewegte mich keinen Zentimeter von der Stelle.
»Nein, es geht um eine Sicherheitsmaßnahme. Kommen Sie jetzt bitte mit.«
»Ich werde ganz bestimmt nicht mit Ihnen kommen«, entgegnete ich schon etwas lauter. »Ich bin bereits durch die Sicherheitskontrolle gegangen und muss meinen Flug erwischen.«
»Lady«, sagte die Frau und sah mich eindringlich an. »Kommen Sie bitte sofort mit mir, oder Sie können Ihren Flug komplett vergessen.«
Ich hatte keine Chance, denn sie war diejenige von uns beiden, die in einer Uniform steckte, und so folgte ich ihr zähneknirschend. Sie brachte mich in einen kleinen Raum ohne Fenster, in dem ein Tisch und zwei Stühle standen, nahm mir meinen Boarding Pass ab und ließ mich erst mal eine Weile warten.
Nach einer halben Ewigkeit kam sie zurück und forderte mich im Kommandoton auf, mich auszuziehen. »Ich muss Sie nach Drogen absuchen«, erklärte sie mir.
»Ich bitte Sie«, flehte ich fast schon. »Ich habe nichts bei mir, ich möchte einfach nur meinen Flug bekommen.«
Die Frau trat ganz dicht an mich heran, so dass ich den Schweiß unter ihren Armen deutlich riechen konnte. »Ma'am, machen Sie es sich nicht unnötig schwer. Ziehen Sie sich aus.«
Also zog ich mich aus.
»Und jetzt vorbeugen.« Sie begann sich Plastikhandschuhe anzuziehen. »Ich muss deine Pussy und deinen Hintern inspizieren.«

Ich stand nur regungslos da, starr vor Wut und Hilflosigkeit, und sah sie an. Sie war eine schwarze Frau, genau wie ich, wahrscheinlich sogar in meinem Alter. Das Einzige, was uns beide unterschied, war die Tatsache, dass ich nackt war und sie eine Uniform trug. Dabei war sie darunter genauso nackt wie ich. Ich richtete mich langsam auf.
»Sie werden mich nicht anfassen, Lady«, sagte ich dann. »Ihr Finger geht hier nirgends hin, schon gar nicht in die Nähe irgendeiner meiner Körperöffnungen. In mir ist nichts, das Sie zu interessieren hätte. Sie werden mir Ihren Finger ganz sicher nicht in den Hintern stecken, das garantiere ich Ihnen.« Damit begann ich mich wieder anzuziehen.
Die Frau sah mir schweigend zu. Dann verließ sie den Raum und kam kurz danach mit einem männlichen Polizisten zurück.
Er machte einen unerwartet freundlichen Eindruck. »Kann ich bitte Ihre Papiere sehen?«, fragte er.
»Die hat sie«, sagte ich und deutete auf die Polizistin.
Der Polizist ließ sich meinen Ausweis aushändigen, warf einen kurzen Blick hinein und gab ihn mir zusammen mit dem Boarding Pass zurück. Dann durfte ich gehen.

Uniformen. Ich weiß nicht, woran es liegt, aber Uniformen, egal welcher Art, haben einen seltsamen Effekt auf die Menschen, die sie tragen. Egal wie irrelevant die Autorität ist, die eine Uniform ihrem Träger verleiht, sie scheint ihn zu verändern und sofort dazu zu verführen, diese Autorität zu missbrauchen. Man muss dazu nicht mal eine Polizeiuniform tragen, die eines simplen Flugbegleiters oder Fahrkartenkontrolleurs ist für diesen Effekt offenbar schon ausreichend.

Autorität verführt Menschen regelrecht dazu, sie zu missbrauchen. Man stecke eine ganz normale Person in eine Uniform, und schon macht dieses Kleidungsstück einen anderen Menschen aus ihr. Beim Stanford-Prison-Experiment hat eine Gruppe von Psychologen genau das mit jungen Männern gemacht. Nach dem Zufallsprinzip wurden die Teilnehmer an der Studie in zwei Gruppen aufgeteilt. Die eine Hälfte bekam Uniformen, denn sie waren nun Gefängniswärter und hatten für Ruhe und Ordnung unter den »Gefangenen«, der anderen Hälfte der Gruppe, zu sorgen. Innerhalb weniger Tage eskalierte die Situation, und es kam zu gewalttätigen Ausschreitungen seitens der Wärter. Sobald Menschen in Uniformen stecken und eine imaginäre Sonderstellung gegenüber allen nicht Uniformierten verspüren, beginnen sie, diese auszunutzen.

Ich könnte unzählige Geschichten von Menschen erzählen, die ihre Autorität missbrauchten. Als ich mal an einem deutschen Flughafen auf meinen Flug in die USA wartete, sprachen mich zwei Polizisten an, ein Mann und eine Frau. Sie hatten mich wohl beobachtet, während ich auf den großen Informationstafeln nach meinem Flug suchte, und nun kamen sie langsam, die Hände am Gürtel, in der ganzen Pracht zweier Uniformträger auf mich zu.

Der Mann fragte mich, wohin ich reisen würde, und setzte noch schnell hinterher: »Sprechen Sie Deutsch?«

»Nein«, erwiderte ich auf Englisch.

»Wohin reisen Sie?«, wiederholte er. Er hatte sich inzwischen angepasst und redete ebenfalls englisch.

»In die USA«, gab ich widerwillig Auskunft.

»Könnte ich bitte mal Ihre Papiere sehen?«, fragte er dann.

Wortlos reichte ich dem Mann meinen Reisepass, der das Dokument erstaunt musterte. »Sie sind Österreicherin?«,

fragte er dann und zog die Augenbrauen hoch. »Und Sie sprechen kein Deutsch?«
Wieder mal musste ich mitgehen, in einen weiteren kleinen fensterlosen Raum auf einem weiteren Flughafen, und wieder saß ich dort allein herum und wartete. Nach einer Weile kam der Mann zurück.
»Wie heißen Sie?«, fragte er.
Wollte der Mann sich über mich lustig machen? Er hatte doch gerade meinen Pass mitgenommen. »Waris Dirie«, antwortete ich, ohne eine Miene zu verziehen.
Plötzlich lachte er mich freundlich an. »Sie sind es wirklich, meine Frau hat erst kürzlich Ihr Buch gelesen. Bitte entschuldigen Sie, hier ist Ihr Pass.«
Ich stand einfach auf und ging, denn ich hatte nicht die geringste Lust, mich mit diesem Mann zu unterhalten, immerhin hätte ich wegen dieser unschönen Angelegenheit fast meinen Flug verpasst. Auf dem Weg zum Gate konnte ich nicht anders, als mir vorzustellen, wie lange ich wohl dort gesessen hätte, wenn ich einfach nur irgendeine schwarze Frau ohne einen bekannten Namen gewesen wäre oder wenn die Frau des Polizisten nicht zufällig mein Buch gelesen hätte.
Gib einem Menschen auch nur ein kleines bisschen Macht, und er wird sie missbrauchen. Das Beängstigende ist, dass so gut wie jeder irgendwann beginnt, sich so zu verhalten, wenn er nur lange genug eine Uniform trägt. In die Schule zu gehen und zu studieren macht Menschen vielleicht gebildeter, aber es macht sie nicht zu besseren Menschen. Es hält sie auch nicht davon ab, ihre Macht zu missbrauchen.

Was in Europa und den USA die Uniformen sind, das sind in Afrika die Waffen. Wer bewaffnet ist, kann tun, was er will. In Europa mag man einem Zollbeamten oder einem Polizisten ausgeliefert sein, in Afrika ist man nicht nur der »Staatsgewalt« ausgeliefert, sondern obendrein auch noch jedem, der sich ihr widersetzt.

Die hohe Kriminalitätsrate in Südafrika war mir vor meinem Umzug dorthin durchaus bekannt, und leider machte ich schon bald die Erfahrung, dass sie aus gutem Grund so hoch war.

In Südafrika angekommen, ging ich sofort zusammen mit Joanna auf die Suche nach einer geeigneten Bleibe. Eine Immobilienagentur führte mir mehrere Häuser vor, von denen manche am Meer lagen, einige andere in den Weinbergen bei Stellenbosch. So viel Armut es in Südafrika gab, so viel Luxus gab es auch, und ich war immer wieder perplex bei dem Anblick der weitläufigen Anwesen reicher Südafrikaner, aber auch vieler Europäer und Amerikaner, die das Klima und die wunderschöne Landschaft des südlichsten Landes auf dem afrikanischen Kontinent schätzten. Kein Wunder, dass dieser Luxus die ärmere Bevölkerung zu kriminellen Übergriffen verführte.

Trotz intensiver Suche war mein Traumanwesen lange nicht unter den Objekten, die mir die eifrigen Vermittler präsentierten, bis mir eines Tages ein etwas ungewöhnliches Angebot ins Hotel flatterte: Der Geschäftsführer der Immobilienagentur hatte sich scheiden lassen und wollte nun sein eigenes Haus verkaufen, das er für sich und seine kleine Familie in der Nähe von Kapstadt gebaut hatte. Das Gebäude, das auf einem Hügel mit freiem Blick auf den Atlantischen Ozean lag, und die Atmosphäre gefielen mir auf Anhieb. In weniger als zehn Minuten war man von hier aus am Meer, und auf der Rückseite des Hauses begann das größte Vogelschutzgebiet Südafrikas. Am Meer gab es eine bekannte Seelöwenkolonie, weshalb man auch regelmäßig einen weißen Hai zu sehen bekam, der von ihr angezogen wurde. Als ich das Objekt besichtigte, zögerte ich nicht lange und sagte sofort zu. Da das Haus vor meinem Einzug komplett renoviert werden musste, nahm ich mir in Kapstadt erst mal eine kleine Wohnung, in der ich die Zeit bis zur Fertigstellung verbringen wollte.

Eines Abends holte mich ein südafrikanischer Freund, John, zum Essen ab. Nach einem romantischen Dinner lud er mich noch ein, mit ihm in einen Club zu gehen. Wir tanzten den ganzen Abend, und ich amüsierte mich prächtig.

Plötzlich unterbrach der DJ die Musik und ergriff das Mikrofon. »Leute, hört mal her«, rief er, »wir haben heute einen echten Star bei uns zu Gast! Waris Dirie, Afrikas berühmte Bestsellerautorin, Supermodel und Bond Girl! Applaus! Applaus!«

Ich war völlig überrascht, als die Leute mir zujubelten, und winkte freundlich zurück. Wir blieben noch eine Weile und tanzten, und John begleitete mich anschließend bis vor meine Wohnungstür. Als ich die Haustür aufsperrte, bemerkte ich aus dem Augenwinkel, dass uns zwei junge Männer gefolgt waren. Ich war etwas besorgt, aber die beiden drehten schließlich ab und verschwanden, daher machte ich mir nicht weiter Gedanken über den Vorfall.

Am nächsten Morgen setzte ich mich in meinem kleinen Apartment im Wohnzimmer auf den Fußboden und hörte Bob Marley, während ich mit meinem Manager Walter telefonierte. Meine kleine Wohnung war recht schlicht, aber dennoch sehr schön und hatte sogar einen kleinen Balkon.

Als es an der Tür klopfte, lief ich mit dem Telefon am Ohr zur Tür und öffnete, ohne auch nur einen Moment darüber nachzudenken. Im nächsten Moment hielt mir jemand eine Pumpgun ins Gesicht, und die zwei jungen Männer vom Vorabend stießen mich rückwärts in meine Wohnung. Wäh-

rend der eine mir die Waffe an den Kopf hielt, rannte der andere gleich weiter ins Wohnzimmer. Ich stand nur reglos da, das Telefon immer noch in der Hand, und war wie in Schockstarre.
»Ist sonst noch irgendjemand in der Wohnung?«, fuhr einer der Männer mich an.
»Nein.« Ich war auf einmal völlig ruhig. Langsam ließ ich die Hand mit dem Telefon sinken und versuchte das Gerät hinter meinem Rücken zu verbergen. Komischerweise geriet ich überhaupt nicht in Panik, aus irgendeinem Grund blieb ich völlig ruhig. Ich hatte nicht einmal Angst, vermutlich weil alles so unecht und surreal auf mich wirkte.
»Hi«, sagte ich zu den Männern, die Kapuzenpullis trugen, ohne aber ihre Gesichter zu vermummen. Sie waren beide schwarz und ziemlich jung, dennoch war der eine eindeutig der Anführer, da er seinen Kameraden ständig herumkommandierte. Der Zweite schien vor allem auf der Jagd nach Geld für die Drogen zu sein, die er augenscheinlich nahm.
»Bring sie hier raus!«, bellte der Anführer auf einmal.
Der andere brachte mich daraufhin tatsächlich ins Schlafzimmer und drückte mich aufs Bett, während ich immer noch versuchte, das Telefon zu verstecken, diesmal unter meinem Hintern. Der Anführer hatte in der Zwischenzeit bereits das halbe Apartment verwüstet. Er ging mit einem unglaublichen Tempo vor, und die Sachen flogen nur so durch die Wohnung.
»Ganz ruhig«, sagte ich.
»Halt den Mund, du Schlampe!«, erwiderte mein Bewacher.
»Nehmt ruhig alles, was ihr wollt, nur bitte nicht meine Musik.«
Daraufhin betrachtete er meine Stereoanlage und warf sie achtlos um. Sein Komplize sah die ganze Zeit nur zu.

Plötzlich klingelte das Telefon unter meinem Hintern, und ich fuhr entsetzt herum. Offenbar hatte ich es aus Versehen ausgeschaltet. Mein Bewacher sprang hektisch auf, wobei er mich unsanft zur Seite stieß, nahm das Telefon und pfefferte es einfach in eine Ecke. Dann setzte er sich wieder hin und starrte seinen Boss an, der immer noch dabei war, meine Wohnung in ihre Einzelteile zu zerlegen. Inzwischen hatte er jedoch anscheinend etwas gefunden. Es war meine Kreditkarte.
»Wie ist deine Geheimzahl?«, fragte er mich.
Ohne zu zögern nannte ich ihm einfach irgendeine Zahlenkombination.
»Bist du sicher?«, vergewisserte er sich.
»Ja, ja, meinst du etwa, ich bin so blöd, dich anzulügen? Ich kann gerne mit dir zum Geldautomaten gehen, wenn du willst, er ist gleich hier um die Ecke.«
Der Mann beäugte mich misstrauisch, und ich konnte ihn fast nachdenken sehen. Alles hätte in diesem Moment passieren können, die Einbrecher hätten mich vergewaltigen oder umbringen können, oder beides. Aber es war Freitag, und Freitage haben etwas Magisches. Ich war mir sicher, dass mir nichts geschehen würde, und so verhielt ich mich auch. Die beiden Kleinkriminellen brachte das offensichtlich ganz schön aus dem Konzept.
Der Anführer sprang auf. »Wenn die Geheimzahl nicht stimmt, rufe ich dich an, und du legst sie um«, sagte er zu seinem Komplizen und rannte aus der Wohnung.
Da saß ich nun mit diesem dummen Kerl, der anscheinend überhaupt nicht wusste, was er gerade tat. Nach ein paar Minuten sagte ich beiläufig zu ihm. »Du glaubst doch nicht im Ernst, dass dein Kollege zurückkommt, um das Geld mit dir zu teilen, oder?«
Daraufhin sprang er auf und rannte einfach aus meiner Wohnung. Ich verharrte noch einen Moment völlig still, bis ich

mir sicher war, dass er tatsächlich weggelaufen war, dann rannte ich in den Hausflur und schrie um Hilfe.
Die Zeit, bis die Polizei endlich eintraf, kam mir vor wie eine halbe Ewigkeit. Den ganzen Überfall über war ich völlig ruhig geblieben, dafür traf es mich jetzt wie ein Schlag, als mir klarwurde, in welcher Gefahr ich geschwebt hatte, und auf einmal fing ich am ganzen Körper an zu zittern. Endlich hörte ich die Polizeisirenen, und Sekunden später sah ich vom Fenster aus bestimmt zehn Polizeiautos vor meinem Haus anhalten. Die Polizisten verteilten sich auf die verschiedenen Straßen, während einige weitere Uniformierte zu mir in die Wohnung kamen. Sie trugen Helme, schusssichere Westen und waren schwer bewaffnet.
»Können Sie die Einbrecher beschreiben?«, fragte einer der Beamten, während sich seine Kollegen eine Weile in meiner Wohnung umsahen.
Ich nickte und schilderte ihm, was mir alles aufgefallen war.
»Leider stehen die Chancen, die Täter zu finden, nicht besonders gut«, sagte er, nachdem er meine Aussage protokolliert hatte. »Sie sind noch glimpflich davongekommen, Frau Dirie. Hier werden jeden Tag Frauen vergewaltigt und Menschen umgebracht, und zwar für weit weniger als eine Kreditkarte.«
Die Polizisten rieten mir, die Nacht nicht in der Wohnung zu verbringen, aber dazu hätte mich sowieso niemand überreden können. Ich war sehr froh, dass ich am nächsten Morgen für eine schon seit längerem geplante Vortragsreise nach Europa reisen musste, deren Höhepunkt ein Vortrag vor dem Ministerrat in Brüssel werden sollte. Sosehr ich mich auch auf Afrika gefreut hatte, in diesem Moment wollte ich nichts wie weg. Du bist eben doch eine Nomadin, dachte ich wehmütig, als mir klarwurde, dass damit wieder einmal mein Traum, endlich irgendwo sesshaft zu werden und ein

Zuhause zu haben, geplatzt war. Ich fragte mich, an welche Flecken der Erde es mich wohl noch verschlagen würde, und versuchte, zuversichtlich nach vorne zu blicken.
Schließlich checkte ich in einem Hotel am Flughafen ein und flog früh am nächsten Morgen los. Ich hoffte, durch die bevorstehende Reise die Erlebnisse des Vortages einfach hinter mir lassen zu können. Wenn ich damals allerdings auch nur geahnt hätte, was mich nach diesem schrecklichen Erlebnis in Südafrika auch noch in Europa erwartete, hätte ich diese Hoffnung wohl schnell verworfen.

Der Leopard leckt alle seine Flecken –
schwarze wie weiße.
Aus Simbabwe

2

Schwarze Frau, weißes Land

Vierzehn Tage lang tourte ich mit Joanna für meine Stiftung die Desert Flower Foundation, mit der ich mich seit nunmehr fünfeinhalb Jahren gegen weibliche Genitalverstümmelung einsetzte, durch ganz Europa. Ich hielt Vorträge, gab Interviews, sprach vor Journalisten, Politikern und Studenten, traf mich mit Organisationen und betroffenen Frauen. Abschließend stand mein Vortrag in Brüssel auf dem Programm.

Als wir am Vorabend der Veranstaltung in der belgischen Hauptstadt ankamen, stand eine Limousine für uns bereit, die uns vom Flughafen in unser Hotel brachte, das zur Sofitel-Gruppe gehörte. Nachdem wir eingecheckt hatten, besprach ich mit Joanna, die mich auch auf dieser Reise begleitete, noch einmal meine Rede, die für den späten Nachmittag des nächsten Tages angesetzt war. Dann ging ich in mein Zimmer und machte mich fertig, um ins Bett zu gehen. Ich war einerseits sehr müde von den Anstrengungen der vergangenen Tage und andererseits extrem nervös wegen der bevorstehenden Veranstaltung. Ich hatte zwar schon viele Reden gehalten, aber diese hier war wirklich eine große Sache. Ich sollte im Rahmen der Veranstaltung unter anderem die amerikanische Außenministerin Condoleeza Rice treffen, um mit ihr über Maßnahmen gegen weibliche Genitalverstümmelung zu sprechen. Je länger ich über den nächsten Tag nachdachte, desto nervöser wurde ich. Schließlich stand ich wieder auf und beschloss, einen Abendspaziergang zu machen.

In der Hotellobby unterhielt ich mich kurz mit einem der Portiers, der mir davon abriet, abends allein hier in der Gegend spazieren zu gehen.

»Vielleicht sollten Sie lieber in einen ruhigen Club fahren, wenn Sie sich noch ein wenig entspannen wollen. Das ist allemal sicherer, als alleine durch die Straßen zu laufen«, sagte er und empfahl mir einen Club ganz in der Nähe. Dort stand an jenem Abend nur ruhige Chill-out-Musik auf dem Programm.
Ich bedankte mich und wandte mich zum Gehen.
»Nehmen Sie aber besser ein Taxi, sonst verlaufen Sie sich noch«, riet er mir.
Ich folgte seinem Rat und ließ mich zu der besagten Adresse fahren, was wirklich nur einmal um den Block war. In dem Laden setzte ich mich an einen kleinen Tisch und lauschte der Musik, die sehr schön war. Dabei versuchte ich mich ein wenig zu entspannen und nicht an den nächsten Tag zu denken. Lange blieb ich aber nicht. Als ich den Club etwa anderthalb Stunden später verließ, stieg ich einfach in das nächstbeste Taxi.
»Zum Sofitel, bitte«, sagte ich, und der Taxifahrer startete den Motor.
Die Fahrt kam mir diesmal länger vor als auf dem Hinweg, aber ich vermutete, dass der Taxifahrer ein paar Extrakilometer auf seinen Zähler bringen wollte, und hatte keine Lust, eine Diskussion mit ihm anzufangen. Als der Wagen in der reservierten Spur vorfuhr, zahlte ich, stieg aus und ging in die Hotellobby.
Schon an der Tür und erst recht an der Inneneinrichtung erkannte ich, dass dies gar nicht mein Hotel war. Also trat ich wieder auf die Straße und blickte an dem Gebäude hinauf. »Sofitel« stand dort in Großbuchstaben.
Also ging ich ein zweites Mal hinein und meldete mich an der Rezeption. »Entschuldigen Sie«, sagte ich zu dem älteren Herrn mit Lesebrille, der seine Zeitschrift zur Seite legte, »gibt es in Brüssel noch ein anderes Sofitel? Ich glaube nämlich, ich bin im falschen Hotel gelandet …«

»Es gibt mehr als nur ein anderes«, sagte der Rezeptionist zu meinem Entsetzen und fragte dann: »Wissen Sie denn die Adresse?«

»Nein, keine Ahnung«, entgegnete ich und redete mir ein, dass es keinen Grund gab, nervös zu werden. »Ich weiß nur, dass ich in einem Sofitel wohne, irgendwo in der Nähe des EU-Gebäudes.«

»Davon gibt es hier leider auch eine Menge«, erwiderte der ältere Herr und rückte seine Brille zurecht. »Aber ich will mal im Computer nachsehen. Wie ist denn Ihr Name?«

»Waris Dirie«, sagte ich und trommelte mit den Fingern auf dem Holztresen herum.

Nach einiger Zeit blickte der Rezeptionist wieder von seinem Computer auf. »Ich kann Sie nicht finden, Frau Dirie, für Sie ist in keinem unserer Hotels ein Zimmer gebucht. Sind Sie sicher, dass Sie in einem Sofitel reserviert haben?«

»Ja«, gab ich lauter als gewollt zurück. »Ich war ja schon dort und bin seit heute Vormittag eingecheckt!«

Der Mann musterte mich zunehmend misstrauisch. »Bei Sofitel sind sie jedenfalls nicht im System, so viel steht fest. Tut mir leid«, sagte er abschließend, »ich kann Ihnen da leider nicht weiterhelfen.« Damit wandte er sich ab und begann zu telefonieren.

Empört drehte ich mich um und ging zurück auf die Straße. Dann musste ich eben Joanna anrufen und sie um Hilfe bitten. Wahrscheinlich hatte man das Zimmer wie schon so oft aus Sicherheitsgründen auf einen anderen Namen gebucht. Ich kramte in meiner Tasche auf der Suche nach meinem Handy. Wo ist das verdammte Teil nur?, dachte ich, doch dann fiel es mir wieder ein. Ich hatte mein Mobiltelefon zum Aufladen im Hotel gelassen. Da ich ursprünglich nur ein bisschen spazieren gehen wollte, hatte ich auch meine Wertsachen und Kreditkarten im Hotel gelassen und nur etwas Bargeld mitgenommen, das ich nun fast komplett für die beiden Taxifahrten und mein Getränk in dem Club ausgegeben hatte.

Langsam kroch die Sorge meinen Rücken hinauf. Wie sollte ich in dieser fremden Stadt ein Hotel wiederfinden, in dem ich unter falschem Namen logierte, den ich zu allem Übel nicht kannte. Mittlerweile war ich so verunsichert, dass ich nicht mal mehr auf den Namen der Hotelkette hätte schwören wollen. Vor dem Hotel stand eine ganze Reihe mit Taxis, und ich sprach einfach einen der Fahrer an.

»Entschuldigen Sie, ich kann mein Hotel nicht mehr finden und habe nur noch zehn Euro dabei«, versuchte ich ihm meine missliche Lage zu erklären. »Können Sie mir vielleicht helfen? Ich glaube, es ist ein Sofitel irgendwo in der Nähe eines EU-Gebäudes.«

Der Fahrer lachte. »Noch ungenauer geht es wohl kaum, was? Tut mir leid, aber umsonst kann ich nicht mit Ihnen alle Hotels in Brüssel abklappern. Ich schlage vor, ich fahre Sie zur nächsten Polizeistation.«

»Na gut«, willigte ich ein. Eigentlich war das wirklich keine schlechte Idee. Bei der Polizei war ich zumindest sicher, und die Beamten würden mir auf jeden Fall helfen. Notfalls musste ich eben die Nacht dort verbringen.

Der Taxifahrer brachte mich bis vor eine Polizeidienststelle und bot mir sogar an, mit hineinzugehen, da die meisten Polizisten in Brüssel seines Wissens nur sehr schlecht Englisch sprachen.

Ich war ihm sehr dankbar, und so redete der Mann, der aus Algerien stammte, wie er mir auf der Fahrt erzählt hatte, auf Französisch mit den flämischen Polizisten. Die schienen allerdings nicht besonders interessiert an meinem Fall, und so dauerte es eine ganze Weile, bis endlich mal einer von ihnen auf mich zukam.

»Ihre Papiere! Passport!«, bellte er mich an.

Ich hatte nichts bei mir, um mich auszuweisen, also versuch-

te ich ihm meine Situation klarzumachen. »Ich heiße Waris Dirie und bin auf Einladung der EU hier. Ich soll morgen vor dem Ministerrat sprechen, aber meine Papiere habe ich im Hotel gelassen …«
»… das sie jetzt nicht mehr wiederfinden, na klar.« Der Polizist sah mich an, als hätte ich gerade behauptet, ich sei der Papst und wisse nicht mehr, wo ich mein Papamobil geparkt hatte.
»Besser, Sie gehen jetzt und machen keinen Ärger, sonst muss ich die Ausländerbehörde informieren«, sagte er in unfreundlichem Ton, anstatt mir wie erwartet zu helfen.
Ich war völlig perplex. »Aber hören Sie doch, ich bin eine bekannte Autorin und Menschenrechtsaktivistin!«, rief ich.
»Jetzt reicht's. Raus hier, aber sofort!«
»Lassen Sie uns besser gehen«, sagte der Taxifahrer. »Sonst bekommen Sie hier noch richtig Ärger. Ich möchte ehrlich gesagt auch lieber keinen Streit mit der Polizei haben.«
Auf der Straße stieg der drahtige schwarzhaarige Mann wieder in seinen Wagen.
»Tut mir leid, aber ich habe eine Familie zu ernähren, ich muss jetzt wirklich weiterarbeiten und heute Nacht noch ein bisschen Geld verdienen«, sagte er und zog die Schultern hoch. Dann verschwand er mit seinem Taxi in der Brüsseler Nacht.
Ich war komplett fassungslos. Da stand ich nun, mitten in der sogenannten Hauptstadt Europas, eingeladen von der Europäischen Union, und musste mich behandeln lassen wie eine illegale Einwanderin. Aber so war das eben. Ohne Reisepass war ich trotz meines Namens und meiner Erfolge hier nichts anderes als eine schwarze Frau, die nachts auf der Straße fremde Menschen um Hilfe bat. Alles Geld, das ich bisher in meinem Leben verdient hatte, änderte nichts daran, dass ich hier, in diesem Moment, genauso wenig hatte wie als obdachlose, illegale Afrikanerin in den Straßen Lon-

dons vor über fünfundzwanzig Jahren, als ich gerade erst nach Europa gekommen war.

Meine Wut über den unverschämten Polizisten wich der nackten Angst, die in mir aufstieg. Was sollte ich denn jetzt bloß tun? Ich erinnerte mich wieder an die unglaublich schweren ersten Jahre in London, an all die Demütigungen und vor allem an die Teilnahmslosigkeit der Menschen, die dort jeden Tag zu Tausenden an einem vorbeiliefen. Als Obdachlose war man auch in einer Millionenstadt genauso einsam wie ein einzelner Mensch in einer riesigen Wüste. Aber dort hätte ich mich wenigstens auf meinen Orientierungssinn verlassen können und früher oder später zurück nach Hause gefunden. Hier war ich mir da nicht so sicher. Es blieb mir nichts anderes übrig, als einfach in irgendeine Richtung loszumarschieren. Ich weiß im Nachhinein nicht mehr, wie lange ich schon umhergeirrt war, als ich einen Streifenwagen bemerkte, der an einer Straßenecke geparkt war. Ich beschloss, einen neuen Versuch zu wagen, und klopfte an das Seitenfenster.

»Ja?«, fragte der Polizist auf dem Beifahrersitz, ohne aufzublicken.

»Ich habe mich verlaufen und kann mein Hotel nicht mehr finden. Es ist ein Sofitel. Mein Geld, meine Papiere und mein Handy habe ich leider in meinem Zimmer liegen gelassen, und nun weiß ich wirklich nicht weiter. Ich bin Waris Dirie und soll morgen vor dem Ministerrat der EU sprechen«, erklärte ich ihm atemlos.

Der Polizist schaute mich nun einigermaßen freundlich an und begann sich mit seinem Kollegen zu unterhalten. »Okay, steigen Sie ein«, sagte er schließlich zu mir.

Erleichtert ließ ich mich auf der Rückbank des Wagens in die Polster sinken, und wir fuhren los. Einer der Polizisten gab über Funk etwas in einer Sprache durch, die ich nicht verstand.

»Wohin bringen Sie mich?«, fragte ich.
»In ein Hotel in der Nähe. Wir kennen da jemanden, der Ihnen vielleicht helfen kann.«
Ich blickte aus dem Fenster. Links und rechts standen überall Prostituierte am Straßenrand.
»Hier ist mein Hotel ganz sicher nicht!«, protestierte ich entnervt. »Ich habe Ihnen doch schon gesagt, es war gleich bei diesem EU-Gebäude.«
»Jetzt sind Sie mal schön still da hinten«, herrschte der Fahrer mich urplötzlich an. »Woher sollen wir denn wissen, dass Sie nicht eine von denen da sind und uns hier nur ein bisschen auf den Arm nehmen?« Er deutete auf die Frauen draußen auf der Straße.
Kurz darauf hielt der Wagen vor einem Hotel.
»Wir kommen gleich wieder«, sagte der Beifahrer, und die beiden Polizisten gingen hinein, während ich im Auto saß und wartete. Je länger die beiden Männer in dem Hotel blieben, desto unwohler fühlte ich mich. Wahrscheinlich hielten sie mich tatsächlich für eine Prostituierte. Ich stieg aus dem Wagen aus und betrat das Hotel. In der Lobby entdeckte ich die beiden Polizisten sofort, die gerade mit dem Rezeptionisten sprachen.
»Warten Sie draußen«, sagte der Portier zu mir. »Sie können nicht hier drinnen bleiben.«
»Wie bitte? Ich bin auf der Suche nach meinem Hotel.«
»Ich sagte, Sie sollen bitte draußen warten«, wiederholte er.
Da ich keinen zusätzlichen Ärger gebrauchen konnte, ging ich zurück zum Streifenwagen. Just in dem Moment hielt ein Taxi vor mir. Vielleicht war das ja mein Taxifahrer? Als ich versuchte, durch die Scheibe zu spähen, glitt das Fenster mit einem leisen Surren herunter.
»Brauchen Sie ein Taxi?«, fragte der Fahrer.
Es war ein anderer. Schade, dachte ich, der Zufall wäre auch zu groß gewesen.

»Ja, schon ...« Ich zögerte. »Aber ich habe kein Geld dabei. Ich wohne in einem Sofitel gleich bei der EU. Wenn Sie mir weiterhelfen, gebe ich Ihnen das Geld selbstverständlich dann im Hotel.«

Der Taxifahrer, der eine Mütze auf dem Kopf trug, die er tief ins Gesicht gezogen hatte, musterte mich von oben bis unten. »Okay, steigen Sie ein, wir werden uns schon einig werden«, sagte er dann.

Erleichtert stieg ich in das Taxi ein, ohne zu ahnen, dass ich mich gerade in die Hände eines gewalttätigen Verbrechers begeben hatte. Drei Tage und Nächte dauerte die Hölle an, die dieser Mann mir bereitete, und ich weiß nicht, wie ich das überlebt habe. Ich weiß nur eines: Ich möchte nie wieder in meinem Leben über das Erlebte reden müssen.

Als ich Joanna und Walter auf einer Polizeistation wieder in die Arme schloss, war ich unendlich froh. Ich hatte zwischendurch nicht mehr damit gerechnet, dass ich die beiden je wiedersehen würde, und ihre Anwesenheit verlieh mir neue Kraft. Diesen beiden Menschen vertraute ich, bei ihnen wusste ich, dass ich sicher war. Die belgische Polizei dagegen hatte auf ganzer Linie versagt. Sie hatte mich behandelt, wie man eine Schwarze ohne Papiere in Europa eben behandelt: barbarisch und respektlos.

Ich dachte an ein Gespräch mit der Kommunikationswissenschaftlerin Ishraga Hamid zurück, die ich in Wien getroffen hatte, da sie sich wie auch ich gegen weibliche Genitalverstümmelung engagiert. Wir hatten unter anderem über die Situation von Afrikanerinnen in Europa geredet. Die Frauen, von denen sogar knapp vierzig Prozent einen Hoch-

schulabschluss haben, arbeiten so gut wie nie in Jobs, die ihrer Qualifikation entsprechen, und fühlen sich zudem wegen ihrer Herkunft, ihres Geschlechts und ihrer Hautfarbe diskriminiert.
Wie soll man sich da als schwarze Frau in einem weißen Land zu Hause fühlen?
Solange europäische Männer afrikanische Frauen als Sexobjekte betrachten und die Gesellschaft sie diskriminiert, werden sich die Lebensbedingungen dieser Frauen nicht zum Guten wenden. Ich weiß, was das heißt, denn ich habe Herablassung, Verachtung, körperliche und seelische Gewalt oft genug am eigenen Leib gespürt.
So, wie jetzt in Brüssel.
Aber ich bin zäh, und ich lasse mich nicht kleinkriegen. Von niemandem!

Wende dein Gesicht der Sonne zu,
dann fallen die Schatten hinter dich.
Aus Südafrika

3

Liebe und Respekt

Nach den schrecklichen Ereignissen, erst in Südafrika und danach in Brüssel, kehrte ich erst mal nach Wien zurück, wo ich immer noch eine kleine Wohnung hatte und wo meine Stiftung ihren Sitz hat. Um mich von den traumatischen Erlebnissen abzulenken, stürzte ich mich mit voller Kraft in die Arbeit meiner Foundation, um die Projekte sowie die wichtige Aufklärungsarbeit gegen weibliche Genitalverstümmelung – auf Englisch Female Genital Mutilation (FGM) – weiter voranzutreiben.

Bei der Gründung der Foundation im Jahr 2002 hatten wir sofort auch eine Homepage und eine E-Mail-Adresse eingerichtet, um den vielen Frauen und Mädchen, die sich seither aus der ganzen Welt an mich gewandt hatten, eine Anlaufstelle zu bieten. Über diese E-Mail-Adresse meldeten sich jedes Jahr Tausende Betroffene sowie Menschen, die mehr über das Thema erfahren oder unsere Arbeit unterstützen wollten.

Immer wieder waren auch Frauen aus Europa darunter, die Opfer von sexueller Gewalt geworden waren und sich deshalb besonders stark mit meinen Büchern identifizierten. Die Erkenntnis, dass Gewalt gegen Frauen ein universelles Problem ist und sich nicht auf Afrika beschränkt, bestärkte mich trotz der schrecklichen Erfahrungen in Brüssel, meinen Kampf für die Frauenrechte von Europa aus fortzusetzen.

Meine Erfahrungen in der täglichen Arbeit zeigten jedoch schnell, dass es vor allem der Islam war, der eine wichtige Rechtfertigung für die Eltern lieferte, ihre Töchter hier in Europa beschneiden zu lassen.

Ich erinnere mich noch gut an den Tag, als eine junge suda-

nesische Mutter mit ihrer zweijährigen Tochter vor der Tür meines Büros im Millennium Tower in Wien stand. Eine große Hilfsorganisation, die mit Asylanten arbeitete und unter anderem diese Frau betreute, hatte sie an uns verwiesen. Erst wenige Wochen zuvor war sie mit ihrem Ehemann und dessen Eltern aus Darfur als Kriegsflüchtling nach Wien gekommen. Nach ihrer Flucht und der Ankunft im sicheren Europa, so berichtete die junge Frau mir, hatte es plötzlich bei der Familie ihres Mannes nur noch ein Thema gegeben: Wie und wo konnte die kleine Tochter hier in Österreich beschnitten werden?
Die Mutter, die selbst als Kind Opfer von Genitalverstümmelung geworden war, hatte nicht vorgehabt, ihrer Tochter dasselbe anzutun, und gehofft, durch die Flucht nach Europa sei dieses Thema für die Familie erledigt. Aber ihre Schwiegereltern und auch ihr Ehemann, die sehr gläubige Moslems waren, bestanden auf einer möglichst raschen Beschneidung. Ohne ihr soziales Umfeld hatte die junge Mutter keinerlei Vertrauenspersonen hier in Österreich, an die sie sich wenden konnte, und war dem Willen ihrer Schwiegereltern hilflos ausgeliefert. In ihrer Verzweiflung hatte sie sich schließlich ihrem Betreuer anvertraut.
»Kennt die Familie Ihres Mannes denn den Koran?«, fragte ich die Frau, die in dem Stuhl fast versunken wäre, so klein und schmächtig war sie.
»Die drei sind überzeugt, dass erst die Beschneidung eine echte Muslima aus unserer Tochter machen wird!«, entgegnete die junge Frau mit bebender Stimme.
Diese Auffassung hatte ich schon sehr häufig zu hören bekommen. »Es gibt einen Imam hier in Wien, der Ihren Schwiegereltern und Ihrem Mann erklären kann, dass im Koran nichts von weiblicher Genitalverstümmelung geschrieben steht. Er wird ihnen darlegen, dass weibliche Genitalverstümmelung nach Auffassung vieler Imame sogar

eine schwere Sünde ist. Schließlich hat Allah den weiblichen Körper mit gutem Grund so geschaffen, wie er ist, und nicht gewollt, dass wir Menschen daran herumschneiden.«
Die Miene der jungen Frau hellte sich deutlich auf. »Wirklich? Vielleicht ist das ja eine Möglichkeit. Auf einen Imam hören meine Schwiegereltern sicher eher als auf irgendjemand anderen!«
Ich gab der Frau die Adresse des Imam und meldete sie dort zu einem Treffen mit der gesamten Familie an. Einige Tage später stand die junge Mutter tatsächlich wieder bei mir im Büro und bedankte sich überschwenglich für meine Hilfe. Doch die Erleichterung hielt nicht lange an, denn kurz darauf kam sie erneut vorbei und berichtete mir völlig verzweifelt, ihre Schwiegereltern würden trotz der Worte des Imam eine Beschneidung durchführen lassen wollen.
»Sie glauben ihm zwar, dass der Koran keine Beschneidung verlangt, trotzdem sind sie überzeugt, dass meine Tochter unbeschnitten niemals einen Ehemann finden wird. Für ein unbeschnittenes Mädchen bekämen wir niemals einen Brautpreis, argumentieren sie.«
Das ist ein echter Teufelskreis, denn die Eltern brauchen das Geld oft dringend und können darauf genauso wenig verzichten wie auf die Arbeitskraft der Mädchen, die ihnen entgeht, wenn sie ihre Töchter zur Schule schicken.
Die Religion ist also wie so oft nur die moralische Rechtfertigung dafür, sich den frauenfeindlichen gesellschaftlichen Konventionen zu unterwerfen.
Außer mir über diese Tatsache, veranlasste ich ein Treffen mit dem Ehemann der Frau, zu dem ich auch den Asylbetreuer der Familie einlud. Der Ehemann wirkte im Gespräch erstaunlich offen, wiederholte jedoch gebetsmühlenartig, dass seine Mutter auf der Beschneidung bestehe. Ich machte ihm deutlich, dass ich die Polizei informieren müsse, da ich nun von einem bevorstehenden Verbrechen wisse.

»Sie lassen mir keine Wahl«, sagte ich. »Wenn Sie nicht bereit sind, Ihre Tochter nicht verstümmeln zu lassen, werde ich Sie anzeigen, und dann wird man Sie nach Darfur zurückschicken.«

Der Ehemann ließ sich von meiner Drohung einschüchtern und versprach völlig verzweifelt, alles zu versuchen, um seine Mutter von ihrem Vorhaben abzubringen.

Nun schaltete sich auch der Asylbetreuer ein. »Ich werde mich weiter um diese Familie kümmern und darauf achten, dass dem Mädchen nichts passiert«, versicherte er mir.

Ich konnte ihm nur vertrauen und auf das Beste hoffen. »Werden Sie eigentlich für solche Fälle geschult?«, fragte ich ihn. »Ihre Behörde betreut jedes Jahr sicher Tausende Asylbewerber, da muss so etwas doch öfter mal vorkommen, oder etwa nicht?«

»Natürlich kommt das hin und wieder vor, aber wir werden da nicht speziell geschult«, antwortete der Betreuer. »Dabei wäre es sicher sinnvoll und notwendig«, gab er zu.

Nach dem Gespräch wusste ich nicht, ob ich nun wütender auf die Schwiegermutter der jungen Frau war, die an völlig unnötigen und frauenverachtenden Bräuchen festhielt, oder auf die Situation hier in Europa, wo mir Politiker immer wieder versicherten, dass sie etwas gegen FGM tun wollten, aber wo noch nicht einmal die direkten Betreuer der Betroffenen über dieses Thema Bescheid wussten.

Es ist mir schleierhaft, warum viele Nichtregierungsorganisationen (NGOs), die Asylanten betreuen, ihre Mitarbeiter nicht zum Thema weibliche Genitalverstümmelung oder Zwangsverheiratung ausbilden. Immerhin stehen diese Menschen permanent in Kontakt mit den betroffenen Familien und sind oft Vertrauenspersonen. Mit einer guten Ausbildung könnten sie durchaus Zugang zu den Eltern und Kindern finden und hätten ganz sicher die Möglichkeit, geplante Verstümmelungen zu verhindern.

In europäischen Kindergärten und Schulen gibt es mittlerweile ebenfalls viele Kinder von Einwanderern, die potenziell gefährdet sind und die ihre bevorstehende Genitalverstümmelung sogar oft indirekt ankündigen. Trotzdem sind die meisten Kindergärtner und Lehrer zu diesem Thema gar nicht oder nur unzureichend informiert. Dies hat zur Folge, dass sie eine Bedrohung eventuell nicht erkennen oder nicht wissen, wie sie angemessen reagieren können.

Ich kenne viele Fälle, in denen afrikanische Mädchen zum Beispiel ihren Schulkameradinnen oder Lehrern erzählt haben, dass sie in den Sommerferien nach Afrika reisen würden und danach als erwachsene Frau zurückkämen, ohne dass die Lehrer auch nur geahnt hätten, welche Gefahr hier im Verzug war. Deshalb ist es so wichtig, dass angehende Lehrer und andere Pädagogen im Rahmen ihres Studiums oder ihrer Ausbildung über diese Problematik aufgeklärt werden.

Eine andere Berufsgruppe, die immer wieder direkt mit dem Thema FGM in Berührung kommt, sind Ärzte und Krankenhauspersonal, insbesondere Kinderärzte, Gynäkologen und Hebammen. Ich weiß, dass viele von ihnen bereits genitalverstümmelte Frauen und Kinder behandelt haben, trotzdem hat dieses wichtige Thema bisher keinen Eingang in die Studienpläne der angehenden Mediziner gefunden und wird bisher vor allem dank der Eigeninitiative einiger weniger Ärzte diskutiert.

Alle unsere Kampagnen ergeben jedoch nur dann Sinn, wenn sich auch in der Politik und an der Einstellung der Menschen, die mit Immigranten arbeiten, etwas ändert. Solange die Themen weibliche Genitalverstümmelung und Zwangsverheiratung in der Betreuung ausgeklammert werden, wird sich an der Situation in Europa nichts ändern – und wenn ich noch so viele Vorträge über dieses Thema halte.

Fälle wie der von der Familie aus Darfur werden beinahe täglich an die Mitarbeiter meiner Foundation herangetragen. Offensichtlich fühlt sich von Behördenseite niemand für die Opfer oder für Mädchen, die von FGM bedroht sind, wirklich zuständig. Meist wenden sich bedrohte Mädchen aber gar nicht erst an die Behörden, da sie ihnen einfach nicht vertrauen.

Ein fünfzehnjähriges Mädchen aus einer nach Deutschland immigrierten Familie aus Westafrika wandte sich direkt per E-Mail an mich, als sie befürchtete, dass ihre Eltern sie und ihre beiden Schwestern verstümmeln lassen wollten. Aus Furcht, dass ihre Eltern erfahren könnten, wer die Behörden informiert hatte, wollte sie auf keinen Fall, dass wir das Jugendamt einschalteten. Die Eltern der Mädchen waren strenggläubige Muslime und obwohl sie schon seit zwanzig Jahren in Deutschland lebten, waren sie zutiefst davon überzeugt, dass die Beschneidung von Frauen im Koran gefordert wird.

Ich versuchte vergeblich, an die Telefonnummer des Mädchens zu gelangen, das mit jeder E-Mail verzweifelter klang, aber sie hatte einfach zu große Angst und reagierte daher zunächst nicht auf mein Drängen. Eine Weile hörte ich sogar gar nichts mehr von ihr und befürchtete schon, sie habe aus Angst den Kontakt zu mir abgebrochen. Doch dann erhielt ich schließlich wieder eine E-Mail von ihr. »Bitte ruf mich an«, stand nur darin, »ich brauche dringend Hilfe«, und darunter ihre Telefonnummer.

Sofort rief ich sie an, woraufhin sie mir weinend erzählte, ihre Eltern würden sie und ihre beiden Schwestern nun definitiv beschneiden lassen wollen, es könne jeden Tag so weit sein. Ich bot ihr erneut an, zu ihrer Familie nach Deutschland zu fahren, um mit ihren Eltern zu sprechen, aber diese Vorstellung schien ihr nur noch mehr Angst zu machen. Als sie mir schließlich doch ihre Adresse verriet, informierte meine Stiftung diskret die Behörden, die der Familie, die als gut integriert und unauffällig galt, einen unangekündigten Besuch abstatteten. Ich wusste, dass es keine andere Möglichkeit gab, um die Mädchen zu retten. Als die Behörden eingriffen, stand die Verstümmelung der drei Schwestern unmittelbar bevor.

Nachdem die Eltern sich auch nach eingehenden Gesprächen nicht davon überzeugen ließen, von ihrem Vorhaben abzurücken, und ihren Töchtern zu verstehen gaben, dass die Beschneidung früher oder später in jedem Falle stattfinden würde, entschlossen sich die drei, gemeinsam in ein betreutes Wohnprojekt zu ziehen.

Ich bin mehrfach dafür kritisiert worden, dass wir in solchen Fällen die Behörden einbeziehen, denn viele NGOs, die sich in Europa mit dem Thema FGM beschäftigen, informieren die Behörden prinzipiell nicht. Sie argumentieren, FGM sei eine Tradition, die die westlichen Behörden nicht verstünden, außerdem müsse man die Integrität der afrikanischen Familien und Communities schützen.

Das extremste Beispiel in dieser Hinsicht erlebte ich eines Sommers vor wenigen Jahren, als die Mitarbeiterin einer bekannten Organisation mir sagte, sie wisse, wer die Beschneidungen durchführe.

»Warum zeigen Sie die Frau nicht an?«, fragte ich sie ganz direkt.

»Ich verpfeife doch keine afrikanische Schwester an die örtlichen Behörden«, lautete die empörte Antwort.

In den afrikanischen Communities in Europa besteht zu diesem Thema ein merkwürdiger Schutzmechanismus, der dazu führt, dass das Anzeigen eines Verbrechens, noch dazu an Kindern, als Eingriff westlicher Behörden in die eigene Kultur und als Aufdrängen fremder Werte gilt.

Ich verstehe einfach nicht, warum man Menschen, die nach

Europa oder in die USA kommen und Asyl beantragen, nicht eine Erklärung unterschreiben lässt, in der sie darüber informiert werden, dass FGM in dem Land, das sie aufnimmt, illegal ist. Des Weiteren müssten sie sich verpflichten, ihre Töchter nicht genitalverstümmeln zu lassen und sie auch nicht zwangszuverheiraten. Im Falle eines Verstoßes sollte ein Asylantrag abgelehnt beziehungsweise ein bereits angenommener Antrag rückgängig gemacht und sollen die Familien sofort abgeschoben werden können.

Dies wäre ein enormes Druckmittel gegenüber Asylanten und anderen Immigranten und sollte daher auch für jene Menschen gelten, die bereits eine längerfristige Aufenthaltsgenehmigung haben.

Letztlich weiß ich natürlich, dass es nicht reicht, schärfere Gesetze zu verabschieden, obwohl es wichtig ist, FGM nicht einfach nur als eine Form der Körperverletzung zu behandeln, da die Gesetzeslage den Tätern sonst zu viele Schlupflöcher bietet. Mindestens so wichtig ist es, in Aufklärungsarbeit und Prävention zu investieren, was jedoch kaum eine Regierung tut.

Weiterhin sollten Fördergelder an afrikanische Kulturvereine und Organisationen in Europa und Amerika an bestimmte Auflagen geknüpft werden, damit diese in ihren Zeitungen und auf ihren Websites sowie bei geförderten Veranstaltungen ausführlich über FGM berichten und sich klar dagegen positionieren. Schließlich sollte in allen Schulen im Ethik- oder Religionsunterricht, und zwar für Muslime, Christen und Juden gleichermaßen, über dieses Thema gesprochen und aufgeklärt werden.

Immer wieder kommt es vor, dass mir europäische Politiker zu meinem Kampf gegen FGM gratulieren. Zu *meinem* Kampf, nicht zu *ihrem*, was mich jedes Mal auf die Palme bringt.

Weltweit sind über hundertfünfzig, vielleicht sogar zweihundert Millionen Frauen und Mädchen von dieser grausamen Art der Beschneidung betroffen, vielleicht sogar viel, viel mehr. Alle Zahlen basieren immer nur auf Schätzungen, so dass man die wahren Ausmaße nie mit Sicherheit wird feststellen können.

Seit ich meine Arbeit mit der Desert Flower Foundation begonnen habe, melden sich mehr und mehr Frauen, aber auch Ärzte aus Ländern, die bisher weder von den UN noch von anderen Organisationen je als Länder, in denen FGM praktiziert wird, erfasst wurden, und berichten mir, dass FGM auch in ihrem Land durchgeführt wurde und viele Frauen und Mädchen Opfer geworden seien. Ob im Iran, im Irak, in Syrien, der Türkei, in Indonesien, Malaysia, Indien, Pakistan, Saudi-Arabien oder Bosnien, ob in Kolumbien oder Brasilien. Die meisten Studien haben bisher nur Zahlen zu FGM in Afrika erhoben. Auch dass viele Immigranten dieses Problem nach Europa importiert haben und FGM hier praktizieren, wurde vor der Veröffentlichung meines Buches *Schmerzenskinder*, in dem ich von Begegnungen mit Opfern und Tätern berichte, nie untersucht und öffentlich gemacht oder diskutiert. Die Menschen, vor allem Politiker, müssen endlich verstehen, dass der Kampf gegen weibliche Genitalverstümmelung unser gemeinsames Anliegen sein muss, denn er ist ein wichtiger Teil des Kampfes für Menschenrechte, für Frauenrechte und die Rechte der Kinder. Menschenrechte sollten universell gelten. Trotzdem kämpfe ich als schwarze Frau in einem weißen Land ständig mit Ignoranz und Gleichgültigkeit gegenüber diesem Thema, das viele fälschlicherweise als rein afrikanisches Problem sehen.

Überall auf der Welt kann man beobachten, dass Menschen, die ihre Heimat und ihren Kulturkreis verlassen, besonders stark an den Traditionen ihrer Heimat festhalten. Wenn man zum Beispiel den Lebensstil und die Ansichten vieler Türken in Europa mit Türken in der Türkei vergleicht, stellt man schnell fest, dass diejenigen, die seit drei Generationen in Westeuropa leben, konservativer sind und stärker an traditionellen Rollenbildern festhalten. Das gleiche Phänomen lässt sich bei europäischen Minderheiten zum Beispiel in Südamerika beobachten. Dieses an sich normale Verhalten, nämlich der Wunsch, die eigene Identität in der Fremde beizubehalten und zu schützen, hat aber auch sehr negative Folgen, vor allem wenn es um die Rechte und die Stellung von Frauen geht. Mädchen werden nicht zur Schule geschickt, werden zwangsverheiratet, genitalverstümmelt, misshandelt und im schlimmsten Fall umgebracht, was dann »Ehrenmord« genannt wird. Die örtlichen Behörden sind machtlos, weil die Menschen sich in einem falschen Verständnis von Zusammenhalt gegenseitig decken und schützen. Ein Einschreiten der Behörden wird als Bevormundung und als Aufdrängen westlicher Werte empfunden.

Eines Tages rief mich der Chefredakteur eines Magazins für Immigranten in Europa an.
»Waris, ich muss Sie unbedingt treffen«, sagte er. »Wir müssen über Ihre Kampagne gegen FGM sprechen. Ich bin sicher, wir können da gemeinsam etwas machen.«
Da seine Ankündigung sehr vielversprechend klang, verabredeten wir uns nur wenige Tage später in meinem Büro.
»Das ist aber eine chic gemachte Zeitung«, lobte ich, nach-

dem ich das Magazin in seinem Beisein durchgeblättert hatte. »Wie finanzieren Sie das denn?«
»Na ja«, sagte er und rutschte auf einmal verlegen auf seinem Stuhl herum, »wir bekommen Geld von politischen Parteien und einigen Hilfsorganisationen, und es sind ein paar Seiten mit Anzeigen drin. Ich finde, Sie sollten mit Ihrer Foundation unbedingt eine ganze Anzeigenseite in unserer nächsten Ausgabe buchen.« Er grinste breit und zwinkerte mir zu.
Ich sah ihn nur ungläubig an. »Wie bitte?«, rief ich dann und hielt mit meiner Empörung nicht hinterm Berg, »Ich soll in einem Magazin für Afrikaner dafür bezahlen, dass es etwas gegen FGM abdruckt? Haben Sie überhaupt schon mal etwas über dieses Thema geschrieben?«
»Nein, natürlich nicht«, erwiderte er. »Ich glaube nicht, dass das in unser Magazin passt.«
»Aha, ein Artikel passt also nicht, eine bezahlte Anzeige dagegen schon? Das verstehe ich nicht ganz«, hakte ich nach.
»Die Anzeigen sind ja kein Inhalt, der von uns produziert wird«, versuchte er mir die Hintergründe zu erklären.
»Ihre Redaktion ist also gar nicht gegen weibliche Genitalverstümmelung?«, fragte ich eine Spur lauter als zuvor.
Er fing an herumzudrucksen. »Das ist eine heikle Sache. Bitte verstehen Sie mich nicht falsch, wir finden auch, dass das in Afrika dringend eingedämmt werden muss und eine ziemlich überholte Praktik ist. Aber hier in Europa ist das wirklich etwas anderes.«
»Was soll das heißen, etwas anderes?«
»Unsere Töchter wachsen hier immerhin mit europäischen Mädchen auf, sie gehen hier zur Schule, sie haben Freundinnen hier«, setzte er zu einer Erklärung an. »Da wird es sehr schwierig, ihnen unsere Werte zu vermitteln. Jeden Tag besteht die Gefahr, dass sie durch die anderen Mädchen vom rechten Weg abkommen. Die Gesellschaft hier ist ja schon

sehr kaputt. Die Mädchen rauchen Zigaretten, trinken Alkohol, tragen Miniröcke und High Heels. Und am schlimmsten: Sie haben alle schon sehr jung Sex …«
Ich traute meinen Ohren nicht. »Und das soll alles durch Genitalverstümmelung verhindert werden?«
»Es wäre zumindest das kleinere Übel. Noch dazu würden unsere Töchter sonst nie Partner aus ihrer eigenen Kultur finden. Ich muss sagen, ich habe durchaus Verständnis für Eltern, die ihre Töchter hier beschneiden lassen. Sie meinen es wirklich nur gut mit ihren Töchtern«, dozierte er.
Ich konnte immer noch nicht glauben, was ich da hörte. Wütend knallte ich das Magazin vor dem Chefredakteur auf den Tisch. »Okay, ich denke, unser Gespräch ist hiermit beendet. Ich kann nicht fassen, dass Leute, die für Migranten schreiben, solche Ansichten haben«, sagte ich und schüttelte den Kopf.
Der Mann zuckte nur mit den Schultern und stand auf. »Wenn Sie der Realität nicht ins Auge sehen wollen, dann tut es mir leid«, sagte er noch, ehe er seine Zeitschrift nahm und mein Büro verließ.
Ich blieb sprachlos zurück, saß noch minutenlang in meinem Sessel und starrte aus dem Fenster, ohne etwas um mich herum wahrzunehmen. Die Begründungen, die manche Menschen sich für derart grausame Verbrechen wie FGM an ihren eigenen Töchtern zurechtlegten, waren wirklich haarsträubend. Mit schöner Regelmäßigkeit hörte ich die abstrusesten Argumente, mal war es die Kultur, mal gesellschaftlicher Druck, mal die Angst vor den angeblich negativen Einflüssen der neuen westlichen Heimat. Und immer wieder wurden grausame Praktiken wie FGM mit Religion begründet.
In meiner Kindheit hatte ich kein Konzept von Religion gehabt. Niemand erzählte mir, was Religion war und warum sie ausgeübt wurde. Natürlich wusste ich, dass die Men-

schen an irgendetwas glaubten, ich sah sie schließlich fünfmal am Tag beten. Aber ich kann mich nicht erinnern, dass man mir als Kind jemals etwas über Allah, Mohammed oder den Koran erzählt hätte. Mein persönlicher Glaube ist der Glaube an Harmonie und Balance, nicht mehr und nicht weniger. In der Natur herrscht eine Form von Harmonie oder Ausgeglichenheit, die respektiert werden sollte. Diese Balance war mir immer bewusst, auch wenn ich das Konzept nicht benennen konnte.
Ich existiere. Ich muss nicht wissen, wer ich bin, wer ich war oder wer mich erschaffen hat und warum. Wer auch immer du bist – danke, dass du mich erschaffen hast. Ich bin dankbar dafür, dass ich existiere, und ich liebe, wer ich bin und wo ich bin. Ich brauche keine Beweise oder Begründungen, ich bin einfach nur dankbar für das, was ich habe. Der Name für diesen Glauben ist mir egal.
Ich bin der Ansicht, dass Religionen existieren, um Gutes zu tun. Jede Religion hat diesen Zweck, egal ob Christentum oder Islam, Judentum oder Hinduismus oder jede andere Religion auf dieser Welt. Selbstverständlich bin ich nicht gegen Dinge, die Gutes bewirken, aber das ist nicht die Wirkung von Religion, wie sie mir überall auf der Welt begegnet. Ich nehme vielmehr das Gegenteil wahr. Religionen werden benutzt, um schlechte Taten zu rechtfertigen. Sie werden von Menschen missbraucht, um anderen Menschen zu schaden oder um sich selbst zu bereichern. Religionen werden gezielt eingesetzt, um Menschen dazu zu bringen, sich für das, was sie sind, zu schämen, sich schuldig zu fühlen. Religionen werden nicht zuletzt benutzt, um Menschen zu kontrollieren.
Religionen werden vor allem aber auch benutzt, um Frauen zu unterdrücken und um Gewalt gegen Frauen zu legitimieren, um sie genital zu verstümmeln, um ihnen ihre Rechte abzuerkennen und um sie aus dem öffentlichen Leben aus-

zuschließen. Religionen werden benutzt, um Frauen zu Hause einzusperren, um ihnen zu verbieten, alleine auf die Straße zu gehen, und um sie zu zwingen, sich zu verschleiern. Ich muss nicht erwähnen, dass gemäß der meisten Religionen Frauen keine Entscheidungspositionen einnehmen und keine religiösen Ämter besetzen dürfen.

Im schlimmsten Fall werden Religionen dazu instrumentalisiert, um Menschen gegeneinander aufzuhetzen, um Hass und Gewalt zu schüren und sogar Kriege anzuzetteln. Im Namen von Religion wird überall auf der Welt unterdrückt, diskriminiert, geschlagen und getötet.

Ich bin nie zum Gottesdienst in eine Kirche gegangen, genauso wenig wie ich je eine Schule besucht habe. Mir hat man nie beigebracht – oder sollte ich sagen vorgeschrieben? –, was ich glauben sollte. Trotzdem weiß ich, was richtig und was falsch, was gut und was böse ist. Jede Person weiß das, denn man braucht dazu keine religiöse Erziehung. Gut und Böse, Richtig und Falsch sind in uns, und jeder spürt sofort, ob er etwas Richtiges oder etwas Falsches tut. Wir müssen uns nur von diesem Bewusstsein bei unseren Taten leiten lassen, dann brauchen wir keine religiösen Regelwerke.

Wenn ich mir all die selbsternannten Vertreter Allahs oder Gottes auf Erden so ansehe, dann kann ich nur hoffen, dass Allah oder Gott die Menschen vor seinen angeblichen Vertretern schützt und den vielen unschuldigen Mädchen hilft, die in seinem Namen misshandelt, verstümmelt oder getötet werden.

An vielen Orten der Welt leben Ausländer völlig isoliert vom Rest der Bevölkerung, sie bleiben in ihren Communi-

ties und halten an alten Traditionen und Rollenbildern fest. Die heimische Bevölkerung beobachtet die Fremden unterdessen mit Argwohn. Integration funktioniert nicht, weil beide Seiten Angst vor dem Unbekannten haben. Einwanderer kommen in eine ihnen völlig fremde Welt, in der sie sich nicht zurechtfinden. Die Einheimischen dagegen betrachten die Ausländer als Eindringlinge, die sich nicht anpassen wollen. Beide Seiten haben Angst vor den »anderen«, und diese Angst wird oft noch von Politikern, Medien, religiösen Führern auf beiden Seiten geschürt.
Als einfacher Mensch hat man kaum eine Chance, diese Dynamik zu durchbrechen. Kinder, die in ein und demselben Land geboren werden, können völlig isoliert voneinander aufwachsen und sind sich dadurch noch fremder als ihre Eltern. Politiker, Medien und religiöse Führer haben eine unglaubliche Verantwortung. Immerhin sind sie diejenigen, die das Bild, das wir voneinander haben, entscheidend beeinflussen. Solange sie den Menschen nicht gegenseitigen Respekt vermitteln, wird es keine Integration geben.
Als schwarze Frau in einem weißen Land habe ich nur eine Medizin gegen die Angst, das Misstrauen und den daraus folgenden Rassismus sowie politischen und religiösen Extremismus: *Love and Respect* – Liebe und Respekt.
Das ist alles, was man braucht, um einander kennenlernen und verstehen zu können. Das ist die Medizin, die Eltern ihren Kindern verabreichen sollten. Kinder müssen die Chance haben, andere Menschen und Kulturen kennen- und respektieren zu lernen. So wie wir unsere Kinder erziehen, so wird die Welt morgen aussehen. Wir leben alle gemeinsam auf demselben Planeten, für den wir alle gemeinsam verantwortlich sind. Jeder sollte heutzutage wissen, dass das, was in seinem Land geschieht, überall auf der Welt Konsequenzen hat.
Die Europäer und Amerikaner leben immer noch in dem

Glauben, die Probleme, die es überall auf der Welt gibt, ebenso wie die Armut und die Zerstörung der Umwelt aussperren zu können. Aber das geht nicht. In der heutigen Welt gibt es keine Balance mehr. Aller Reichtum konzentriert sich auf einen Bruchteil der Weltbevölkerung, während der Rest im Elend lebt. Überfluss und Hunger existieren gleichzeitig auf unserem Planeten, wo Profite fast immer wichtiger sind als Mutter Natur.

Aber dieses System wird nicht mehr lange funktionieren, und schon jetzt treten überall Risse auf. Jeder Mensch, der seine Augen nicht davor verschließt, wird das deutlich wahrnehmen. Es ist erkennbar an den unzähligen Flüchtlingen vor den Grenzen Europas, die mit jedem Tag mehr werden. Es ist erkennbar an den vielen Naturkatastrophen, den Überflutungen, Dürren und Wirbelstürmen. Es ist erkennbar an zusammenbrechenden Wirtschaftssystemen. Mutter Erde strebt nach Balance. Unsere Welt ist aus dem Gleichgewicht geraten, und es ist nur eine Frage der Zeit, bis dieses System kollabiert und in einer globalen Katastrophe endet.

Liebe und Respekt sind die Grundlagen, auf denen Veränderungen erst möglich werden. Nur mit Liebe und Respekt können wir auf dieser Welt in Frieden zusammenleben, und nur wenn wir endlich beginnen, Mutter Erde mit Liebe und Respekt zu behandeln, werden auch die kommenden Generationen noch auf diesem Planeten leben können.

Jeder kann und muss Liebe und Respekt zur Grundlage seines Handelns machen. Es ist ganz einfach.

Schöne Dinge wachsen inmitten der Dornen.
Aus dem Kongo

4

Wüstenblume – der Film

Es war der deutsche Filmproduzent Peter Herrmann, der mir Anfang 2008 eine positive Überraschung bescherte, die für mich die Erfüllung eines langgehegten Wunsches bedeutete.
Ich drückte den Telefonhörer fest an mein Ohr und ließ mich auf den gemütlichen Sessel im Wohnzimmer fallen, denn ich wollte sitzen, wenn er mir die Botschaft überbrachte. Kann es sein, schoss es mir durch den Kopf, dass es tatsächlich geklappt hat?
»Schieß los«, sagte ich gespannt und hielt den Atem an.
Peter schmunzelte hörbar, da er genau merkte, wie nervös ich war. »Die deutsche Filmförderung und die ARD haben entschieden, die Verfilmung von *Wüstenblume* zu finanzieren. Außerdem habe ich einen Koproduzenten in Österreich gefunden, der sich ebenfalls an dem Projekt beteiligen will. Wir werden so bald wie möglich mit den Dreharbeiten starten.«
»Das gibt es nicht«, murmelte ich nur. Überschwenglich bedankte ich mich bei ihm und legte auf. Danach saß ich minutenlang regungslos in dem Sessel, während mein Gehirn auf Hochtouren arbeitete.
Vor wenigen Wochen hatte ich Peter zum letzten Mal gesprochen und war seither davon ausgegangen, dass die Verfilmung meiner Lebensgeschichte wohl nie in die Tat umgesetzt würde. Zu viele Leute hatten sich daran schon versucht, zu oft war der Plan fehlgeschlagen, zu oft hatte ich gehofft und war dann doch enttäuscht worden.
Irgendwann hatte sich Peter gemeinsam mit der deutschamerikanischen Regisseurin und Drehbuchautorin Sherry

Hormann für mein Projekt eingesetzt – bisher ohne Erfolg. Wir hatten nach mehreren Jahren, in denen der Film immer wieder auf der Kippe gestanden hatten, zwar ein Drehbuch und endlich auch eine Darstellerin für die Hauptrolle, aber kein Geld, um den Film umzusetzen. Ich war völlig entmutigt und hatte beschlossen, keine Energie mehr in dieses Vorhaben zu stecken, da es mich zu sehr zermürbte. Wenn es keinen Film geben sollte, dann war es eben so, und ich würde es akzeptieren.
Und nun das. Peters Anruf brachte mich völlig aus dem Häuschen, und ich rief sofort meinen Manager an, um ihn davon zu unterrichten. Er freute sich sehr mit mir, beglückwünschte mich ausgelassen, und wir schmiedeten voller Elan Pläne.
Anschließend kam mir die Stille in meiner Wohnung geradezu laut vor. Ich saß noch immer auf dem Sessel und dachte darüber nach, wie alles angefangen hatte.

Bereits kurz nach Erscheinen der *Wüstenblume* hatten sich die ersten Filmproduzenten für das Buch interessiert und waren an mich herangetreten. Eines der Angebote kam von dem britischen Popstar Elton John, mit dem ich mich bald einigte. Wir unterzeichneten einen Optionsvertrag, der ihm das Recht einräumte, über einen bestimmten Zeitraum Drehbücher zu entwerfen, die ich entweder annehmen oder ablehnen konnte. Allerdings entsprach keines der Drehbücher meinen Vorstellungen, denn ich bestand darauf, dass der Film eine starke Botschaft gegen weibliche Genitalverstümmelung beinhaltete. So trennten wir uns wieder, und ich versuchte mein Glück erneut.

Aber auch die anderen Angebote, die ich in den folgenden Monaten erhielt, stellten meine Karriere als Supermodel in den Vordergrund. Fast alle Produzenten wollten aus meinem Buch eine afrikanische Version des Märchens vom Aschenputtel machen: Ein armes Nomadenmädchen aus der Wüste kommt nach Europa und wird zum Superstar. Das wollte ich auf gar keinen Fall, immerhin war ich eine angesehene Menschenrechtsaktivistin und hatte ein ernstes Anliegen. Da ich mich nicht verbiegen lassen wollte, schlug ich die Angebote stets aus.
Einige Jahre später lernte ich dann bei einer Tennis-Charityveranstaltung für meine Foundation in Salzburg Peter Herrmann kennen.
»Hallo, Waris«, begrüßte er mich erfreut, als ich ihm vorgestellt wurde. »Seit Jahren träume ich davon, Ihr Buch zu verfilmen, und ich kann es kaum glauben, dass ich Sie endlich mal persönlich treffe, um mit Ihnen darüber zu sprechen.«
Aufgrund der vorangegangenen Enttäuschungen hielt sich meine Begeisterung in Grenzen. Nach all den Drehbüchern, die mir in der Vergangenheit präsentiert worden waren, war ich mittlerweile sehr skeptisch, dass tatsächlich noch jemand mit einer guten Geschichte aufwarten würde.
»Moment mal, Mister«, antwortete ich daher kühl, »mein Buch wollten schon viele Leute verfilmen.« Ich sah den großen und hageren, ganz in Schwarz gekleideten Mann mit den kurzen grauen Haaren distanziert an und redete weiter. »Ich bin inzwischen sehr vorsichtig, was das angeht, denn ich will ganz bestimmt nicht, dass irgendein x-beliebiger Hollywoodschinken daraus wird.«
Peter Herrmann war perplex. »Aber ...«, setzte er an, doch ich ließ ihn nicht ausreden, denn ich war noch nicht am Ende.
»Erst mal müssen Sie mich überzeugen, dass Sie sich mit

Afrika und den Menschen dort wirklich auskennen. Sonst ist unser Gespräch in fünf Minuten beendet.«
Damit hatte der Produzent offenbar nicht gerechnet, denn er rang für einen Moment nach Worten. »Wenn mich dieser Kontinent nicht interessieren würde, wäre ich nicht hier«, sagte er dann. »Ich habe viele Jahre in Afrika gelebt, dort mehrere Dokumentarfilme produziert und den Spielfilm *Nirgendwo in Afrika* unter der Regie von Caroline Link gedreht. Der Streifen ist sogar für einen Oscar nominiert worden. Haben Sie ihn gesehen?«
Damit hatte er mein Interesse geweckt, und ich zog ihn in eine Ecke, in der wir ungestört reden konnten. Mitten in dem ganzen Rummel war es mir zu laut und voll.
»Nein, ich habe ihn noch nicht gesehen«, räumte ich ein und musste zugeben, dass er mich neugierig gemacht hatte.
Peter Herrmann griff in seine Tasche und holte eine DVD hervor. »Bitte sehen Sie sich den Film an, damit Sie sich ein Bild von meiner Arbeit machen können«, sagte er und reichte mir die silberne Scheibe.
Ich musterte ihn kritisch. Er wirkte sehr erfahren und seriös auf mich, während er meinem Blick standhielt.
»Okay«, sagte ich dann. »Ich werde ihn mir ansehen.«
»Das freut mich sehr.« Er schien erleichtert.
Da ich keine falschen Hoffnungen in ihm wecken wollte, schob ich meine Forderungen gleich hinterher. Er sollte wissen, woran er war und mit wem er es zu tun hatte. »Aber ich sage Ihnen gleich, wenn wir zusammenarbeiten, möchte ich bei allen Entscheidungen ein Mitspracherecht. Sonst brauchen wir gar nicht anfangen, über das Projekt zu reden.«
»Natürlich, Waris«, sagte Peter. »Sie werden selbstverständlich in alle Entscheidungen einbezogen, es wird ganz sicher nichts gegen Ihren Willen geschehen.«
Das klang erst mal gut, dennoch setzte ich noch mal nach.

»Bevor ich einen Vertrag unterzeichne, will ich wissen, wer das Drehbuch schreiben wird, und den Autor persönlich kennenlernen«, stellte ich klar. Ich wollte nicht noch mal eine solche Odyssee erleben wie damals mit den Drehbuchautorinnen von Elton John.

Der Produzent schien gewillt, sich auf alle meine Forderungen einzulassen, daher tauschten wir Telefonnummern und gingen zufrieden auseinander. Sofort war ich wieder mit dem Charity-Event befasst und konnte erst mal gar nicht über das nachdenken, was sich da vielleicht anbahnte.

Peter und ich telefonierten tatsächlich bald darauf und verabredeten, uns noch einmal zu treffen, um alle weiteren Details zu besprechen. Unsere zweite Begegnung fand in München statt, kurz nachdem der erfolgreiche Produzent gerade mit *Nirgendwo in Afrika* einen Oscar für den besten fremdsprachigen Film gewonnen hatte. Ich hatte mich entschieden, ihm eine Chance zu geben, denn er faszinierte mich vor allem durch seinen persönlichen Bezug zu Afrika. Bei ihm sah ich eine gute Chance, dass er diesen Film würde adäquat umsetzen können. Blieb die Frage nach dem Drehbuch, die mir natürlich große Sorgen bereitete, doch Peter hatte einen Vorschlag.

Er wollte mich mit der Regisseurin und Drehbuchautorin Sherry Hormann bekannt machen, da er glaubte, dass wir beide gut miteinander arbeiten könnten. Ich hatte bisher nichts von der Deutschamerikanerin gehört, wollte sie aber auf jeden Fall kennenlernen, um mir persönlich ein Bild von ihr zu machen. Wir verabredeten, gemeinsam mit ihr essen zu gehen, damit sie mir erzählen konnte, wie sie sich den Film vorstellte. Das Treffen in München war sehr produktiv, Peter und ich verstanden uns bestens, und als ich mich auf den Heimweg machte, hatte ich ein gutes Gefühl. Diesmal könnte es tatsächlich klappen mit dem Film, sagte ich mir, als ich im Taxi zum Bahnhof saß.

Einige Wochen später traf ich Sherry Hormann im Münchener Literaturhaus zum Abendessen. Die schlanke junge Frau mit dem braunen Stufenschnitt war mir auf Anhieb sympathisch, und ich beschloss, das Risiko einzugehen.
Kaum hatte die Kellnerin die Speisekarten an den dunklen, edlen Holztisch gebracht, kam ich ohne großen Vorreden zur Sache. »Ich habe zwar noch keine Filme von dir gesehen, aber Peter ist der Meinung, du könntest diesen Stoff gut umsetzen«, begann ich. »Also will ich dir eine Chance geben.«
»Das freut mich, Waris«, sagte sie und lächelte mich an.
Ich holte tief Luft, denn nun ging es um die Punkte, die mir am wichtigsten waren. »Vor allem auf eines kommt es mir an: Ich will, dass die Verstümmelungsszene nicht zu irgendeinem hollywoodtauglichen Wischiwaschi wird. Ich will, dass die Leute den Schmerz und die Angst, die ich damals empfunden habe, spüren können. Ich will, dass dieser Film Millionen Menschen aufrüttelt. Das ist der einzige Grund, warum ich einer Verfilmung überhaupt zustimme.«
Ungeduldig wartete ich, bis die Kellnerin die Bestellung aufgenommen hatte, denn ich konnte es kaum erwarten, was Sherry zu meinen Vorstellungen zu sagen hatte. Nachdem wir eine Vorspeise und ein Hauptgericht geordert hatten, konnten wir endlich weiterreden.
Sherry blieb gelassen. Mit ruhiger Stimme antwortete sie: »Das ist ganz meine Absicht. Ich glaube, dass dieser Film einen ganz besonders wichtigen Beitrag dazu leisten kann, um dieses Verbrechen an Frauen endlich zu stoppen.«
Damit war sie voll und ganz auf meiner Linie, dennoch kamen mir weitere Bedenken, die ich ihr nicht vorenthalten wollte. »Sherry, die Sache wird schwierig, denn auf keinen Fall darf dieser Film die Leute zwei Stunden lang nur deprimieren. Mein Leben ist nicht allein durch die Genitalverstümmelung geprägt, ich habe auch viele sehr schöne Dinge

erlebt, die nicht zu kurz kommen dürfen. Die Zuschauer sollen lachen *und* weinen! So einen Film wünsche ich mir!« Ich merkte, wie wieder die Angst in mir hochstieg, erneut enttäuscht zu werden, und konnte kaum einen Bissen von dem Essen anrühren.
Als die Kellnerin kam, um die Teller abzutragen, und fragte, ob es uns geschmeckt habe, nickte ich ihr nur kurz zu.
»Versprochen, Waris«, sagte Sherry und legte ihre Hand auf meine. »Ich werde mich noch heute Nacht an die Arbeit machen.«

Mehrere Monate später traf ich Sherry und Peter wieder, diesmal in Wien, um gemeinsam das inzwischen fertiggestellte Drehbuch durchzugehen. Wir saßen im Büro meiner Foundation im 24. Stock des Millennium Tower, direkt an der Donau, von wo aus man einen tollen Rundblick über die ganze Stadt hat. Ich freute mich sehr, die junge Drehbuchautorin und den sympathischen Produzenten wiederzusehen, und war gespannt auf das Ergebnis ihrer Arbeit.
Nachdem Sherry sich von der verglasten Front losreißen konnte, an der sie eine ganze Weile gestanden hatte, setzten wir uns an den Tisch, und sie holte eine Mappe mit dem Text heraus. Dann ging sie mit mir die Handlung des Films Szene für Szene einzeln durch und erklärte mir, was sie wie umgesetzt hatte. Peter saß nur dabei und hörte aufmerksam zu, genau wie ich. Am Ende der knapp zweihundertfünfzig Seiten war ich entsetzt.
»Das ist alles?«, rief ich und konnte es kaum fassen. »Aber da fehlt ja über die Hälfte! Das sind gerade mal zweieinhalb Kapitel aus meinem Buch, wenn's hochkommt.« Schon beim

Schreiben des Buches hatte ich so vieles weglassen müssen, weil der Verlag kein zu umfangreiches Manuskript akzeptieren wollte. Und nun sollte noch mal mehr als die Hälfte gestrichen werden? Das konnte und wollte ich nicht hinnehmen, dafür hatte ich nicht all die Jahre gekämpft.
Sherry sah mich und Peter verwirrt an. Ich wusste, dass sie sich sehr viel Mühe mit meiner Geschichte gemacht hatte, und spürte, dass sie von meiner Reaktion enttäuscht war. Doch ich konnte nicht anders reagieren, denn ich war mit dem Ergebnis unzufrieden.
»Waris, das hier ist ein Drehbuch«, sagte sie dann. »Wenn ich versuchen wollte, dein gesamtes Leben zu verfilmen, müssten die Leute zehn Stunden im Kino sitzen und wären gerade mal auf Seite achtzig deines Buches.«
»Aber ...«, versuchte ich zu widersprechen.
»Wir müssen zwangsläufig stark kürzen, es geht nicht anders«, ergriff nun Peter das Wort.
»Schließlich soll ein Spielfilm daraus werden und keine mehrteilige Fernsehserie. Umso wichtiger ist es, die richtigen Szenen für den Film auszuwählen«, erklärte Sherry mir und holte einen Zettel und einen Stift hervor, um sich Notizen zu machen.
Die beiden nahmen meine Einwände sehr ernst, und so ließ ich mich nach einigem Nachdenken von ihnen überzeugen, dass ihr Ansatz der richtige war. Zum einen wollte ich nicht Schuld an Millionen von platt gesessenen Hintern auf der ganzen Welt sein, zum anderen dachte ich mir: Wenn die Szenen, auf die es mir ankommt, alle drin sind, soll es mir recht sein. Wir diskutierten noch eine ganz Weile und einigten uns am Ende, dass ich als Koproduzentin fungieren und in alle Phasen der Entstehung einbezogen werden sollte.
»Wenn der Film fertig ist, will ich das Ergebnis sehen dürfen, bevor über die Endversion entschieden wird«, verlangte ich abschließend.

Sherry und Peter stimmten zu, und so waren wir zu einem Ergebnis gekommen, mit dem wir alle drei zufrieden sein konnten.

Sobald das Drehbuch stand, galt es, eine geeignete Schauspielerin zu finden, die mich als Erwachsene darstellen sollte. Die ersten Castings zur Besetzung der Rollen fanden in Los Angeles und New York statt, danach suchte die Produktionsfirma in Mailand, London und schließlich in Nairobi weiter. Hunderte junge Frauen kamen zu den Vorsprechen, darunter auch einige prominente Schauspielerinnen.

Sherry hielt mich die ganz Zeit über auf dem Laufenden, das hatte ich mir bei der Besetzung dieser Rolle, die mir sehr wichtig war, von ihr gewünscht, und erzählte mir am Telefon immer wieder von berührenden Szenen. In London war zum Beispiel eine Frau zum Casting erschienen, die weder Schauspielerin noch in irgendeiner Weise für die Rolle geeignet war. Beim Vorsprechen erklärte sie der verwunderten Drehbuchautorin und Regisseurin dann, dass sie nur gekommen sei, um ihr zu sagen, wie wichtig dieser Film für Afrika und für die Befreiung der afrikanischen Frauen sei. Der Film müsse unbedingt gedreht werden.

Obwohl sich die Suche nach einer passenden Hauptdarstellerin nun schon eine ganze Weile hinzog, war die richtige einfach noch nicht dabei, doch Sherry blieb zu meiner Freude hartnäckig und gab nicht auf. Sie war fest davon überzeugt, genau wie ich, dass es die ideale Besetzung gebe und dass wir sie nur finden müssten.

Eines Tages erreichte mich per Eilbote eine DVD, gerade als

ich das Haus verlassen wollte. Ich war auf dem Weg zum Flughafen, um mit meinem älteren Sohn Aleeke in den Urlaub zu fliegen. Ich sah meinen inzwischen zehnjährigen Sohn, der bei seinem Vater in den USA lebte, regelmäßig und versuchte so viel Zeit wie möglich mit ihm zu verbringen. Meist machten wir zusammen Ferien und flogen irgendwohin, wo es schön war und wir die gemeinsamen Tage in vollen Zügen genießen konnten.

Kaum am Urlaubsort angekommen, schaltete ich den Fernseher im Hotelzimmer an, legte die DVD ein und sah sie mir an. Es waren Aufnahmen von drei Frauen, die alle für die Rolle der Waris vorsprachen. Zusammen mit professionellen Schauspielern spielten sie einige Szenen aus dem Film, die ich mir nun kritisch ansah.

»Mama, was machst du da?«, hörte ich plötzlich meinen Sohn fragen. »Bist du das da auf dem Video?«

»Nein, nein«, sagte ich nur verdutzt, doch dann sah ich genauer hin und musste Aleeke recht geben.

Die schlanke Frau mit den langen dunklen Haaren und den strahlenden Augen, die gerade auf dem Bildschirm zu sehen war, hatte wirklich eine verblüffende Ähnlichkeit mit mir. Außerdem kam sie mir irgendwie bekannt vor, ich konnte sie nur nicht richtig einordnen. Ich nahm die Hülle der DVD in die Hand und las den Begleittext. »Liya Kebede«, stand dort, »geboren 1978, äthiopisches Supermodel, wohnhaft in New York.«

Natürlich! Ich kannte diese Frau. Auf einer Party meiner Kollegin Iman hatte ich sie vor Jahren in New York kennengelernt. Sie war damals noch neu im Modelgeschäft und extrem schüchtern, als wir uns unterhielten. Ich hatte kurz zuvor mein allerletztes Shooting mit Richard Avedon für den Pirelli-Kalender abgeschlossen und wollte mich von nun an nur noch meinem Kampf gegen weibliche Genitalverstümmelung widmen. Auf der Party traf ich dann dieses

junge Mädchen, das wie ich aus Ostafrika kam und es als Model in Amerika schaffen wollte. Nun saß ich hier in einem Hotelzimmer und sah dieser Frau dabei zu, wie sie mich spielte, und mein Sohn glaubte tatsächlich, mich auf dem Video zu erkennen.
Sofort rief ich Sherry an und konnte es kaum erwarten, dass sie den Hörer abnahm.
»Das ist sie!«, rief ich, kaum dass die Regisseurin sich gemeldet hatte. »Sie ist genau das Mädchen, das wir suchen!«
Sherry lachte, als sie meine aufgeregte Stimme hörte. »Hallo, Waris, von wem sprichst du?«, fragte sie dann.
»Liya«, sagte ich nur. »Sie wird mich spielen!«
Ich war völlig euphorisch und verbrachte einige wunderbare Tage mit meinem Sohn. Wir gingen viel schwimmen, denn ich liebe das Wasser und könnte den ganzen Tag im Meer verbringen, und ließen es uns gutgehen. Rundherum glücklich, dass wir endlich eine passende Besetzung für meine Rolle in *Wüstenblume* gefunden hatten, konnte ich so richtig entspannen. Ich hatte ein gutes Gefühl, endlich ging es mal voran, und mein großer Wunsch, die Menschen mit dem Film über meine Lebensgeschichte aufzurütteln, rückte in greifbare Nähe.

Kaum zurück aus dem Urlaub, holte mich jedoch die bittere Realität ein, und die Seifenblasen zerplatzten schneller als ich zusehen konnte. Wenige Tage nach meiner Rückkehr, ich war in Wien mit den Vorbereitungen für eine Diskussionsreihe mit Schülern befasst, traf ich mich wieder mit Peter Herrmann. Es war schwer gewesen, einen gemeinsamen Termin zu finden, aber ich wollte es unbedingt möglich ma-

chen, denn er hatte mir etwas Wichtiges mitzuteilen, wie er am Telefon erwähnt hatte.
Während ich noch in der Vorfreude auf die Dreharbeiten schwelgte, war Peter besorgt.
»Ich habe große Probleme, den Film zu finanzieren«, begann er mit ernster Stimme und nippte an seinem Kaffee.
»Wie kann das sein?«, fragte ich. »Es klang doch alles so gut und vielversprechend. Ich bin so zufrieden mit der Wahl von Liya.«
Peter räusperte sich, ehe er antwortete. »Die Filmindustrie scheint ein echtes Problem mit dem Thema weibliche Genitalverstümmelung zu haben. Jeder sagt mir zwar, wie wichtig das Thema sei, aber alle haben die Befürchtung, es spreche womöglich ihre Zielgruppe nicht genügend an.«
Ich sah mich in dem Café um, in dem wir saßen. Es war nicht sehr voll, zwei Tische weiter saßen zwei junge Frauen, die sich angeregt unterhielten. Sie kicherten die ganze Zeit und wirkten ausgelassen und albern. Ich dagegen saß da wie versteinert, während Peters Worte unaufhörlich in meinem Kopf hämmerten. Das konnte er unmöglich gerade gesagt haben, ich hatte mich sicher getäuscht. Das durfte einfach nicht wahr sein.
»Aber es sind Millionen von Büchern verkauft worden«, entgegnete ich und rang nach Luft. »Du bist Oscar-Preisträger, Peter, noch dazu für einen Film, der in Afrika spielt. Wieso will niemand unser Projekt finanzieren?« stammelte ich.
Er wich meinem Blick aus, als er antwortete. »Alle respektieren das Thema und erklären, dass es sicher ein sehr wichtiger Film werden wird, nur finanzieren will ihn niemand.« Er machte eine kurze Pause, ehe er weiterredete. »Wahrscheinlich ist es obendrein nicht gerade hilfreich, dass der Film die Geschichte einer afrikanischen Frau erzählt …«
Die Gedanken überschlugen sich nur so in meinem Kopf,

und ich versuchte sie verzweifelt zu ordnen. Da ist es wieder, dachte ich bitter enttäuscht. Ich bekomme zwar auf der ganzen Welt Auszeichnungen und Anerkennung für meine Arbeit, darf Vorträge halten und Bücher schreiben, die sich millionenfach verkaufen, trotzdem ist das Thema FGM in der westlichen Unterhaltungsindustrie weiterhin tabu, genau wie in der afrikanischen Gesellschaft.

Obwohl insgesamt mehr als 150 Millionen Frauen davon betroffen waren und jedes Jahr drei Millionen Mädchen Opfer von FGM wurden, obwohl alljährlich mehrere Milliarden US-Dollar an Entwicklungshilfe nach Afrika flossen, fand ein Film, der die Weltöffentlichkeit wirklich aufrütteln könnte, nicht genügend Geldgeber. Alle sagten mir ständig, dass es ein schwieriges Thema sei, dabei konnten schwierige Themen sehr wohl erfolgreich in großen Filmproduktionen behandelt werden – wenn sie Weiße betrafen.

Wieder mal wollte man mein schwarzes Gesicht nur benutzen, um guten Gewissens sagen zu können, dass man etwas für die Benachteiligten der Welt tue. Im Kino wollte man die wahren Hintergründe dann jedoch lieber nicht zeigen. Die Geschichte vom schwarzen Aschenputtel und von dessen Aufstieg vom armen Nomadenkind zum Supermodel ließ sich wunderbar vermarkten, der Kampf gegen weibliche Genitalverstümmelung dagegen war nicht hollywoodtauglich.

Ich war empört. »Es kann nicht sein, dass sich gar niemand findet, der an den Film glaubt«, sagte ich nur, denn ich wusste, dass Peter und Sherry alles versuchten.

»Es sind nicht nur die Geldgeber«, wandte Peter ein. »Auch einige prominente Schauspieler haben Rollen in dem Film abgelehnt, um nicht mit diesem Thema in Verbindung gebracht zu werden.«

Wie oft hatte ich das schon erlebt. Wie oft hatten mich Medien, Magazine oder TV-Stationen schon ein- und kurz vor der Aufzeichnung oder dem Interview wieder ausgeladen, weil die Verantwortlichen, nachdem sie sich mit dem Thema beschäftigt hatten, ihrem Publikum »so etwas« nicht zumuten wollten.

Alle Euphorie, die ich im Urlaub mit Aleeke noch verspürt hatte, wich einer tiefen schwarzen Leere. Ich fühlte mich, als hätte ich persönlich versagt.

Die tiefe schwarze Leere war nun, nur wenige Wochen später, dank Peters Anruf einer unendlichen Erleichterung gewichen. Er hatte tatsächlich jemanden gefunden, der Film konnte realisiert werden, noch dazu mit einem Fernsehsender wie der ARD. Gleichzeitig war ich aber auch verwirrt und nachdenklich. In den letzten Wochen hatte ich es vermieden, ernsthaft über das nachzudenken, was nun bevorstand, denn nach meinen bisherigen Erfahrungen wollte ich vermeiden, wieder enttäuscht zu werden. Dieses ständige Wechselbad der Gefühle zermürbte mich, raubte mir wichtige Kraft und Energie, die ich für die Arbeit in meiner Foundation brauchte.

Zwar hat sich in den letzten Jahren tatsächlich viel getan: Viele Länder haben ihre Gesetze verschärft, die Hilfsorganisationen arbeiten heute sehr viel enger zusammen als früher, und FGM wird fast auf der ganzen Welt als Verbrechen anerkannt. Dennoch bleibt mir und meinen Mitstreitern noch sehr viel zu tun, und ich werde nicht eher ruhen, bis kein Mädchen sich mehr davor fürchten muss, genitalverstümmelt zu werden.

Jedenfalls hatte ich mich inzwischen so gut wie damit abgefunden, dass die Umsetzung des Films nicht zustande kommen würde, doch nun schien es tatsächlich zu passieren:

Meine Autobiographie *Wüstenblume* wurde verfilmt. Liya Kebede würde meine Rolle in dieser Geschichte spielen, in dem Film würden die Szenen aus meiner Kindheit nachgestellt – meine Ängste, meine Emotionen, mein Schmerz ... Ich empfand es als faszinierend, aufregend und beängstigend zugleich, mir das vorzustellen.

Viel Zeit, um darüber nachzudenken, blieb mir nicht, denn bereits wenige Tage später begannen die Vorbereitungen für die Dreharbeiten. Peter, Sherry und ich standen in engem Kontakt, und die beiden hielten Wort, mich in all ihre Entscheidungen einzubinden. Eine der ersten und zugleich schwierigsten Fragen war die nach dem geeigneten Drehort. In meiner Heimat Somalia ließe sich ein solches Projekt unmöglich umsetzen, da niemand für die Sicherheit der Mitarbeiter garantieren könnte.

Somalia ist für viele Europäer ein klassisches Beispiel für das gewaltsame, verrohte Afrika, das sie regelmäßig im Fernsehen präsentiert bekommen. Ein weiterer afrikanischer Krieg, den man nicht versteht. Sinnlose Gewalt, unmenschliche Methoden der Rebellen und der Regierungstruppen, Kindersoldaten und Millionen Flüchtlinge. Eine Staatsgewalt gibt es in diesem Land nicht mehr, Macht haben diejenigen, die am schwersten bewaffnet sind: diverse Warlords und ihre Kinderarmeen.

Nachdem Rebellengruppen den sozialistischen Diktator Mohammed Siad Barré 1991 gestürzt hatten, erklärten sich die rivalisierenden Rebellenführer gegenseitig den Krieg. Das Somali National Movement kontrollierte von nun an den Norden, der United Somali Congress den Süden und die Hauptstadt Mogadischu. Der Krieg zwischen den beiden Gruppen kostete Tausende Somalis das Leben, führte zu riesigen Flüchtlingsströmen und einer schweren Hungersnot.

Im Jahr 1992 starteten die UN eine von den USA angeführ-

te Friedensmission, die jedoch scheiterte. In Erinnerung sind vor allem die schockierenden Aufnahmen der getöteten US-Soldaten, die die extrem brutalen somalischen Rebellen an Autos gebunden und durch Mogadischu geschleift hatten. Nach diesem Vorfall zogen die USA ihre Truppen ab, und 1995, knapp ein Jahr später, verließen auch die restlichen UN-Soldaten das Land. In den darauffolgenden Jahren beruhigte sich die Lage, dennoch gab es nach wie vor keine funktionierende Regierung. Kurz darauf erklärten die im Norden gelegenen Regionen Somaliland und Puntland ihre Unabhängigkeit, doch wurden die regionalen Regierungen weder von den Rebellenführern noch international anerkannt.
Anfang 2004 gelang es einigen westlichen Staaten, somalische Warlords zu Friedensverhandlungen in Kenia zu bewegen, doch die dabei ins Amt gesetzte Übergangsregierung geriet schon zwei Jahre später in Konflikt mit fundamentalistischen Islamisten. Die Supreme Islamic Courts Union übernahm bald den gesamten Süden Somalias, einschließlich Mogadischu. Damit flammten die Kämpfe gegen Truppen der Übergangsregierung und andere Rebellengruppen wieder auf und dauern bis heute an.
Wie so oft in Afrika liegen Gewalt und Schönheit in Somalia sehr dicht beieinander. Und wie so oft weiß niemand mehr, worum in diesem Krieg eigentlich gekämpft wird. Vielleicht wusste man es auch nie. Fest steht nur, dass in Somalia seit dem Sturz der Barré-Diktatur Bürgerkrieg herrscht und selbst in sonst friedlichen Regionen jederzeit Aufstände oder Gewalt ausbrechen können.
Da mein Heimatland als Drehort unter keinen Umständen in Frage kam, schlug Peter als Alternative vor, den Film in Kenia zu drehen, und zwar direkt an der somalischen Grenze. Dort lebten etwa zwei Millionen somalische Flüchtlinge in der Region Wajir, allerdings galten die Grenzgebiete als

extrem unsicher. Obwohl man das touristisch erschlossene Kenia insgesamt als vergleichsweise sicher betrachten konnte, waren die Grenzregionen zu Somalia von den Konflikten im Nachbarland betroffen. Die kenianischen Behörden und die Polizei wagten sich seit einiger Zeit nicht mehr in diese Gebiete, da die Clan-Konflikte Somalias mit den Flüchtlingsströmen nach Kenia Einzug gehalten hatten.
Ich war recht skeptisch, als ich von den neuen Plänen hörte, doch ich beschloss, mich in Geduld zu üben und abzuwarten, was die Bemühungen des Produzenten hervorbrachten. Ohnehin hatte ich ein volles Programm mit meiner Arbeit gegen FGM und war so bestens abgelenkt.

Mehrere Wochen verstrichen, es war inzwischen Frühling geworden, und ganz Wien war erblüht und ergrünt. Ich genoss die wärmenden Strahlen der Sonne auf meiner Haut, wenn ich durch die Straßen ging, und war froh, dass der kalte, lange Winter endlich vorbei war. Tatkraft und Lebensfreude erwachten wieder, und ich stürzte mich voller Elan in die anstehenden Projekte.
Eines Morgens, ich war gerade in der Foundation im Millennium Tower eingetroffen und hatte mir einen Tee mit viel Honig geholt, klingelte das Telefon.
Peter war dran, der berichtete, dass die Versicherungen eine Haftung ablehnten, sollten die Dreharbeiten tatsächlich in der kenianischen Grenzregion stattfinden. Stattdessen schlugen sie Marokko als Drehort vor, wo viele Filme gedreht wurden, da das Land sehr sicher und obendrein für afrikanische Verhältnisse gut zu erreichen war.
»Also, ich könnte mir das durchaus vorstellen«, sagte Peter.

Zwar hatte selbst Ridley Scott *Black Hawk Down*, seinen erfolgreichen Film über die verhängnisvolle Landung der Amerikaner in Mogadischu Anfang der neunziger Jahre, in Marokko gedreht, aber das wollte ich unter keinen Umständen.
»Das geht nicht, Peter«, erwiderte ich. »Es ist mir sehr wichtig, dass die Szenen in Afrika mit Somalis gedreht werden. Die Menschen, die den Film sehen, sollen authentische Bilder meiner Heimat, meiner Kindheit und meines Volkes zu sehen bekommen.« Natürlich gab es in Marokko einige Wüstengegenden, die ein Europäer oder Amerikaner nicht von der somalischen Wüste würde unterscheiden können. »Ich bestehe auf einer überzeugenden Darstellung der Umgebung, in der ich aufgewachsen bin«, fügte ich noch hinzu.
Der Landstrich, in dem ich aufgewachsen bin, besteht bis heute aus trockenem, rissigem Lehmboden, auf dem nur sehr wenige Pflanzen wachsen können. Die Vegetation in dieser Gegend ist extrem spärlich. Neben niedrigen Dornensträuchern, die als Brennholz und Baumaterial verwendet werden, gibt es vereinzelt auch Affenbrot- und Weihrauchbäume sowie in der Regenzeit einige wenige dünne, hartblättrige Gräser.
Die Wüsten- und Halbwüstengebiete in Somalia breiten sich immer weiter aus und werden mit jedem Jahr trockener. In den sechziger Jahren haben die Menschen versucht, die Halbwüstengebiete, in denen zur Regenzeit Landwirtschaft betrieben werden konnte, zu »kultivieren«. Mit tiefen Brunnen und chemischen Düngemitteln wollten sie die Natur überlisten, aber die Wüste rächte sich. Der Grundwasserspiegel fiel und legte weit größere Flächen völlig trocken. Die Folge war eine riesige Hungersnot.
Obwohl es in Marokko ähnliche Landschaften gab wie in meiner Heimat, war ich strikt gegen einen Dreh in Nord-

afrika. »Die Menschen dort sehen völlig anders aus, und ihr müsstet Hunderte somalische Statisten nach Marokko fliegen lassen, um die vielen Szenen in Mogadischu realistisch darstellen zu können«, argumentierte ich.

Peter ließ sich schlussendlich von mir überzeugen und lenkte ein. »Okay, wir suchen weiter«, sagte er und verabschiedete sich.

Ich blieb ein wenig ratlos zurück. Mein Tee war inzwischen kalt geworden, und ich holte mir einen neuen. Wo sollte das Team diesen Film bloß drehen? Entweder waren die möglichen Drehorte zu gefährlich oder nicht authentisch genug. Was für ein Dilemma, dachte ich. Immerhin hätte ich mir nie träumen lassen, dass die ganze Angelegenheit derart kompliziert sein könnte.

Eine Woche später rief mich Peter wieder an. Diesmal erwischte er mich unterwegs zu einem Vortrag auf dem Handy, und ich war ein bisschen in Eile. Dennoch war ich sehr gespannt, mit welchen Neuigkeiten er diesmal aufwarten würde.

»Erzähl schon«, forderte ich ihn ungeduldig auf, als er nicht gleich zur Sache kam.

»Waris, wir reisen nach Dschibuti. Dort ist zwar noch nie ein Spielfilm gedreht worden, aber das Land ist recht sicher im Vergleich zu Somalia und hat eine überwiegend somalische Bevölkerung.«

Ich war spontan begeistert. »Toll!«, rief ich so laut in den Hörer, dass die Frau, die mir gerade auf der Straße entgegenkam, mich vorwurfsvoll musterte. »Das ist eine hervorragende Alternative zu Somalia.« Verwandte von mir lebten in Dschibuti, und ich wusste, dass wir dort eine völlig authentische Landschaft und Szenerie vorfinden würden. Der winzige nordostafrikanische Staat war eine ehemalige französische Kolonie und lag zwischen Somalia, Eritrea und Äthiopien direkt am Golf von Aden.

Peter war offensichtlich erleichtert, dass die Idee so gut bei mir ankam, und redete begeistert weiter. »Der Präsident des Landes ist übrigens ein erklärter Gegner von FGM, obwohl achtundneunzig Prozent der Frauen dort genitalverstümmelt sind. Er hat bereits Maßnahmen gegen dieses grausame Ritual ergriffen und würde unser Projekt sogar unterstützen. Wir würden bei den Dreharbeiten persönlichen Schutz durch Polizei und Armee erhalten.«
»Wow, das klingt ja alles super«, freute ich mich.
»Na ja«, meinte Peter schon deutlich nüchterner. »Das Problem ist, dass wir die gesamte Ausrüstung nach Dschibuti karren müssen, da es dort nichts gibt. Generatoren, Scheinwerfer, Trucks, einfach alles. Das wird unser Budget über die Maßen belasten.«
»Oh«, murmelte ich nur.
»Mach dir keine Sorgen, Waris. Das bekommen wir schon irgendwie hin«, sagte Peter abschließend.
Und er sollte recht behalten, denn kurz darauf reiste Sherry mit ihren engsten Mitarbeitern nach Dschibuti, um sich auf die Suche nach geeigneten Drehorten zu machen. Die Regisseurin verbrachte sogar einige Wochen mit Nomaden in Zelten, die jenen, in denen ich aufgewachsen war, absolut glichen. Einmal vor Ort, castete sie auch gleich zahlreiche somalische Laiendarsteller, die meine Eltern, Großeltern und Geschwister sowie meine Onkel und Tanten spielen sollten. Dabei fand sie auch ein kleines Mädchen, das mich als Kind darstellen würde.
Damit war die Sache nun endgültig konkret. Einerseits freute ich mich sehr auf die Dreharbeiten, zu denen ich wann immer möglich nach Dschibuti reisen wollte. Andererseits beschlich mich beim Gedanken daran, dass der Film nun tatsächlich entstand, eine leise Angst. Es war eine Sache gewesen, all meine Erlebnisse und die damit verbundenen Gefühle aufzuschreiben und als Buch zu veröffentlichen,

doch nun würde eine andere Frau mir all das noch mal vorspielen. Mein Leben verfilmt auf einer großen Leinwand zu sehen, war zwar ein großer Wunsch, aber es war auch irgendwie unheimlich. Alle Emotionen, Konflikte, Entscheidungen würden noch mal hochkommen und ich müsste sie erneut durchleben.

Dennoch zweifelte ich keine Sekunde daran, dass es richtig und wichtig war, diesen Film zu produzieren, denn er war ein bedeutender Mosaikstein auf dem Weg zu meinem Ziel: weibliche Genitalverstümmelung für immer auszurotten.

Glück widerfährt dir nicht,
Glück findet der, der danach sucht.
Aus Marokko

5

Dschibuti – zurück in Ostafrika

Dann kam der Tag, an dem Peter anrief und sagte, ich solle nach Dschibuti kommen. Die Dreharbeiten hatten bereits begonnen, und ich war gerade von einer Vortragsreise nach Wien zurückgekehrt. Während Joanna sich um die Flüge kümmerte, packte ich die Koffer, und so saßen wir bereits am nächsten Morgen in der Maschine nach Addis Abeba, der Hauptstadt Äthiopiens. Von dort ging es am nächsten Tag gleich weiter nach Dschibuti.
Im Flugzeug waren fast ausschließlich Somalis und äthiopische Regierungsbeamte, und ich hatte während des gesamten Fluges feuchte Hände, so nervös war ich. Es war Jahre her, dass ich in meiner Heimat, in Ostafrika, gewesen war.
Ich war gespannt darauf, wie es sich anfühlen würde, wieder afrikanischen Boden unter den Füßen zu haben, noch dazu so nah an meinem Heimatland Somalia. Ich dachte an meine Familie, die in der ganzen Welt verteilt lebte. Wie schön wäre es, meine Eltern und meine Geschwister nicht immer nur am Telefon zu hören, sondern sie regelmäßig zu sehen – mit ihnen zu leben …
Nach der Landung kam der Kapitän des Flugzeuges zu mir und sprach mich an. »Frau Dirie, willkommen zu Hause«, begrüßte er mich, und bei seinen Worten wurde mir ganz warm ums Herz.
Als die Flugzeugtür sich öffnete, blickte ich in unzählige Kameras, und es schien, als stünde die gesamte Presse Dschibutis bereit. Der Präsident höchstpersönlich hatte seinen Chauffeur mit der Regierungslimousine losgeschickt, um mich mit seinen Bodyguards direkt vom Flugzeug abzuholen. Offenbar hatte das Filmteam schon viel

Wirbel verursacht, und meine Ankunft hatte sich herumgesprochen.

Peter war ebenfalls zum Flughafen gekommen, um mich in Empfang zu nehmen. »Du kannst jetzt nicht ins Hotel fahren«, sagte er nach einer kurzen Begrüßung, »der Präsident will dich sofort sehen. Ganz Dschibuti wartet auf dich.«

»Okay«, sagte ich nur und besprach mich kurz mit Joanna, die schon mal vorausfuhr. Die Sonne brannte auf meiner Haut, ich fühlte die sengende Hitze, die mir in Wien so sehr fehlte, roch die afrikanische Luft und atmete tief ein. Am liebsten wäre ich minutenlang einfach so stehen geblieben, doch der Chauffeur drängte zur Eile, und so stieg ich in den klimatisierten Wagen.

Wenige Minuten später traf der gesamte Tross in der Residenz des Präsidenten ein. Als ich ausstieg, lief ein stattlicher Mann mit leicht ergrautem Vollbart freudestrahlend auf mich zu. »Willkommen zu Hause, Waris Dirie, willkommen in Afrika, Ihrer Heimat«, sagte er und geleitete mich in sein Büro. »Bitte nehmen Sie doch Platz«, forderte er mich auf und deutete auf eine elegante Sitzgruppe. Ismail Omar Guelleh hatte Tee und Gebäck vorbereiten lassen, und ich nahm dankbar eine Tasse an.

Die anwesenden Fernsehteams und Journalisten bezogen um uns herum Stellung und hielten mit den Kameras auf uns drauf.

»Wo leben Sie jetzt eigentlich?«, eröffnete das Regierungsoberhaupt die Unterhaltung.

»In Österreich, genauer in Wien«, sagte ich.

Er sah mich einen Moment lang verständnislos an, fast als hätte ich behauptet, ich wohnte auf dem Mond.
»Das ist die Heimat von Mozart«, versuchte ich ihm zu erklären, doch das verwirrte den guten Mann offensichtlich nur noch mehr.
Ich reichte dem Präsidenten die Mozartkugeln, die ich extra für ihn und seine Frau gekauft hatte.
Er betrachtete das Porträt des Komponisten auf der Verpackung und bedankte sich lächelnd, schien aber immer noch nicht zu wissen, wo sich dieses seltsame Land befand.
Daher wechselte ich lieber das Thema und kam auf die Sache zu sprechen, die mir am meisten am Herzen lag. »Ich habe gehört, dass Sie diverse Maßnahmen gegen Genitalverstümmelung in Ihrem Land eingeleitet haben.«
»Ja«, sagte Ismail Omar Guelleh, der bereitwillig darauf einging. »Meine Frau und ich kämpfen seit einiger Zeit gegen diese frauenverachtende Tradition. Wir wollen dieses Ritual hier in Dschibuti unter allen Umständen ausrotten. Daher fühlen wir uns sehr geehrt, Sie hier bei uns zu haben. Wir wissen alles über Ihre großartige Arbeit.«
»Wirklich?« Ich war überrascht, denn ich hatte nicht damit gerechnet, dass meine Bücher auch hier in Dschibuti bekannt waren.
»Ja, Sie haben doch ein Buch geschrieben.«
»Haben Sie es gelesen?«, entfuhr es mir.
»Nein«, entgegnete der Präsident, während die Kameras um uns herum unentwegt klickten, »aber meine Frau. Wir versuchen wirklich alles, um FGM hier in Dschibuti zu bekämpfen.«
»Das freut mich sehr«, sagte ich.
»Ich möchte, dass Sie sich unsere Einrichtungen ansehen«, fuhr er fort, »Mädchenschulen und Frauenhäuser, die wir gegründet haben, um bessere Bedingungen für Frauen zu

schaffen. Und dass Sie unsere Politikerinnen treffen. In unserem Parlament gibt es nämlich auch Frauen.«
Ich nickte. »Das will ich gerne tun.«
»Wie lange werden Sie denn hier bei uns in Dschibuti bleiben?«, erkundigte er sich.
»So lange, bis Sie mich aus dem Land werfen.« Wir hatten in der Tat nur die Hinflüge fest gebucht, da nicht ganz klar war, wie lange mich das Team bei den Dreharbeiten brauchte.
Der Präsident lachte. »Haben Sie nicht nach all den Jahren in der Ferne Heimweh nach Somalia?«, fragte er als Nächstes.
Damit traf er einen wunden Punkt. Als ich 2001 nach Somalia zurückgekehrt war, um meine Mutter zu suchen, hatte ich das Land in dem festen Glauben verlassen, nie mehr dorthin zurückkehren zu können. Doch der Wunsch brannte weiter in mir, und es gelang mir nicht, ihn abzustellen.
»Ja, es ist meine große Sehnsucht, eines Tages nach Ostafrika zurückzukehren«, sagte ich zögerlich. Seit meiner Ankunft in Dschibuti war dieses Gefühl sehr viel stärker geworden und hatte wieder angefangen zu lodern.
»Waris, wir haben einige wunderbare Inseln vor der Küste Dschibutis im Golf von Aden und versuchen gerade, ein bisschen Tourismus nach Dschibuti zu bringen.« Ismail Omar Guelleh hielt inne, als müsste er sich sammeln, bevor er weiterredete. »Allerdings machen uns die vielen Piraten in der Gegend einen gehörigen Strich durch die Rechnung. Trotzdem würde ich Ihnen gerne meine persönliche Jacht und meine Bodyguards zur Verfügung stellen, damit Sie sich die wunderschönen Inseln vor der Küste Dschibutis ansehen können. Ich bin mir sicher, sie werden Ihnen gefallen!«
Mit Freude willigte ich ein und bedankte mich herzlich. Als er mir dann noch sagte, dass seine Frau sehr bedauere, an unserem Gespräch nicht teilnehmen zu können, weshalb sie

mich gerne zu ihnen nach Hause einladen wolle, um mich persönlich kennenzulernen, nahm ich auch diese Einladung sofort an.

In mir erwachte die Hoffnung, hier neben den Dreharbeiten auch mein Anliegen, FGM für immer auszurotten, weiter vorantreiben zu können. Zu Beginn meiner Arbeit als Menschenrechtsaktivistin hatte ich mir oft anhören müssen, gegen FGM zu kämpfen, sei eine Einmischung in fremde Kulturen. Begriffe wie moralischer Imperialismus und sogar Rassismus fielen im Zusammenhang mit der Diskussion über FGM. Das Schicksal der Mädchen war so wiederholt in den Hintergrund gerückt. Immer und immer wieder hatte ich erklärt, woran ich auch weiterhin festhalte: FGM hat nichts mit Religion, Kultur oder Tradition zu tun. Es ist ein Verbrechen an unschuldigen Kindern! Und nun sah ich die große Chance, hier in Dschibuti mit dem Staatsoberhaupt des Landes gegen dieses Verbrechen vorzugehen.

Auf dem Weg in mein Hotel beobachtete ich das bunte Treiben auf den Straßen, in denen sich Männer mit laut knatternden Mofas an hölzernen Eselskarren und modernen Fahrzeugen vorbeischlängelten. Die Luft war erfüllt vom Lärm der Fahrzeuge und Menschen, und ich ließ die Scheibe ein Stück herunter, um daran teilzuhaben.

In meinem Hotel, der einzigen Luxusherberge in Dschibuti, wo der Präsident persönlich Zimmer für mich und Joanna reserviert hatte, sah es aus wie im Krieg. Das prachtvolle Gebäude war ganz im arabischen Stil gehalten und sehr geschmackvoll eingerichtet, doch zwischen all dem Luxus und dem schwarzen Personal entdeckte ich nur Soldaten. Als ich an der Rezeption nachfragte, erfuhr ich, dass momentan ausschließlich französische und amerikanische Soldaten sowie Geheimdienstpersonal aus der ganzen Welt hier residierten.

Der überaus freundliche Concierge erklärte mir, dass Dschibuti ein strategisch wichtiger Punkt zur Bekämpfung des internationalen Terrorismus sei, außerdem liege das Land direkt an der Meerenge, die das Rote Meer mit dem Indischen Ozean verbindet. Der gesamte Schiffsverkehr ebenso wie der Handel zwischen den Anrainerstaaten des Roten Meeres und den asiatischen Staaten sowie sämtliche Ein- und Ausfuhren nach oder von Äthiopien würden im Hafen Dschibutis abgewickelt.

Das Hotel lag direkt am Meer, und von meinem Zimmerbalkon aus hatte ich einen traumhaft schönen Blick auf den Golf von Aden und die nahen Inseln.

Afrika, du hast mich wieder, dachte ich erfüllt und ließ den Blick zum Horizont schweifen. Allerdings wurde die Ruhe schon bald von in kurzen Abständen startenden und landenden Militärjets der US Army und der französischen Armee empfindlich gestört, die ohne Unterlass Aufklärungsflüge über der gesamten arabischen Welt durchführten.

Ich ging nach drinnen, um mich ein wenig auszuruhen, denn die Reise hatte mich angestrengt. Nach wenigen Minuten war ich eingeschlafen.

Am Abend trafen wir uns mit Sherry und Peter in einem typischen somalischen Lokal zum Abendessen, wo es auf eine ganz spezielle Weise zubereiteten Fisch gab, dazu Tee oder Limonade.

Als der Kellner das Gericht servierte, zog Sherry angesichts des völlig verkohlt und ungenießbar wirkenden Fisches die Augenbrauen hoch und sah mich fragend an.

Ich musste lachen. »Keine Sorge, die Haut ist zwar von der Holzkohle völlig schwarz, aber das weiße Fleisch darunter ist sehr saftig und lecker«, beruhigte ich sie.

Wie hier üblich aßen wir alle mit den Händen, und die beiden waren bald begeistert von dem zarten Fleisch des Fischs. Unterdessen erkundigte ich mich bei Sherry nach ihren ersten Eindrücken, und sie erzählte mir ausgiebig von ihren Erlebnissen bei den Nomaden in der Wüste und bei den Dreharbeiten.

Auf einmal wurde das Gesicht der Regisseurin sehr ernst. »Stell dir vor, Waris, als wir vor drei Tagen in der Wüste gedreht haben, sind zwei Mitarbeiter weinend und völlig aufgelöst zu mir gekommen. Sie berichteten, dass nicht weit von uns entfernt mehrere kleine Mädchen auf einem Felsen genitalverstümmelt worden seien. Überall klebte frisches Blut, und die blutigen Dornen eines Akazienstrauches lagen noch auf den Felsen. Sogar Haut- und Fleischreste haben sie gesehen. Das Ganze muss während der Dreharbeiten passiert sein. Ist das nicht furchtbar?«

Natürlich ist es während der Dreharbeiten passiert, dachte ich, während ich spürte, wie die Wut in mir hochstieg, schließlich passiert es jeden Tag mehrfach in diesem Land. Sherrys Mitarbeiter waren zufällig Zeugen dieser schrecklichen Szene geworden, dabei wurden diese grausamen Verbrechen Tag für Tag hier in der Region begangen. Die Crew drehte hier zwar nur einen Film, aber die echte Gewalt, die echten Verstümmelungen passierten genau hier, am selben Ort.

Sherry sprach mit belegter Stimme weiter. »Das Schlimmste daran ist, dass wir die Genitalverstümmelungsszene an genau diesem Nachmittag gedreht haben.«

Ich schüttelte nur den Kopf und versuchte, meine Wut im Zaum zu halten. Offenbar waren völlig unsinnige Traditionen hier wichtiger als die Gesetze des Präsidenten. Diese Tatsache frustrierte mich zutiefst.

»Du musst Saffa unbedingt kennenlernen«, wechselte Sherry das Thema. »Die Kleine, die dich in dem Film als Kind spielt, ist drei Jahre alt, stammt aus einer somalischen Familie und lebt in der Nähe von Dschibuti-Stadt.«

»Das Kranke an der gesamten Situation ist, dass die Frauen in ihrer Familie Beschneiderinnen sind und Saffa irgendwann selbst zum Opfer werden wird«, ergänzte Peter ihren Bericht.

Mir blieb der Bissen Fisch, den ich gerade aß, im Hals stecken, denn ich konnte nicht glauben, was ich da hörte. Mit meiner Beherrschung war es augenblicklich vorbei, und ich schrie die beiden an: »Was? Das müsst ihr unbedingt verhindern!«

»Beruhige dich, Waris«, sagte die Regisseurin und wechselte einen besorgten Blick mit Peter. »Wir haben über Suleyman, unseren somalischen Scout, bereits mit der Familie des Mädchens gesprochen. Wir wollen Saffa unbedingt schützen. Aber die Eltern sind nicht bereit, sich auf eine Diskussion mit uns einzulassen. Ich weiß nicht, was wir noch tun sollen.«

Ich spürte, wie die Wut sich in mir ausbreitete und immer mehr Raum einnahm. Wie konnten diese Leute ihr Kind in einem Film gegen Genitalverstümmelung mitspielen lassen, und ihm hinterher trotzdem derartige Grausamkeiten antun? In Momenten wie diesem konnte ich an meiner Mission verzweifeln. »Vielleicht sollte ich mit ihnen sprechen«, schlug ich vor und trank schnell einen Schluck Tee.

Nach dem Essen holte Sherry einige Fotos aus ihrer Handtasche und reichte sie mir. Auf den Bildern war ein kleines

Mädchen, das aussah wie ein Engel: wunderschön und unschuldig.

»Das ist Saffa«, sagte die Regisseurin, »die Bilder haben wir vor ein paar Tagen am Set aufgenommen.«

Die Bilder von dem zarten Geschöpf gaben mir den Rest. »Ihr dürft auf keinen Fall zulassen, dass ihr etwas passiert«, stieß ich zwischen den Zähnen hervor, »sonst brechen wir hier sofort alles ab.« Unter diesen Umständen durfte mein Film nicht entstehen, da ging ich keine Kompromisse ein.

Peter spürte, dass es mir ernst war, und versuchte mich zu beruhigen. »Waris, wir haben das unter Kontrolle«, sagte er. »Ich werde mich persönlich um das Mädchen kümmern. Der Kleinen wird nichts passieren, das verspreche ich dir.« Der Produzent trug einen Dreitagebart und sah ziemlich mitgenommen aus. Außerdem rauchte er eine Zigarette nach der anderen. Als er meinen besorgten Blick bemerkte, sagte er: »Du hast ja keine Vorstellung davon, wie hart die Dreharbeiten sind. Nachdem ich über mehrere Tage hinweg mit den somalischen Lkw-Fahrern, die täglich das gesamte Equipment und die Statisten in die Wüste bringen, über ihr Honorar verhandelt hatte, haben sie gleich am ersten Drehtag gestreikt. Sie sind einfach morgens nicht losgefahren und wollten plötzlich doppelt so viel Geld.« Er schüttelte den Kopf. »Die Nomaden im Wüstencamp haben dann das gleiche Spiel mit uns veranstaltet. Gestern wurde alles vereinbart, heute ist Drehbeginn, und plötzlich soll alles neu verhandelt werden. Wir haben Tonnen an Ausrüstung nach Dschibuti gebracht und fast dreihundert Mitarbeiter aus England, Amerika und Deutschland eingeflogen. Wir tun, was wir können, und dann erpressen sie uns hier täglich.«

Obwohl ich eben noch so wütend gewesen war, musste ich leise schmunzeln. So kannte ich sie, meine Somalis. Dennoch war mir klar, dass das Drehteam mit dem Gebaren meiner Landsleute überfordert war. »Das hätte ich dir vorher sagen können«, erwiderte ich und legte ihm tröstend eine Hand auf den Arm. »Hier muss täglich alles neu verhandelt werden. Ich beneide dich wirklich nicht um deinen Job.«

Peter seufzte laut, ehe er fortfuhr. »Die Leute sind hier mit voller Begeisterung dabei, dabei haben einige tatsächlich zum ersten Mal in ihrem Leben Weiße gesehen und ganz sicher noch niemand von ihnen ein Filmteam.«

»Das glaube ich dir gern«, sagte ich nur.

»Gestern haben wir übrigens mit deinem Filmvater gedreht, und zwar die Szene, in der er dich als Dreizehnjährige an einen alten Mann verkauft. Nachdem wir die Szene fünfmal wiederholt hatten, ist er einfach aufgestanden und hat das Set verlassen. Wir dachten erst, er müsse bloß mal austreten, aber er ist nicht zurückgekommen. Erst später erzählte uns der Dolmetscher, dass der Mann Rückenschmerzen bekommen habe und einfach nach Hause gegangen sei.« Er hob beide Hände und machte eine hilflose Geste. »Du musst dir das mal vorstellen, Waris. Da stehen hundertfünfzig Leute, dazu Kameras, Licht, die gesamte Technik, und der Hauptdarsteller der Szene geht einfach nach Hause. Der Drehtag war für uns gelaufen.«

In dem Moment tat er mir fast leid, denn er konnte die afrikanische Mentalität nicht nachvollziehen. Ich erinnerte mich an einige Situationen, in denen ich in Europa mehrfach angeeckt war, etwa wegen meiner typisch afrikanischen Unpünktlichkeit, und mir war klar, dass dies unüberbrückbare Gegensätze waren.

Nun mischte sich auch Sherry ein und berichtete von ihren weiteren Erfahrungen. »Letzte Woche hatte ich einen tollen Platz in der Wüste gefunden, um die Fluchtszene zu drehen. Wir mussten alle Drehorte aus Sicherheitsgründen den Behörden melden, bevor wir dort filmen durften. Wir hatten

gerade alles an dem Bergmassiv aufgebaut, das an die Wüste angrenzt, da sahen wir am Horizont ein grünes Panzerfahrzeug auf uns zu rasen. Innerhalb von wenigen Minuten landeten zwei Hubschrauber vor uns, und wir waren von Militärfahrzeugen der US-Armee umgeben. Dabei gibt es in der Wüste offiziell gar keine amerikanischen Soldaten. Ein bis an die Zähne bewaffneter US-Commander fragte mich nach unserer Drehgenehmigung, die wir natürlich nicht hatten. Er sagte, wir befänden uns auf militärischem Sperrgebiet an der Grenze zu Somalia und sollten sofort verschwinden. Und das Beste: Sie haben unser komplettes Filmmaterial beschlagnahmt.
Ich kam gar nicht zu Wort, denn Peter redete sofort weiter. »Hier grassiert derzeit die Amöbenruhr. Wir haben schon über achtzig Kranke im Team, zwei mussten sogar nach München ausgeflogen werden, weil sie völlig ausgetrocknet waren. Waris, dieser Dreh ist das Härteste, was ich in meiner Karriere erlebt habe.«
Das ist Afrika, dachte ich nur. Mein Afrika.

Die Schildkröte sagt:
Arbeit, die schon begonnen wurde,
ist so gut wie fertig.
Aus Nigeria

6

Ein Kontinent ohne Zukunft?

Am nächsten Morgen wachte ich früh auf. Das Hotel lag so nah am Meer, dass ich die salzige Luft förmlich riechen konnte. Ich wollte unbedingt schwimmen gehen, also schlüpfte ich aus dem Bett, packte rasch ein paar Sachen zusammen und ging nach unten an die Rezeption. Frühstücken wollte ich hinterher mit Joanna, ich musste erst in die kühlen Fluten eintauchen.

Die freundliche Dame hinter dem Tresen sagte mir jedoch, ich solle hier besser nicht schwimmen, das Wasser sei viel zu dreckig.

Ich war zutiefst enttäuscht – nicht nur weil ich mich aufs Schwimmen gefreut hatte. Das hier war *mein* Meer, der Indische Ozean. Wenn es auf dieser Welt irgendeinen Ort gab, an den ich wirklich gehörte, dann war es dieser Ozean. Und nun sollte ich ihn nur vom Fenster meines Hotels aus betrachten, wie ein Gemälde.

»Wieso das denn?«, hakte ich ungläubig nach.

Die Dame in ihrer Hoteluniform zuckte mit den Schultern. »Ich kenne mich da nicht so genau aus. Einer unserer Mitarbeiter aus der Direktion kann ihnen das sicher näher erklären, er hat mit diesem Thema viel zu tun. Ich bitte ihn mal schnell herunter.«

Während sie telefonierte, dachte ich an meine Heimat Somalia – mit einem bitteren Beigeschmack. Die internationale Müllmafia kippte jedes Jahr unzählige Tonnen Giftmüll vor der Küste ins Meer, weshalb täglich Container und Fässer mit hochgiftigem Müll an den Stränden Somalias angeschwemmt wurden. Kilometerlang erstreckte sich die vollgemüllte Küste, und die giftigen Stoffe verseuchten den

Boden und das Wasser. Die Menschen lebten hier nicht nur in diesem Müll, sondern verwendeten die angeschwemmten Gegenstände für alles Mögliche. Mit schlimmen Folgen: Kinder erkrankten häufig an merkwürdigen Hauterkrankungen und spuckten Blut, bei Neugeborenen traten immer wieder zahlreiche Missbildungen auf. Besonders schlimm waren die vielen Erkrankungen nach dem Tsunami im Dezember 2006, die sich zunächst niemand erklären konnte. Später fanden Experten dann heraus, das die Flutkatastrophe längst verscharrten Giftmüll freigeschwemmt hatte.
»Frau Dirie, hallo«, ertönte eine Stimme und riss mich aus meinen Gedanken.
Vor mit stand ein junger, westlich gekleideter Mann und schüttelte mir die Hand.
»Sie möchten sich mit mir über die Wasserverschmutzung hier an der Küste unterhalten, wie ich gehört habe? Es ist wirklich eine Schande, dass man hier am Hotel nicht schwimmen kann«, begann er. »Bitte, setzen wir uns doch«, fügte er hinzu und dirigierte mich in einen der sandfarbenen Sessel auf der Hotelterrasse.
»Ist das Wasser denn überall in Dschibuti so stark verschmutzt?«, fragte ich ihn, als wir saßen. Ein Kellner kam herbei und stellte unaufgefordert eine Flasche Wasser auf den Tisch. Ich schenkte mir einen Schluck ein.
Der Hotelmitarbeiter hob abwehrend die Hände. »Nein, nein, zum Glück ist die Situation hierzulande nicht so schlimm wie in vielen anderen Küstenstaaten Afrikas. Hier bei uns am Hotel ist das Problem nur der Hafen. Weiter draußen ist das Wasser sehr sauber, in Hafennähe hinterlassen die vielen Schiffe natürlich ihre Spuren.« Er sah mich an und hoffte offenbar auf eine positive Reaktion meinerseits.
»Ich verstehe«, sagte ich nur. »Bei den Inseln kann man also ohne Bedenken ins Wasser gehen?«

»Ja, dort draußen sowieso. Wir sind ja nicht in Lagos …« Er lachte.
Damit wollte er mich eigentlich beruhigen, dabei hatte er ein weitaus schlimmeres Thema angeschnitten. In Westafrika, vor allem in Nigeria, war die Umweltverschmutzung nämlich mittlerweile ein riesiges Problem. Aufgrund des unglaublich schnellen Wachstums der Städte gab es fast nirgendwo ein funktionierendes Abwassersystem oder so etwas wie eine Müllentsorgung. Die Menschen in Lagos, der mit fünfzehn Millionen Einwohnern größten Stadt Nigerias, lebten förmlich auf einer riesigen Müllkippe. Die Einwohner versanken im Abfall ihrer Stadt, die jeden Tag etwa um zehntausend Neuankömmlinge wuchs. Millionen uralter Autos und Mopeds verpesteten die Luft, die Abwässer dieser riesigen Metropole wurden ungeklärt direkt ins Meer geleitet und verseuchten das Wasser und die Fische darin. Lagos galt mittlerweile als die dreckigste Stadt der Welt, aber ähnliche Orte fand man überall auf dem afrikanischen Kontinent. Der wichtigste Schatz, den die Afrikaner hatten, die Natur, wurde zum Teil mit rasender Geschwindigkeit zerstört.
»Ja, die Situation dort ist wirklich schrecklich.«
Der Hotelmitarbeiter rümpfte die Nase. »Wissen Sie, was ich unlängst gehört habe? Viele Regierungen in Westafrika verdienen sich nicht wenig Geld dazu, indem sie Giftmüll von amerikanischen und europäischen Firmen aufkaufen und entsorgen. Also, wenn man das ›entsorgen‹ nennen kann, ist das nicht unglaublich?«
Ich war schockiert. Zwar kannte ich einige afrikanische Megastädte und die dazugehörigen Slums, aber dass der Müll auch noch aus Europa sozusagen »legal« nach Afrika kam, hatte ich nicht gewusst. »Ja, es gibt wirklich unglaublich verdreckte Städte«, sagte ich. »Waren Sie schon mal in den Kibera-Slums von Nairobi?«

Der Mann schüttelte den Kopf.

»Auch dort haben die Menschen weder fließend Wasser, noch gibt es ein Abwassersystem. Es gibt auch keinen Strom und keine Gesundheitsversorgung. In den Slums leben mindestens eine Million Menschen, genau weiß das allerdings niemand. Vor allem Aids, aber auch zahlreiche andere Krankheiten sind dort allgegenwärtig, und es gibt weder Ärzte noch Krankenhäuser. Die Kindersterblichkeit ist extrem hoch, genauso wie die Kriminalitätsrate«, redete ich mich in Rage.

Wir unterhielten uns noch eine ganze Weile über dieses Thema, das mich sehr bewegte. In den Kibera-Slums lebten nämlich auch sehr viele somalische Flüchtlinge, denen wirklich niemand half. Dabei saß die UN-Agentur für städtisches Leben, die ein Jahresbudget von hundert Millionen Dollar hatte, nur wenige Kilometer entfernt in Nairobi. Das Schicksal dieser Menschen interessierte ganz offensichtlich niemanden. Deshalb wollte ich mit meiner Foundation dort auch bald ein Projekt unterstützen, ich hatte mit meinen Mitarbeitern vor meiner Abreise nach Dschibuti noch einmal ausführlich gesprochen, und nach meiner Rückkehr wollten wir es direkt in Angriff nehmen. Ich konnte und wollte nicht länger zusehen, wie diese Menschen trotz der Millionenbeträge, die Jahr für Jahr nach Afrika gingen, weiterhin ohne Perspektive ein elendes Dasein fristen mussten. Auch in Dschibuti gab es zahlreiche Slums, wie überall in Afrika. Auf diesem Kontinent lebten inzwischen knapp eine Milliarde Menschen, gut dreihundert Millionen davon in irgendwelchen Elendsvierteln nahe den Großstädten. Das Elend und die Armut waren riesig, und sie wuchsen täglich. Experten gingen davon aus, dass in Afrika schon bald fünfhundert Millionen Menschen in Slums leben würden. Vor allem immer mehr Junge zogen vom Land in die Städte, und mit jedem Krieg, mit jeder Hungersnot wurde die Landflucht weiter angeheizt. In Lagos beispielsweise kamen jeden Tag etwa zehntausend Neuankömmlinge an, und die Stadt galt mittlerweile als die dreckigste Metropole der Welt. Als Hölle auf Erden.

Diese Situation hat sich in den letzten Jahren nicht verbessert, sondern verschlimmert, und das trotz all der Milliarden, die der Westen seit Jahrzehnten in diesen Kontinent pumpt. Afrika ist nach wie vor der größte Empfänger internationaler Entwicklungshilfe, dennoch ist ein Ende des Dramas nicht in Sicht. Warum ist das so?

Ganz einfach: Entwicklungshilfe hat nicht die Menschen im Fokus, die in Armut leben, sondern ist ein Austausch zur Erfüllung gegenseitiger Interessen. Die Geberländer zahlen nicht deshalb jährlich Milliarden an korrupte, zum Teil kriminelle Staaten, weil sie glauben, dass von dem Geld Waisenkinder gefüttert werden. Sie haben Interessen, wirtschaftliche, politische, militärische.

Aber wenn Entwicklungshilfe nicht gegen die Armut in Afrika hilft, was dann?

Korruption und Entwicklungshilfe passen nun mal nicht besonders gut zusammen. Denn Entwicklungsgelder an eine korrupte Regierung auszuzahlen, bedeutet in der Praxis, dass ein Großteil dieses Geldes auf den privaten Konten hoher Politiker, derer Familienmitglieder oder Protegés landen wird.

Den westlichen Protektionismus zu reduzieren wäre sicher ein wichtiger Punkt, um in diesem Dilemma Abhilfe zu schaffen. Würde die EU ihre Einfuhrbestimmungen ändern, dann hätte das mehr Einfluss auf den Wohlstand in Afrika als alle Entwicklungsgelder der großzügigen europäischen Geberländer.

Nach dem Gespräch mit dem netten Hotelmitarbeiter war ich zurück auf mein Zimmer gegangen und hatte auf das Meer geblickt, in dem ich nicht schwimmen durfte. Allerdings nicht lange, denn die Zeit drängte, und wir mussten los.

Für diesen Tag war eine große Filmszene auf dem Marktplatz von Dschibuti geplant, und das Team war schon seit den frühen Morgenstunden vor Ort. Peter hatte mich gebeten, etwas später zu kommen, damit die Statisten und zahlreichen Schaulustigen kein Chaos bei meiner Ankunft verursachen. Seit Tagen kannten die Medien in Dschibuti nur zwei Themen: die Entführung einer französischen Luxusjacht durch somalische Piraten vor der Küste des Landes und die Dreharbeiten zu *Wüstenblume* und meine damit verbundene Ankunft in Dschibuti.

Um zehn Uhr, die Temperatur war inzwischen auf über vierzig Grad im Schatten gestiegen, holte mich eine Limousine mit Polizeieskorte vom Hotel ab. Ich war nervös und sehr gespannt auf die Dreharbeiten und hatte vor Aufregung in der Nacht kaum schlafen können.

Nach zwanzig Minuten Fahrt durch die verstopften Straßen trafen wir in der Nähe des Marktplatzes ein. Das Militär hatte sämtliche Zufahrtsstraßen zum Markt gesperrt, und überall standen Polizisten in ihren khakifarbenen Uniformen mit blauen Barretten oder blau umrandeten Schirmmützen herum. Viele von ihnen trugen Schlagstöcke, manche sogar schwere Waffen. An den Absperrungen warteten Hunderte Schaulustige, die einen Blick auf die Dreharbeiten erhaschen wollten. Mit ihren bunten Gewändern standen sie da und winkten, als ich vorüberfuhr, und ein riesiges Verkehrschaos war die Folge.

Die Polizeieskorte geleitete mich mit Sirenen durch die Menschenmassen, und als der Wagen in einer Seitenstraße des Marktplatzes hielt, war er innerhalb weniger Sekunden von Neugierigen umzingelt.

Dann rief eine Frau: »Waris Dirie ist da!«, und sofort kam es zu einem unglaublichen Chaos. Alle Statisten rannten einfach vom Set in Richtung Auto, denn jeder wollte einen Blick auf mich erhaschen.

Schon in dem Moment, als ich ausstieg, wusste ich, dass ich ein Problem hatte. Die Frauen um mich herum waren nämlich alle komplett verhüllt, von Kopf bis Fuß war jedes Stückchen ihrer Haut mit farbenfrohen Schals bedeckt. Ich dagegen trug enge Jeans, Sandalen und ein kurzes weißes Tanktop. Um mich herum wurde es plötzlich totenstill, und die Frauen, die eben noch so ausgelassen gerufen und mir zugewunken hatten, wichen erschrocken zurück. Es war, als sei ich komplett nackt aus der Limousine gestiegen.

Es war nicht das erste Mal, dass ich solche Erfahrungen machte. Ich hatte schon früher bei Besuchen in Somalia für Aufsehen gesorgt, weil ich nicht verhüllt war oder in einem Restaurant essen gehen wollte, was ausschließlich Männern vorbehalten ist. Allerdings hatte ich in Dschibuti, wo es im Vergleich zu Somalia viele Ausländer gab, nicht damit gerechnet, dass ich mit meiner Kleidung eine solche Entrüstung hervorrufen würde. Immerhin hatte ich in vielen anderen afrikanischen Ländern nie Probleme gehabt, doch anscheinend sahen das die Menschen hier anders.

Da stand ich nun, es gab kein Zurück mehr, also schritt ich stolz und erhobenen Hauptes durch die Menge, die sich vor mir teilte, während einige mir »Hure!« oder »Verräterin!« hinterherriefen. So schnell ich konnte, lief ich zum Set, während die Polizisten, die mich begleiteten, alle Hände voll zu tun hatten, die aufgebrachte Menge von mir fernzuhalten.

»Bedeckt sie, bedeckt sie!«, fingen einige der Frauen an zu schreien und liefen mit bunten Tüchern auf mich zu. Ehe ich michs versah, war ich komplett verhüllt. Ein grüner Schal bedeckte meine Haare, ein orangefarbener meine Schultern und ein roter war um meine Hüften geschlungen. Sekunden später hatte ich keinerlei Ähnlichkeit mehr mit der Frau, die gerade aus dem Wagen gestiegen war. Ich fühlte mich seltsam, dennoch ließ ich es einfach geschehen.

Am Set waren alle glücklich, mich zu sehen, und die Statisten, die mir von der Limousine hierher gefolgt waren, feierten mich nun wieder wie einen Popstar. So schnell kann sich in Afrika alles ändern. Plötzlich wollte jeder mit mir sprechen, mir die Hand schütteln und mich küssen. Es war überwältigend. Die Schaulustigen und Statisten hielten ihre Handys in die Höhe und fotografierten mich damit. Ich wollte es kaum glauben, wie viele Menschen hier, in einem der ärmsten Länder der Welt, ein Mobiltelefon besaßen. Viele der Einwohner Dschibutis konnten sich kaum Sandalen leisten, aber ein Handy war offensichtlich ein Muss.

Das bunte Treiben auf dem Marktplatz, die fröhlichen Menschen, ihre farbenfrohe Kleidung mit den großformatigen Mustern, die auf Holzkisten und Pappkartons aufgeschichteten frischen Früchte, das knackige Gemüse, die duftenden Gewürze, die bunten Stoffe, Sandalen, der selbstgemachte Schmuck – all das erinnerte mich so stark an Somalia, vor allem an Mogadischu, dass ich mich plötzlich in meine Kindheit zurückversetzt sah.

Auf einmal stand Sherry neben mir und holte mich aus meinen Gedanken zurück.

»Waris, das hier ist Soraya. Sie wird dich als junges Mädchen in Somalia spielen«, sagte sie.

Ich blickte in das blutverschmierte Gesicht eines Mädchens mit kinnlangen Haaren, das völlig zerrissene Kleider anhatte und an dessen Körper überall Blut klebte. »Was ist denn mit dir passiert?«, fragte ich entsetzt.

Soraya lachte übers ganze Gesicht. »Das ist doch nur Kunstblut«, winkte sie ab. »Wir drehen gerade, wie du nach deiner Flucht durch die Wüste in Mogadischu auf der Suche nach dem Haus deiner Großmutter bist. In wenigen Minuten

wird die Einstellung noch mal wiederholt. Übrigens, die Leute hier nennen mich Mini-Waris!«
Jetzt konnte ich auch lachen. Ich umarmte Soraya und küsste sie auf beide Wangen. Sie war wunderschön, wirkte selbstbewusst und mutig, und je länger ich ihr beim Drehen zusah, desto mehr wurde mir bewusst, dass sie tatsächlich genauso war wie ich als Kind. Dieses Mädchen hatte einen so starken Willen, dass die Crew oft ganz schön mit ihr zu kämpfen hatte. Sie erinnerte mich auf verblüffende Weise an mich selbst und war wirklich eine tolle Besetzung für die Rolle. Soraya war ein sehr schlaues Kind, und sie würde ihren Weg gehen, da war ich mir ganz sicher.
Sherry verschwand kurz und kam wenig später mit der nächsten Darstellerin zurück. Roun Daher Aïnan spielte meine Mutter, und sie sah meiner echten Mutter wirklich ein bisschen ähnlich.
»Und diese kleine Dame hier ist Saffa«, fuhr Sherry fort. »Mit ihr haben wir bereits die Beschneidungsszene gedreht.«
Saffa sah tatsächlich aus wie ein kleiner schwarzer Engel. Sie würde einmal eine sehr schöne und stolze Frau werden, das sah ich sofort, und obwohl sie erst drei Jahre alt war, hatte sie ein unglaubliches schauspielerisches Talent. Das Gleiche galt für Soraya und all die anderen Somalis hier am Set. Niemand von ihnen hatte je eine Kamera gesehen oder ein Filmset, aber sie waren alle mit einer solchen Hingabe und Begeisterung dabei, dass mir ganz warm ums Herz wurde.
Als Nächstes stellte Sherry mir Ken Kelsch vor, einen erfolgreichen und erfahrenen Kameramann aus Hollywood, der mit *Bad Lieutenant* von Abel Ferrara mit Harvey Keitel in der Hauptrolle zu internationalem Ruhm gelangt war. Seine Kameraführung hatte diesen Filmklassiker wesentlich geprägt, und das erhoffte ich mir auch für meinen Film.

»Hi, Waris«, begrüßte Ken mich. »Es gibt eine kleine Verzögerung, da wir ein paar Probleme mit den Leuten auf der von uns nicht genutzten Hälfte des Marktes haben.«
»Wieso können die Probleme machen?«, fragte ich.
»Na ja, wir haben den Händlern, die wegen der Dreharbeiten ihre Waren nicht verkaufen können, eine Entschädigung gezahlt. Nun ist die andere Hälfte sauer, weil sie auch lieber nicht arbeiten und trotzdem Geld bekommen möchten. Ein paar Leute haben heute Morgen sogar Steine in unsere Richtung geworfen. Wir haben zwar hundertfünfzig Polizisten und Soldaten am Set, aber wir wollen hier keinen Aufruhr«, erklärte er mir die Lage.
Ich musste wieder mal grinsen, das war so ähnlich wie das, was Sherry und Peter mir am Abend zuvor über die somalischen Lkw-Fahrer erzählt hatten. Da prallten eben zwei Welten aufeinander.
Anschließend führte Ken mich am Set herum, und ich sah mich staunend um. Überall standen riesige Scheinwerfer, ein paar Männer verlegten Schienen für die Kameras, und der ganze Platz war beschallt. Es gab eine improvisierte Schminkecke, die als Maske für die Darsteller diente, und einen Kommandoplatz für Sherry. Auf mehreren Monitoren konnte sie sich dort das zuvor gefilmte Material gleich ansehen und korrigieren. Ich griff mir einen der herumstehenden Regiestühle und setzte mich etwas abseits der Szenerie auf eine Terrasse, um mir einen besseren Überblick zu verschaffen. Schon wieder musste ich staunen, denn auf dem Marktplatz von Dschibuti sah es tatsächlich aus wie in Mogadischu.
Die umliegenden Gebäude waren heruntergekommen, die Farbe blätterte von den Wänden ab und legte die verschiedenen Farbschichten darunter frei, was den Häusern ein interessantes buntes Aussehen verlieh. Auf dem Platz selbst standen dicht an dicht grob zusammengezimmerte Holz-

karren und unzählige Sonnenschirme, jeder in einer anderen verschossenen Farbe und mit einem anderen Werbespruch darauf. Die Männer waren überwiegend sportlich gekleidet, viele trugen beige Hosen und ein farbiges Polohemd. Die Frauen trugen ausnahmslos knallbunte Kopftücher und Kleider und hatten sich weitere Tücher um den Körper geschlungen.
Frische Früchte in allen Farben waren sorgfältig auf Papierstapeln ausgelegt, die mit Steinen beschwert waren. Es war ein unglaublich farbenfrohes Bild, das sich mir bot, und die Geräuschkulisse war ebenso beeindruckend. Eselskarren ratterten über die holprigen Straßen, Händler schrien, alle drängelten und redeten durcheinander. Aber am stärksten berührte mich der Geruch. Es roch intensiv nach Räucherstäbchen und Weihrauch, nach unzähligen Gewürzen und nach Früchten, es roch nach meiner Kindheit und meiner Heimat.
Auf einmal stand eine junge somalische Frau in einem grünen T-Shirt und Jeans in der Mitte des Marktes und rief durch ein Megaphon, dass sich alle bereithalten sollten. Innerhalb weniger Sekunden sollte die nächste Szene gedreht werden. »Action!«, brüllte Sherry, und von allen Seiten begannen sich die Menschen über den Markt zu bewegen. Eselskarren, verrostete Taxis und Fahrräder kreuzten die Straße, Händler schrien und priesen ihre Waren an, die Menschen drängelten und schubsten. Dazwischen taumelte Soraya, die laut Drehbuch gerade aus der Wüste gekommen war, durch die Menschenmenge, gefolgt von Ken, der mit seiner auf Schienen laufenden Kamera hinter ihr herfuhr. Ein unglaubliches Bild.
Plötzlich schrie Sherry wieder durch ihr Megaphon: »Stopp! Wir müssen die Szene wiederholen. Ken, fahr noch näher an Soraya ran.«
Ich verfolgte, wie sich die Eselskarren und rostigen Taxis

wieder in die Seitengassen zurückzogen, aus denen sie gekommen waren. Die Darsteller wurden schnell noch mal nachgeschminkt, da die Temperatur inzwischen weit über vierzig Grad lag und die Luft von Staub erfüllt war, und durch die riesigen Scheinwerfer erhitzte sich der Marktplatz noch mehr. Für die somalischen Darsteller war das alles kein Problem, aber die europäische und amerikanische Crew litt sehr unter der Hitze und musste an die Grenze ihrer Belastbarkeit gehen.
Ich ging zu Soraya hinüber, die in ihrem pinkfarbenen Gewand auf einem Stuhl saß und sich geduldig nachschminken ließ.
»Bist du hier aufgewachsen?«, fragte ich sie, denn ich wollte mehr über das junge Mädchen erfahren, das mich so überzeugend darstellte.
»Nein. Ich bin in Kanada geboren und dort auch zur Schule gegangen«, antwortete sie. »Meine Eltern haben sich nach einer endlosen Odyssee, während derer wir auch kurz mal in England waren, schweren Herzens entschieden, nach Somalia zurückzukehren. Wegen des Bürgerkrieges leben wir nun aber in Dschibuti, und mein Vater versucht ein Geschäft aufzubauen. Ich gehe jetzt hier zur Schule, aber ich vermisse meine Freundinnen in Kanada sehr. Sobald ich mit der Schule fertig bin, will ich zurückgehen und beim Film arbeiten. Oder Sängerin werden.«
Dann begann Soraya zu singen, und sie hatte tatsächlich eine wunderbare Stimme. Natürlich kannte sie alle aktuellen Stars, ihre Lieblingskünstler aber waren die Beatles und Beyoncé. Das Mädchen konnte nicht nur toll schauspielern, sondern war durch und durch eine Künstlerin. Ich war sehr beeindruckt von ihr.
»Soraya, konzentrier dich!«, rief Sherry, und die junge Hauptdarstellerin verstummte prompt. »Wir wollen heute mit den Marktplatzszenen fertig werden.«

Dann wandte die Regisseurin sich an mich und erklärte mir: »Je eher wir hier wieder weg sind, desto besser, sonst gibt es am Ende noch Ärger. Unsere Dolmetscherin hat mir erzählt, die Menschen hätten mittlerweile mitbekommen, dass hier ein Film gegen weibliche Genitalverstümmelung gedreht werden soll, noch dazu von Weißen.«

»Verstehe«, sagte ich nur, denn ich wusste, dass für die meisten Menschen in diesem Land weibliche Genitalverstümmelung immer noch eine unantastbare Tradition war. Ein Tabu, über das keiner sprach. Von Aufklärung konnte keine Rede sein, und das trotz der schönen Worte des Präsidenten und seines Gesetzes gegen FGM.

»Unsere Dolmetscherin befürchtet, dass es hier jeden Augenblick zu Ausschreitungen kommen könnte. Es ist wahrscheinlich das Beste, wenn du jetzt ins Hotel zurückfährst«, riet sie mir. »Dort wartet übrigens ein Fernsehteam auf dich, das von den Dreharbeiten berichten will.«

Joanna und ich fuhren also wieder ins Hotel. Kaum eine Stunde später erhielt ich die Nachricht, dass die Dreharbeiten hatten abgebrochen werden müssen. Die Polizisten und Soldaten waren kurz nach meiner Abfahrt einfach alle gleichzeitig in die Mittagspause verschwunden, ohne sich vorher abzumelden. Wenige Minuten später begannen die Menschen auf der anderen Seite des Marktes erneut, Steine auf die Crew zu werfen. Alle gingen sofort in Deckung und liefen durcheinander, an Arbeit war nicht mehr zu denken. Da Sherry nicht riskieren wollte, dass einer ihrer Leute getroffen und verletzt wurde, erklärte sie den Drehtag kurzerhand für beendet.

Nachdem ich mich umgezogen hatte, traf ich mich auf der Terrasse des Hotels mit Abdullah, der das Ostafrika-Büro der BBC leitete und für ein Interview mit mir extra aus Nairobi eingeflogen war. Wir wählten einen Tisch im Halbschatten einer hohen Palme aus und setzten uns auf die breiten, gemütlichen Korbstühle. Von meinem Platz aus hatte ich das Meer im Blick, das sehr nah war, da der Strand unmittelbar hinter der üppig begrünten Terrasse begann.

Der Journalist interessierte sich in erster Linie für die Dreharbeiten und für meine Karriere als Model. Als ich über FGM zu sprechen begann, stellte er mir schnell ein paar andere Fragen, um das Thema zu wechseln. Abdullah war ein weiterer Beweis dafür, wie unglaublich schwierig es war, in Ostafrika offen über FGM zu sprechen.

Enttäuschung machte sich in mir breit. Da engagierte ich mich seit Jahren gegen weibliche Genitalverstümmelung, reiste um die Welt, hielt Vorträge, betrieb Aufklärung, sammelte Geld – und kaum etwas ging voran. Eines war mir inzwischen klar: Wenn es mir und meinen Mitstreitern nicht gelang, die Gesellschaft in Afrika zu verändern, würden wir diesen Kampf nie gewinnen.

Ich dachte an den Streit mit meiner Mutter zurück, als sie mich in Wien besucht und mir gesagt hatte, ich sei kein Kind der Wüste mehr. Sofort kam der Schmerz wieder in mir hoch und ich erinnerte mich in allen Details an dieses gemeinsame Essen, bei dem sich gezeigt hatte, wie verschieden wir sind und dass wir in diesem Punkt nie zusammenkommen werden. Meine Mutter hatte mir erzählt, dass meine Beschneiderin, eine angesehene Frau in unserem Clan, inzwischen ihre Nachbarin sei, worauf sie sehr stolz war. Sie verteidigte dieses grässliche überholte Ritual vehement, und am meisten hatte mich getroffen, aus dem Mund meiner eigenen Mutter die Worte zu hören: »Es verursacht kein Leid, Waris, es macht uns stolz. Die Beschneidung macht uns erst zu richtigen Frauen. Vorher sind wir unrein, danach vollwertige Mitglieder der Gesellschaft.«

Tränen stiegen in mir hoch, während ich unsere lauten Stimmen wieder hörte. Wir waren in dem Punkt so weit voneinander entfernt, und es war sinnlos, meine Mutter überzeugen zu wollen. Sie war eine alte Frau, die sich den Traditionen verpflichtet fühlte. Dem konnte man mit Argumenten nicht beikommen.

Ich musste also verstärkt an die Kinder und die Jugendlichen heran, die Älteren würde ich nicht mehr verändern können – das hatte ich am Beispiel meiner Mutter allzu deutlich zu spüren bekommen. Vielleicht war die Verfilmung von *Wüstenblume* die große Chance, die jungen Menschen zu erreichen.

Die Gespräche, die ich am Morgen mit Soraya geführt hatte, gaben mir Hoffnung. Das Mädchen verkörperte für mich die neue Generation von Afrikanerinnen: jung, selbstbewusst, zukunftsorientiert. Sie könnte ihre Mitschülerinnen in der Schule positiv beeinflussen. Aber einen wirklichen Fortschritt konnte es nur geben, wenn junge Mädchen auch in Afrika und nicht nur im Ausland eine vergleichbare Ausbildung erhielten wie Soraya.

»Lass uns über Afrika reden«, schlug ich Abdullah vor, als ich nicht länger über den Film sprechen wollte. Der Journalist berichtete für seinen Sender über ganz Ostafrika, das war eine tolle Chance für mich, etwas von ihm über die aktuelle Lage hier zu erfahren. »Erzähl mir, was gerade alles in Somalia und in Dschibuti passiert«, forderte ich ihn mit Nachdruck auf.

Abdullah schien erleichtert, dass das Thema FGM endlich abgehakt war, und berichtete bereitwillig. »Die Situation ist schwierig. Somalia ist wegen der politischen Lage ein Thema für sich, aber auch hier in Dschibuti, ebenso wie in Äthi-

opien, Kenia, Tansania und Eritrea, haben die Menschen große Probleme. Es gibt einfach keinen Motor für wirtschaftliches Wachstum, dabei haben die Länder so viel Potenzial. Es ist wirklich eine Schande.«
Ich zog das orangefarbene Tuch, das ich mir um die Schultern gelegt hatte, enger um mich. »Wovon leben die Menschen denn hauptsächlich?«, fragte ich dann.
»Von der Landwirtschaft«, erwiderte er, wie ich es schon vermutet hatte. »Allerdings auf eher einfachem Niveau, weshalb das alles nicht besonders effizient ist. Die meisten der riesigen Flächen werden überhaupt nicht genutzt, dabei haben viele Menschen nicht genug zu essen.«
Ich war schockiert, dass sich in den letzten Jahren so wenig geändert hatte, und mit meiner nächsten Frage stieg schon wieder die Wut in mir hoch. »Was tun die Regierungen dagegen?«
Abdullah winkte ab. »Seit Neuestem verpachten sie Unmengen an Land an die Chinesen oder an Firmen aus der arabischen Welt. In diesen bevölkerungsreichen Ländern gibt es zu wenig Landwirtschaft, auf diese Weise versuchen sie jetzt, da die Lebensmittelpreise überall steigen, die Versorgung ihrer Bevölkerung zu sichern.«
Was ich da hörte, konnte ich kaum glauben, und als Abdullah weitererzählte, war ich sprachlos. Die Chinesen bauten allen Ernstes hier in Ostafrika Rohstoffe an und exportierten danach alles in ihre Heimat. Der afrikanischen Bevölkerung half das natürlich überhaupt nicht, dabei entstanden nämlich nicht mal Arbeitsplätze, weil die Chinesen obendrein ihre eigenen Arbeiter mitbrachten. Die Einheimischen, meistens Frauen, bekamen allerhöchstens Hilfsjobs als Landarbeiterinnen und verdienten ganze vierzig Cent pro Tag. Dabei wären die steigenden Lebensmittelpreise eine tolle Chance für die Länder in Ostafrika – allerdings nur, wenn hier effizient produziert würde.

Als ich Abdullah fragte, warum dies nicht geschehe, zuckte er die Achseln.
»Es fehlen die Mittel«, sagte er dann. »Ein Bauer in Europa, der viel besseres Saatgut und andere Technologien zur Verfügung hat, holt aus der gleichen Fläche locker das Zehnfache heraus.«
»Dafür gibt es hier viel mehr Land«, entgegnete ich. »Dann muss man eben mehr Land bewirtschaften. Arbeitskräfte gibt es ja genug.«
»Schon, nur fehlt es an den Unternehmern. Es gibt einfach keine Investoren aus dem Ausland, die hier die nötige Infrastruktur aufbauen. Aber solange nicht auch Wertschöpfung betrieben wird, bringt das alles sowieso nichts. Wir Afrikaner müssen die Rohstoffe nicht nur anbauen und dann exportieren, sondern sie auch selbst weiterverarbeiten. Nur so können Arbeitsplätze geschaffen werden und bleiben die Gewinne wirklich hier in Afrika.«
Abdullah hatte recht, was nützte es meiner Heimat, wenn zwar fremdes Kapital ins Land kam, die Gewinne aber anderswo gemacht wurden?
Die Situation in Afrika ist im Grunde schizophren: Viele afrikanische Länder exportieren die Rohstoffe, die sie anbauen, ohne sie weiterzuverarbeiten – und ohne daran zu verdienen. In Äthiopien, Kenia und Tansania wird zum Beispiel Kaffee angebaut, der zu den besten und aromatischsten der Welt gehört. Allerdings kaufen die großen Unternehmen aus Europa und Amerika hierzulande lediglich die grünen, ungerösteten Bohnen, um sie dann zu exportieren und selbst zu rösten, zu mischen, zu mahlen, zu verpacken und am Ende – um ein Vielfaches teurer – weiterzuverkaufen. Obwohl in Deutschland keine einzige Kaffeebohne wächst, ist das Land der drittgrößte Kaffeeexporteur der Welt. Tausende Menschen arbeiten bei den großen Kaffeeröstereien und in der Verpackungsindustrie, das sind alles

Arbeitsplätze, die hier in Äthiopien, Kenia oder Tansania fehlen.

Die Wertschöpfung findet komplett außerhalb Afrikas statt, und die Länder, aus denen die Rohstoffe stammen, geben oft mehr für die fertigen Produkte aus, als sie jemals für die Rohstoffe erhalten können. Letztlich müssen die Afrikaner lernen, die Rohstoffe, die sie anbauen, auch selbst zu verarbeiten. Wenn sie das täten, müssten sie erstens die teuren Endprodukte nicht wieder importieren und würden zweitens eine weitaus höhere Gewinnspanne erzielen als durch den Export der Rohstoffe.

»Warum klappt das mit der Wertschöpfung nicht?«, hakte ich nach. »Hier müssten die Arbeitskräfte doch sehr viel billiger sein als in Europa und Amerika.«

Abdullah lachte bitter. »Ja, schon. Aber als die Europäer anfingen, Kaffee zu importieren, wollten sie bei sich Arbeitsplätze schaffen und sichern. Die Rohstoffe sind extrem billig, weshalb die Gewinnspanne für die Importeure sehr hoch ist, wenn sie selbst weiterverarbeiten. Die ausländischen Regierungen wollen nun mal lieber, dass ihre Industrie an dem Kaffee verdient statt die afrikanische Bevölkerung. Deshalb erhoben sie jahrzehntelang hohe Steuern auf weiterverarbeiteten Kaffee, während ungeröstete Bohnen steuerfrei eingeführt werden konnten. Für europäische Unternehmen hätte es sich einfach nicht gelohnt, die Bohnen hier in Afrika rösten und verpacken zu lassen.«

»Damit haben die Regierungen also den Kostenvorteil, den wir durch die billigeren Arbeitskräfte hätten, mit Zöllen künstlich aufgehoben?«, erkundigte ich mich. »Ist das denn erlaubt? Gibt es da keine Regelungen? Die Welt behauptet doch immer, sie wolle Afrika helfen.«

»Mittlerweile wurde diese Regelung zwar abgeschafft«, erklärte Abdullah, »aber die Unternehmen in Europa haben natürlich nun einen riesigen Entwicklungsvorsprung.«

Das alles wollte irgendwie nicht in meinen Kopf, schließlich stellten die ausländischen Regierungen jedes Jahr große Summen für die Entwicklungshilfe bereit. Trotzdem war Afrika arm, vielleicht sogar ärmer als je zuvor. In vielen Ländern Afrikas waren Armutsindikatoren wie Kindersterblichkeit heute höher als noch zum Ende der Kolonialzeit.

In den fünfziger Jahren hatte man noch gedacht, Afrika brauche nur das nötige Kapital, um den Sprung in den Wohlstand zu schaffen, und versorgte den Kontinent mit immer neuen Geldspritzen. Dabei bedachte jedoch niemand, dass die Passivität Afrikas nirgendwo besser gedeihen konnte als in einem solchen System. Dazu kamen die verheerenden Stellvertreterkriege in Afrika, bei denen der Westen und die UdSSR die jeweils bevorzugte Rebellengruppe mit Waffen und Geld unterstützte. In den siebziger Jahren setzte sich dann die Erkenntnis durch, dass Afrika eben doch kein Europa im frühkindlichen Stadium war, das sich mit genügend westlichem Kapital irgendwann so entwickeln würde wie der »vorbildliche« reiche Kontinent. Also begann man, Hilfszahlungen an Bedingungen zu knüpfen. Als auch das nicht zum Erfolg führte, ging man dazu über, gezielte Projekte wie Schulen, Krankenhäuser und Infrastruktur zu schaffen – nur leider gingen auch diese Bemühungen am Ziel vorbei.

»Waris, du kannst dir gar nicht vorstellen, was da für riesige Konzerne dranhängen«, sagte der Journalist und holte mich aus meinen Gedanken zurück. »Aber was die Produktion von Kaffee angeht, hat sich tatsächlich vor kurzem etwas geändert. Auf Druck der Welthandelsorganisation hat man nun endlich die Zölle für weiterverarbeitete Kaffeebohnen aufgehoben«, berichtete Abdullah und lächelte zum ersten Mal.

Es war spannend, interessant und erkenntnisreich, mit ihm

über meine Heimat zu sprechen. Ich war sehr froh, dass ich ihn getroffen hatte, obwohl ich mich anfangs über ihn geärgert hatte, weil er beim Thema FGM so abgeblockt hatte.

»Das ist doch ein guter Anfang«, freute ich mich über die positive Nachricht. »Diese Entscheidung wird sicher einen großen Aufschwung für Ostafrika bringen, immerhin zählt Kaffee zu den wichtigsten Exportgütern hier.«

»Na ja, leider ist das nicht ganz so einfach.« Der Journalist spielte mit dem Kabel seines Aufnahmegeräts, das er schon vor einer ganzen Weile abgeschaltet hatte. »Kaffee ist zwar der am zweithäufigsten gehandelte Rohstoff der Welt. Allerdings konnten die Röstereien in Europa und Amerika, jahrzehntelang geschützt durch die Zölle, in Ruhe wachsen und sich etablieren. Es wird sehr schwierig sein, die Weiterverarbeitung hierher nach Ostafrika zu holen.«

»Wieso?«

»Stell dir vor, du wärst Inhaberin einer großen Kaffeefirma. Seit Jahrzehnten verarbeitest du die Kaffeebohnen, die du billig in Ostafrika einkaufst, irgendwo in Deutschland weiter. Dort stehen deine Röstereien, dort hast du Spezialisten und gut ausgebildete Arbeiter. Du hast Zulieferer für die Verpackungen und alle Maschinen, die du brauchst. Außerdem ein sehr gut ausgebautes Netz von Straßen, Schienen und Schiffen, mit denen du dein fertiges Produkt in die ganze Welt liefern kannst. Würdest du in der Situation wirklich hier nach Ostafrika ziehen und alles noch mal neu aufbauen?« Abdullah blickte mich an und war sichtlich gespannt auf meine Antwort.

»Nein, wahrscheinlich nicht«, erwiderte ich zögerlich. »Aber was ist mit neuen Firmen? Warum brauchen wir Firmen aus dem Ausland, die Äthiopier und Kenianer könnten ihren Kaffee doch auch selbst weiterverarbeiten und dann erst exportieren.«

»Ja, und genau das würde ihren Ländern sehr helfen. Allerdings benötigt man viel Geld, um in das Geschäft einsteigen zu können, außerdem Maschinen und ein Netz an Exportwegen. Und das alles, bevor man auch nur eine einzige Bohne verkauft hat ...« Er seufzte.

»Und dieses Geld haben die Menschen hier natürlich nicht«, schlussfolgerte ich, denn nach wie vor lebten in Afrika mehr Menschen in Armut als irgendwo sonst auf der Welt. In zwanzig afrikanischen Ländern lebte mehr als die Hälfte der Bevölkerung in Armut, in ganz Afrika gab es nur drei Länder mit weniger als zehn Prozent Armut, in Südafrika und Kenia waren es etwa fünfzig Prozent der Bevölkerung, in Mosambik, Sierra Leone und Nigeria siebzig Prozent und in Liberia, Tschad und Sambia sogar unvorstellbare achtzig Prozent und mehr. Wo sollten die Menschen da Geld für Investitionen hernehmen?

»Ganz genau. Es fehlt schlicht das Startkapital.« Für einen Moment sah Abdullah etwas ratlos aus, ehe er weiterredete. »Wir brauchen hier keine sogenannten Entwicklungsgelder, die alle nur an die Regierungen fließen und dann sonst wo in dunklen Kanälen verschwinden. Wir brauchen Investoren, die hier etwas aufbauen wollen und die uns als Geschäftspartner sehen. Jemanden, der hier eine Rösterei eröffnet oder einem Afrikaner das nötige Startkapital leiht. Stell dir nur mal vor, all die Milliarden, die die westlichen Regierungen Jahr für Jahr an die afrikanischen Regierungen zahlen, würden stattdessen in kleine afrikanische Betriebe fließen. Dann wären wir längst einen großen Schritt weiter.«

»Ich will sehen, ob mir etwas dazu einfällt. Das Problem muss doch zu lösen sein«, sagte ich und verabschiedete mich von Abdullah.

Den ganzen Nachmittag sollte mich die Begegnung mit dem Journalisten nicht loslassen. Ich war ihm sehr dankbar für dieses Gespräch, denn er hatte mir entscheidende Impulse gegeben und mir interessante Zusammenhänge verdeutlicht. Mit meinem Engagement gegen FGM leistete ich sicher wertvolle Arbeit, aber ich stieß immer wieder schmerzhaft an Grenzen, musste feststellen, dass mein Ziel, dieses Tabu, diese Tradition auszurotten, nur sehr langsam näherrückte. Vielleicht musste ich ja noch einen Schritt weiter gehen und an einem anderen Punkt ansetzen? Nur wo?

Je länger ich nachdachte, desto absurder erschienen mir die Zustände in Afrika. Einerseits fühlte ich mich niedergeschlagen, weil mir die Situation, die Abdullah beschrieben hatte, so ausweglos vorkam. Andererseits wusste ich, dass es Möglichkeiten gab, die Situation zu ändern.

Ich muss dranbleiben, dachte ich nur. Ich darf nicht aufgeben. Ich darf Afrika nicht aufgeben.

Eine Wunde, die ein Freund schlägt, heilt nicht.
Aus Nigeria

7

Trügerische Träume

Am späten Nachmittag klopfte es an meiner Zimmertür. Als ich öffnete, stand Joanna vor mir, die Neuigkeiten zum Dreh hatte.
»Sherry hat beschlossen, nun doch in einer Seitenstraße weiterzudrehen«, sagte sie, nachdem ich sie kurz hereingebeten hatte. »Es geht um die Szene, in der du das Haus deiner Großmutter findest. Wir müssen bald los, denn sie wollen fertig sein, bevor die Sonne untergeht. Sherry möchte gerne von dir wissen, ob du die Drehorte, Darsteller und Szenen authentisch findest.«
»Okay, ich mache mich eben fertig«, sagte ich nur und verabredete mich mit ihr für in zehn Minuten in der Lobby des Hotels.
Kurz darauf brachte der Chauffeur Joanna und mich zum Filmset, das nicht weit vom Marktplatz gelegen war. Wieder hatte das Militär mehrere Straßen abgesperrt, und überall drängten sich Hunderte Schaulustige, um einen Blick auf die Dreharbeiten zu erhaschen. Die klimatisierte Limousine, in der wir saßen, war als Regierungsfahrzeug gekennzeichnet, und die Menschen wichen zurück, sobald sie uns bemerkten, so dass wir bis zum Set fahren konnten.
Gerade hatten die Dreharbeiten begonnen, und ich sah Soraya gebückt und müde die staubige Straße hochkommen, auf der Suche nach dem Haus meiner Großmutter. Das gleißende Licht der Scheinwerfer und der aufgewirbelte Staub ließen die Luft flimmern, so dass die Szene fast surreal anmutete. Die bunten Kleider der Frauen schienen trotz des Staubs zu leuchten, und die aufgewirbelte feine Erde reflektierte das starke Licht, statt es zu schlucken.

Ich machte Sherry aus der Ferne ein Zeichen, dass alles so sei, wie ich es mir vorgestellt hatte, und dass die Szene sehr authentisch wirke, dann setzte ich mich auf eine leere Metallkiste, in der das Equipment verstaut gewesen war, und ließ alles auf mich wirken. Plötzlich fühlte ich mich wieder wie damals, als ich durch Mogadischu geirrt war. Während ich zusah, wie die Szene mehrmals wiederholt wurde, lief mein eigenes Leben noch einmal vor meinem geistigen Auge ab, und es war, als ob das alles erst gestern passiert wäre.

Ich hatte mich von einem Lastwagen bis in die Randbezirke der Stadt mitnehmen lassen und war dann zu Fuß weitergegangen auf der Suche nach meiner Schwester Aman. Nachdem ich einen halben Tag durch die Straßen der Großstadt gelaufen war, fand ich tatsächlich jemanden, der sie kannte. Als mich ein kleiner Junge dann zum Haus meiner Schwester führte, wo ich sie schlafend vorfand, war ich unendlich erleichtert.

Ein dicht neben meinem Plätzchen vorbeiratternder, aus alten Holzbrettern zusammengezimmerter Eselskarren riss mich aus meinen Gedanken. Sherry, Soraya und ein Teil der Crew waren mittlerweile in einem der Häuser und drehten die Begegnung mit meiner Großmutter. Als ich aufblickte, bemerkte ich einige Meter entfernt eine Gruppe von Frauen, von denen zwei Babys auf dem Arm hatten. Sie unterhielten sich angeregt, und ich beschloss, zu ihnen hinüberzugehen.

»Hallo«, sagte ich »Ihr habt aber hübsche Babys! Darf ich die Kleine hier mal halten?«

Die Mutter des Mädchens, die ein türkisfarbenes Tuch umgebunden hatte, war überrascht, reichte mir aber ihre kleine Tochter. Dabei bemerkte ich, dass sie sehr auffällig in mehreren Farben lackierte Fingernägel hatte. Das kleine Mädchen in seinem weißen Kleidchen blickte mich mit großen Augen an, als ich es auf den Arm nahm.

»Waris«, sagte eine der Frauen, »weißt du, dass du hier eine Heldin bist? Alle kennen deinen Namen. Du hast es geschafft! So berühmt zu werden wie du, ist der Traum von allen hier. Wir wollen nach Europa oder Amerika, genau wie du, und ebenso erfolgreich werden!«

»Mein Bruder ist schon in Holland«, erzählte eine andere Frau, die ein rosafarbenes Tuch trug, das ihre Haare verdeckte. »Er hat mir erzählt, dass es dort in den Hauswänden Löcher mit Knöpfen gibt. Wenn die Weißen die Knöpfe drücken, spuckt die Wand Geld aus. Das muss das Paradies sein.«

Im ersten Moment wusste ich gar nicht, was ich darauf sagen sollte. Wann würden die Menschen hier in Afrika endlich verstehen, dass sie nicht nach Europa gehen mussten, um das Paradies zu finden? Wieso merkten sie nicht, dass sie es selbst in der Hand hatten, Afrika endlich zu dem Paradies zu machen, das es sein könnte? Stattdessen glauben sie die abenteuerlichsten Geschichten über die reichen Industrieländer, in denen angeblich niemand hungerte, wo jeder sich alles kaufen konnte und wo das Geld einfach aus kleinen Schlitzen in der Wand kam.

Niemand von ihnen würde alles aufgeben, wenn sie nur wüssten, was sie im vermeintlichen Paradies erwartete, für das sie ihr Hab und Gut verkauften und alles zurückließen: ihre Freunde, ihre Familie, ihr Land. Dabei wurden sie behandelt wie Verbrecher, wenn sie dort ankamen. Sie hatten keine Rechte, durften nicht arbeiten, und auch die Geldschlitze funktionierten nicht ganz so, wie man es ihnen in ihrem Dorf erzählt hatte.

Die Politiker in Afrika schienen allerdings kein Interesse daran zu haben, ihre Bevölkerung aufzuklären, wahrscheinlich weil ganze Abteilungen korrupter Beamter an dem Schmuggel mitverdienten.

»Ihr hättet es in Europa auch nicht besser als hier«, erwiderte ich dann. »Ihr habt völlig falsche Vorstellungen davon, wie Afrikaner in Europa leben. Ihr werdet dort kein Teil der Gesellschaft sein und ganz gewiss nicht in Reichtum leben.«

»Wieso denn nicht?«, fragte die Frau sichtlich verwirrt. »Aber alle erzählen das hier. Mein Mann kennt jemanden im Hafen von Dschibuti, der Reisen nach Europa organisiert. Allerdings kosten die so viel Geld, dass wir sie uns nicht leisten können. Er sagt immer, in Europa würden wir viel Geld verdienen, das wir dann nach Hause schicken könnten, damit es unseren Familien bessergeht. Und wir bekommen europäische Reisepässe, wenn wir erst einmal dort sind.«

Ich war entsetzt angesichts ihrer Naivität und empfand einen ungeheuren Zorn auf diese Schlepperbanden, die unschuldigen Leuten das Geld aus der Tasche zogen und sie obendrein in Lebensgefahr brachten. Den Zahn musste ich den Frauen dringend ziehen, daher sagte ich: »Wisst ihr eigentlich, was das für angebliche Reisen sind? In den Nachrichten wird jede Woche darüber berichtet, dass Hunderte Afrikaner vor den europäischen Küsten ertrinken, weil sie versuchen, mit alten, völlig überfüllten Boten ins vermeintliche Paradies zu gelangen.«

Ich merkte, dass die Frauen mich entsetzt ansahen und mir nicht glauben wollten. Zu schön war die Geschichte vom gelobten Land, in dem es allen Menschen gutging. Nur leider war dem nicht so.

»Diese Leute nehmen euch bloß das Geld ab und setzen euch in ein Boot. Danach seid ihr völlig auf euch allein gestellt, keiner hilft euch. Außerdem ist Europa kein Paradies, für viele Afrikaner ist es sogar eine Hölle. Ihr würdet dort in Flüchtlingslagern leben, eure Männer dürften nicht arbeiten, und so bald wie möglich würdet ihr wieder nach Afrika zurückgeschickt. In dieser Welt seid ihr nicht willkommen.«

Enttäuschung machte sich auf den Gesichtern meiner Zuhörerinnen breit, doch das war mir egal. Ich durfte nicht zulassen, dass auch nur eine von ihnen sich in Gefahr begab. »Wir Frauen müssen zusammenhalten«, sagte ich daher, »und hier in Afrika das Leben besser machen.« Davon war ich fest überzeugt, erst recht nach dem Gespräch mit Abdullah.
»Und du?«, rief die Mutter des kleinen Mädchens, das ich noch immer auf dem Arm hielt und fest an mich drückte. »Du bist doch selber von hier fortgegangen und in Europa reich und berühmt geworden. Und jetzt sagst du uns, wir sollen hierbleiben! Du redest schon genau wie die Europäer!«
»Wenn ich euch meine ganze Geschichte erzähle, werdet ihr das anders sehen«, erwiderte ich spitz. »Ich war damals noch ein Kind, und als mein Vater mich für fünf Kamele an einen uralten Mann verkaufen wollte, habe ich keinen anderen Ausweg gesehen. Ihr dagegen habt schon eigene Kinder, wollt ihr denn nicht, dass die in einem besseren Afrika aufwachsen? In Europa werden sie immer Fremde sein. Europa ist für euch eine kalte Welt. Alle Afrikaner, die ich in Europa und Amerika kennengelernt habe, hatten schreckliches Heimweh nach Afrika. Eure Wurzeln sind hier, daher müsst ihr euch hier ein besseres Leben schaffen. Gebt nicht auf, sondern kämpft für eure Heimat und kümmert euch darum, euren Kindern ein besseres Leben zu ermöglichen.«
»Wo ist eigentlich dein Mann?«, wechselte die Frau mit dem rosafarbenen Tuch plötzlich das Thema.
»Mann? Welcher Mann?«, erwiderte ich, allmählich genervt. »Ich sorge für mich selbst. Ich habe gute Freunde, aber einen Mann habe ich nicht. Es geht mir gut, und ich vermisse nichts.«
Die Frauen starrten mich ungläubig an.
»Du lebst also ohne Mann?«, fragte eine von ihnen, als hätte ich ihr gerade ein schweres Verbrechen gestanden.

»Und wenn schon?«, fragte ich zurück. »Was soll mir ein Mann denn bringen? Wer sorgt denn bei euch für die Familie? Wer geht arbeiten, wer kümmert sich um die Kinder? Eure Männer vielleicht?« Ich redete mich so langsam in Rage.

»Nein, wir tun das selbst. Unsere Männer treffen sich jeden Tag und kauen *kath*. Natürlich gibt es viele nutzlose Männer, aber ohne Mann ist man gesellschaftlich nun mal nichts wert. So sind sie wenigstens beschäftigt ...«, erwiderte die junge Mutter.

Ich war fassungslos. Das konnte sie unmöglich ernst meinen. »Erklärt mir bitte mal, wie es den Menschen hier jemals bessergehen soll, wenn ihr Schicksal von einem Haufen Blätter kauender, berauschter Männer abhängig ist? Als Erstes muss sich die Gesellschaft ändern«, schimpfte ich, denn nun waren wir bei meinem aktuellen Lieblingsthema angekommen.

Nirgendwo auf der Welt ist die Bildungsrate so niedrig wie in Afrika. Nirgendwo auf der Welt besuchen so wenige Kinder eine weiterführende Schule. In meiner Heimat Somalia hat der jahrelange Bürgerkrieg dazu geführt, dass durchschnittlich nur etwa zehn Prozent der Kinder überhaupt eine Grundschule besuchen. Lediglich dreizehn Prozent der Jungen und gerade mal sieben Prozent der Mädchen erhalten also die Chance, lesen und schreiben zu lernen. Die Unterschiede in der Bildung von Jungen und Mädchen sind nirgendwo so gravierend wie auf diesem Kontinent. Eine Ausbildung ist vor allem für Mädchen alles andere als selbstverständlich.

Doch Afrika braucht Bildung. Ohne Bildung kann es kein funktionierendes und effizientes Verwaltungssystem geben, und die Korruption wird weiter das öffentliche Leben dominieren. Ohne Bildung gibt es niemanden, der sich um die Straßen, die Schulen und die Krankenhäuser kümmert. Und

es gibt auch niemanden, der in den Schulen und Krankenhäusern arbeiten kann. Ohne Bildung kann es keine funktionierende Opposition geben, niemanden, der die Herrschaft der jetzigen korrupten und geldgierigen Eliten hinterfragen kann. Wer, wenn nicht eine gebildete Generation von jungen Afrikanern sollte an diesen Zuständen, an dieser Ausbeutung der eigenen Landsleute etwas ändern?
»Schickt ihr eure Töchter denn wenigstens zur Schule?«
Die Frauen schauten sich an. Wir standen sehr dicht beieinander, und ich sah ihnen in die Augen, weil ich wissen wollte, was sie empfanden. Obwohl ich die Traditionen kannte und von meiner eigenen Mutter wusste, wie sie über all diese Themen dachte, war ich dennoch schockiert darüber, dass die jungen Frauen sich nicht weiterentwickelt hatten.
»Nein, das wollen unsere Männer nicht«, antwortete schließlich eine von ihnen.
Ich wollte nicht lockerlassen, also versuchte ich sie mit stichhaltigen Argumenten zu locken. »Ich habe gehört, dass viele Unternehmen aus Dubai und Europa hier in Dschibuti investieren würden, nur leider finden sie kaum Mitarbeiterinnen, die lesen und schreiben können«, berichtete ich den Frauen, die mir gebannt zuhörten. »Mit einer Ausbildung könnten all diese Mädchen Geld verdienen, ihre Familien versorgen und dieses Land aufbauen. Das sollte euer Traum sein, nicht mit alten Booten in eine völlig ungewisse Zukunft zu reisen.«
Ich merkte, dass ich sie zumindest ein bisschen stutzig gemacht hatte. Inzwischen hörten uns einige der umstehenden Statisten und Arbeiter zu, doch das störte mich nicht weiter. Ohne groß darüber nachzudenken, ging ich zum Frontalangriff über.
»Von eurem Präsidenten weiß ich, dass er massiv gegen die Beschneidung von Mädchen vorgeht. Ich hoffe, dass diesen beiden kleinen Engeln hier nichts passieren wird?« Zärtlich

betrachtete ich das Baby auf meinem Arm und strich ihm über die kleinen, zarten Finger.
Für einen Augenblick herrschte Totenstille, und die Frauen sahen mich entgeistert an. Schließlich brach eine von ihnen die Stille.
»Ich habe gehört, dass das in Europa nicht gemacht wird«, sagte die Frau mit dem rosafarbenen Tuch aufgebracht, »und dass das schlimme Folgen hat. Die Ehen scheitern, die Frauen suchen sich ständig neue Männer …«
»Die Frauen in Europa suchen sich nur deshalb neue Männer, weil ihre nichts taugen«, entgegnete ich. »Die Beschneidung ist nichts anderes als ein Instrument der Männer, euch zu unterdrücken. Wenn die Frauen hierzulande die gleichen Möglichkeiten hätten, lägen eure Männer vielleicht nicht den halben Tag berauscht unter irgendeinem Baum, während ihr arbeitet und die Familie versorgt.«
»Was sollen wir denn tun?«, fragte mich die andere Mutter, die ihr Kind in einem Tuch vor dem Leib trug.
»Lasst diese kleinen Engel nicht beschneiden und schickt sie zur Schule. Schaut euch doch nur Soraya an. Die Kleine, die mich als Kind spielt, spricht vier Sprachen, und die Welt steht ihr offen, weil ihre Eltern ihr eine Chance gegeben haben. Eure Männer mit ihrer Passivität stehen dagegen jeder Verbesserung im Weg!«
Passivität – ein in Afrika weitverbreitetes Phänomen, dem ich schon immer mit Unverständnis begegnet bin. Wäre ich in meinem Leben passiv geblieben, hätte ich mich dem ergeben, was mir passiert ist, mein Leben wäre wohl ganz anders verlaufen, und das sicher nicht zum Besseren. Es passiert nichts, wenn man es nicht tut. Darauf zu warten, dass andere etwas an der Lage ändern, in der man sich befindet, ist das Dümmste, was man tun kann. Denn das funktioniert auf individueller Ebene ebenso wenig wie im Kollektiv.
Trotzdem ist Afrika passiv. Sogar als die Europäer kamen,

um es auszurauben und nach ihren Vorstellungen zu gestalten, blieb es passiv. Die Befreiungskämpfe im Zuge der Dekolonialisierung lösten sich bald nach Erreichen der Unabhängigkeit wieder in die altbekannte Passivität auf. Die Menschen feierten die neuerlangte Unabhängigkeit und warteten.

Die meisten der in den sechziger Jahren in die Freiheit entlassenen Länder waren kaum in der Lage, ihre Unabhängigkeit auszuführen. Die jahrzehntelange Besatzung und Fremdsteuerung hatten die afrikanische Passivität ins Unermessliche gesteigert. War sie während der Kolonialherrschaft ein gutes Rezept zum Überleben gewesen, so stellte sie die Afrikaner nun vor nicht wenige Probleme: Wie regierte man ein Land? Wie hielt man ein Bildungs- oder Gesundheitssystem aufrecht, wenn alle Lehrer und Ärzte sich in ihr europäisches Mutterland verabschiedet hatten? Wovon lebte man, wenn man ausschließlich Kokosnüsse oder Bananen anbaute, weil diese sich gut nach Europa exportieren ließen?

Die Folgen davon waren bis heute zu spüren, das hatte mir das Gespräch mit den Frauen gerade mal wieder deutlich gemacht. Zwar hatten sie nachdenklich gewirkt, als wir uns verabschiedet hatten, aber ich merkte, dass noch viel Aufklärungsarbeit zu leisten war, dass es noch ein weiter Weg war. Zugleich spürte ich jedoch auch, dass es sich lohnen würde.

»He, Waris«, hörte ich plötzlich Sorayas Stimme hinter mir und drehte mich um.

Ich war so in die Unterhaltung mit den somalischen Frauen

vertieft gewesen, dass ich von den Dreharbeiten überhaupt nichts mitbekommen hatte. Nun waren sie offensichtlich zu Ende, was ich sehr schade fand. Dennoch war mir dieses Gespräch sehr wichtig gewesen, und ich bereute es nicht.
»Wo warst du die ganze Zeit?«, fragte sie. »Bist du abgetaucht?«
Ich musste lachen. »Nein, ich habe darüber diskutiert, wie unser Kontinent endlich wieder auf die Beine kommen kann«, erwiderte ich. »Jetzt habe ich leider alles verpasst.«
»Oh, etwa auch die Szene mit dem Esel?«, wollte das junge Mädchen wissen.
Ich nickte.
»Bist du schon mal auf einem Eselskarren gefahren?«, fragte Soraya daraufhin.
»Natürlich«, sagte ich.
»Okay, dann lass uns gemeinsam auf dem hier fahren!«, rief sie begeistert und deutete auf den schmächtigen graubraunen Esel mit den vielen bunten Decken auf dem Rücken, der wenige Meter neben uns vor einen Karren gespannt war und vor sich hin döste.
Das ließ ich mir nicht zweimal sagen. Ich setzte mich mit Soraya auf den Karren und gab dem Esel einen somalischen Befehl. Doch nichts passierte, denn das Tier stellte sich taub. Soraya und ich versuchten es mit verschiedenen Kommandos, aber der Esel zeigte sich gänzlich unbeeindruckt von unseren Bemühungen und döste einfach weiter. Überall liefen die Arbeiter und Mitglieder der Filmcrew herum, um alles wieder einzupacken, da es inzwischen schon dämmerte.
»Okay«, sagte ich, »*let's go,* das hat keinen Zweck«, und wollte wieder von dem Karren absteigen.
Just in diesem Augenblick machte der Esel einige schnelle Schritte nach vorn, und Soraya und ich konnte uns gerade noch festhalten, um nicht unter den schweren Karren zu ge-

raten. Plötzlich wurde mir mulmig, und ich fürchtete, wir könnten das Tier nicht lenken oder zum Stehen bringen, doch da kam der Besitzer des Fuhrwerks auf uns zu und stoppte den Esel.
»Puh, das war aber knapp«, sagte ich und bedankte mich bei ihm. Immerhin hatte mich Soraya mit der Aktion auf andere Gedanken gebracht.
Ich sah mich nach Joanna um, die gemeinsam mit dem Fahrer und einem Bodyguard an einer der Absperrungen bereits auf mich wartete, um zum Hotel zurückzufahren. Allerdings hatte ich keine Lust, mich wieder in den klimatisierten Wagen zu setzen, sondern wollte den schönen Abend noch ein wenig genießen. Die Sonne war mittlerweile untergegangen, doch es war immer noch sehr heiß.
»Lasst uns zu Fuß gehen«, schlug ich vor und blickte erwartungsvoll in die Runde.
Der Fahrer und der Bodyguard starrten mich entgeistert an.
»Das geht nicht, wir sind für deine Sicherheit verantwortlich«, sagte der Chauffeur.
»Mir passiert hier doch nichts, sagte ich lachend und lief einfach los. »Das sind meine Leute hier, alles Somalis.«
Die drei folgten mir, was hätten sie auch sonst tun sollen? Schon nach wenigen Metern hörte ich jemanden schreien.
»Hier, Leute, hier ist sie, Wariiiieees! Wariiiieeees Dirieeeeee!« Ich blickte mich um und war plötzlich umzingelt von Menschen. »Waris, Waris!«, schrien die Leute, du gehörst zu uns!« Fast zeitgleich erfolgten aber auch die ersten bedrohlich klingenden Rufe: »Sie hat unsere Religion verraten!«, brüllte jemand, und schon stimmten weitere Menschen ein. Ich wusste, wie schnell die Stimmung in einer solchen Menschenmenge umschlagen konnte, und drehte mich um. Offenbar war es doch gefährlicher, als ich angenommen hatte, zu Fuß durch die Stadt zu gehen.
»Sofort zurück zum Auto«, befahl der Bodyguard besorgt.

Joanna wirkte völlig eingeschüchtert und hakte sich bei mir ein.
»Nichts wie weg hier. Wir können die Situation nicht kontrollieren«, sagte unser Beschützer und ging langsam durch die aufgebrachte Menge zurück zum Wagen.
Die Situation war typisch für die Menschen hier: In einem Moment wurde ich gefeiert, im nächsten verflucht. Aber davon wollte ich mich nicht kleinkriegen lassen, ich würde kämpfen.

Wieder im Hotel, verzichtete ich auf das Abendessen und ging sofort auf mein Zimmer. Der mit vielen schönen und manchen unschönen Erlebnissen angefüllte Tag war sehr anstrengend gewesen, und ich verspürte das Bedürfnis, für mich allein zu sein und nachzudenken.
Der Raum war von der Klimaanlage unnatürlich kalt, daher öffnete ich die Fenster und die Balkontür und ließ die warme, salzige Abendluft vom Meer hereinströmen. Ich nahm mir etwas zu trinken und setzte mich auf den Balkon. Über mir war der sternenklare Himmel, vor mir funkelten die Lichter des Hafens von Dschibuti. Draußen auf dem Meer lagen riesige Frachtschiffe und Öltanker, die auf die Einfahrerlaubnis aus dem Hafen warteten, die Reihe reichte, so weit man sehen konnte. Ich legte die Füße auf das Balkongeländer und trank einen Schluck Wasser.
Die Afrikaner, so dachte ich, müssen endlich verstehen, dass das Problem und damit auch seine Lösung bei ihnen selbst liegt. Die USA und Europa spielen heute zwar eine große Rolle, wenn es um die Zukunft Afrikas geht, aber sie werden nicht allein darüber entscheiden. Afrika muss sich sei-

ner eigenen Verantwortung bewusst werden, es kann sich nicht alleine aus seiner jetzigen Situation befreien, aber es kann viel dazu beitragen.
Weiße Männer können Afrika nicht retten, dieser Kontinent kann sich nur selbst retten. Afrika muss zusammenhalten. Es gibt keinen Abstieg mehr, Afrika ist bereits ganz unten. Afrika kann nur heilen, wenn die Menschen dort beginnen, sich gegenseitig mit Liebe und Respekt zu behandeln.
In Afrika gibt es so viel Gewalt. Aber niemand weiß, worum es bei diesen Kriegen überhaupt geht. Wir kämpfen nicht um Gold oder um Land oder um Öl. Viele Konflikte zwischen afrikanischen Staaten oder Volksstämmen sind schon so alt, dass niemand mehr weiß, worum überhaupt gekämpft wird. Mein Heimatland Somalia könnte ein wunderschönes Land sein, stattdessen bringen die Menschen sich völlig grundlos gegenseitig um. Sie sehen gleich aus, sie sprechen die gleiche Sprache, und trotzdem bekämpfen sie sich ohne einen verständlichen Grund. Das alles macht mich furchtbar wütend.
Gibt es Hoffnung? Hoffnung ist etwas für die Faulen. Es gibt keine Hoffnung, es gibt Arbeit, die getan werden muss. Warum hoffen, wenn man weiß, was zu tun ist? Afrika muss aufhören, auf Hilfe oder Rettung zu warten. Wir müssen es selbst tun. Afrika muss seine Einstellung ändern. Hört auf, anderen die Schuld für eure Misere zu geben, möchte ich meine Landsleute am liebsten anschreien. Fangt endlich an, für eure Rechte zu kämpfen. Fangt an, Verantwortung zu übernehmen für die Zukunft eurer Heimat.
Plötzlich fühlte ich mit einer bisher unbekannten Stärke, dass dies der Ort war, an den ich zurück musste. Der Ort, nach dem ich mich all die Jahre in Amerika und Europa gesehnt hatte. Natürlich hatte ich damals bei meiner Rückkehr nach Somalia, als ich meine Familie besucht hatte, gedacht, ich könne nicht in Afrika leben, aber damals war ich noch

nicht so weit wie heute. Damals hatte ich noch am Anfang meines Kampfes gegen weibliche Genitalverstümmelung gestanden.

Ich dachte noch einmal an mein Gespräch mit den Frauen am Drehort zurück. Es gab keinen Zweifel: Ich konnte Afrika nicht von Europa aus ändern. Ich musste zurück. Zwar wusste ich weder wie noch wann, aber das Feuer der Sehnsucht in mir hatte wieder zu brennen begonnen.

Doch irgendetwas in mir ließ mich nach wie vor zögern, diesen Entschluss möglichst schnell in die Tat umzusetzen. Wenn ich nur wüsste, was.

*Es gibt vierzig Arten von Wahnsinn, aber nur eine
Art von gesundem Menschenverstand.*
Aus Ghana

8

Piraten und Politiker

Am nächsten Morgen schaltete ich zum ersten Mal seit meiner Ankunft in Afrika den Fernseher ein. Wieder kam ein Bericht über die somalischen Piraten, die eine französische Luxusjacht vor der Küste Dschibutis gekapert hatten. Die französische Regierung dachte inzwischen offenbar über die Stürmung der Jacht mit einer Spezialeinheit nach, da die Entführer nicht zum Einlenken bereit waren. Als sei die Entscheidung schon gefallen, donnerte just in diesem Moment ein startender froschgrüner Militärjet an meinem Fenster vorbei und nahm Kurs auf die Gewässer vor Somalia, die nur vierzig Kilometer entfernt lagen. Die Fensterscheiben vibrierten wie bei einem Erdbeben. Kurze Zeit später startete mit ähnlichem Getöse der nächste Jet. Und danach noch einer.
Es war acht Uhr morgens, und ich war mit Joanna zum Frühstück verabredet. In der Hotelhalle hatten sich mittlerweile mehrere hohe französische Militärs versammelt, die zu einer Krisensitzung zusammengekommen waren. Im Frühstücksraum wimmelte es ebenfalls von Militärs, und ich sah nichts als Uniformen um mich herum.
»Guten Morgen, Joanna«, sagte ich und steuerte auf den kleinen, runden Tisch mit den zwei Stühlen zu, an dem meine Freundin bereits saß. »Willkommen im Krieg.«
Joanna hatte ebenfalls die Nachrichten gesehen und wusste bereits über die Zuspitzung der Lage Bescheid. »Heute Mittag wollen der Vizepräsident von Dschibuti und seine Frau ein Essen für dich hier im Hotel geben, zu dem zahlreiche Minister und ihre Ehefrauen sowie Presseleute und einige Vertreter von Nichtregierungsorganisationen wie UNICEF

geladen sind.« Sie zuckte die Achseln, als sie meinen fragenden Blick bemerkte.
»Wann wurde das denn beschlossen?«, wollte ich wissen.
»Keine Ahnung, ich kann dir nur sagen, dass man mich erst heute Morgen darüber informiert hat. Du solltest aber auf jeden Fall daran teilnehmen und gut vorbereitet sein, immerhin sind das alles recht wichtige Leute. Außerdem wird dir die Presse Fragen zu den Dreharbeiten und zu deinem Engagement gegen FGM stellen.«
Ich nickte nur und wollte mir gerade eine Tasse Tee einschenken, als zwei somalische Frauen an unseren Tisch traten.
»Hallo, Waris«, sprachen sie mich an, obwohl ich sie gar nicht kannte. »Wir bringen dir Kleider und Schmuck für das Essen heute Mittag. Du sollst wie eine somalische Prinzessin gekleidet sein.« Damit überreichten sie mir ein prunkvolles blaues Kleid und wunderschönen Goldschmuck.
»Von wem kommt das?«, fragte ich misstrauisch.
»Von einigen somalischen Frauen, die hier leben und dich verehren«, lautete die Antwort. »Bitte trage die Sachen heute beim Essen. Der Vizepräsident und seine Gattin werden bereits etwas früher da sein und möchten vorab kurz mit dir sprechen«, richteten sie mir noch aus, bevor sie uns wieder allein ließen.
Während des Frühstücks beschloss ich, die Sachen tatsächlich anzuziehen, und sprach mit Joanna noch mal den Ablauf des Tages durch. Den Vormittag verbrachte ich alleine in der Hotelanlage und versuchte mich zu entspannen. Die Zeit verging wie im Flug, und bald musste ich mich schon aufmachen, um mich umzuziehen.
Tatsächlich traf der Vizepräsident eine halbe Stunde vor dem Essen ein, und wir unterhielten uns in einer von mehreren Sicherheitsbeamten abgeriegelten Ecke der Hotellobby. Ich zögerte nicht lange, sondern kam gleich zur Sache und frag-

te ihn nach den somalischen Piraten und den französischen Geiseln.

»Das ist ein echtes Problem hier für uns in Dschibuti«, sagte er. »Wir sind gerade dabei, den Hafen auszubauen, der schon bald der größte Containerhafen der Region sein wird. Einige Geschäftsleute aus Saudi-Arabien planen sogar eine Brücke von Jemen nach Dschibuti, die erste Verbindung zwischen Asien und Afrika.«

»Das klingt ja toll«, sagte ich beeindruckt.

Begeistert redete er weiter, von den vielen Arbeitsplätzen, die dieses Projekt schaffen würde, und von der Wirtschaft, die dadurch neuen Schwung bekäme. »Durch die Piraten leidet unser Image in der Welt, und die Investoren stellen immer wieder die Frage nach der Sicherheit hier. Ständig sind wir mit solchen Zwischenfällen beschäftigt, dabei gibt es wahrlich genug anderes zu tun.«

»Das glaube ich ihnen gerne«, sagte ich und dachte an die vielen Dinge, die in Ostafrika zu tun waren.

»Die Piraten helfen hier niemandem, genauso wenig wie in Somalia. Das ist eine kleine, bestens organisierte Gruppe, die ihren kriminell erworbenen Reichtum mit niemandem teilt. Wir wissen, dass die Erpressungsgelder alle im Ausland landen, ob nun in Dubai oder Europa. Kein einziger dieser Piraten investiert auch nur einen Centime in die Entwicklung seines Heimatortes. Trotzdem sind diese Kriminellen für viele junge Somalis Helden.«

Was der Mann sagte, hatten mir meine Freunde ebenfalls bestätigt. Die Piraten mit ihrem protzigen Lebensstil trieben an ihren Heimatorten die Preise für Grundstücke, Lebensmittel, Kleidung und vieles mehr in die Höhe, so dass die Bevölkerung sich kaum noch etwas leisten konnte. Man war also entweder Pirat und damit reich oder aber noch ärmer als zuvor. Mit ihrem zur Schau gestellten Reichtum beeindruckten die Piraten die Jugendlichen zusätzlich. Diejeni-

gen, die erfolgreich Lösegeld erbeutet hatten, demonstrierten dies mit teuren Autos und großen Häusern – fast wie die afrikanischen Politiker, möchte man beinahe sagen –, nicht selten auch mit Drogen und bezahlten Frauen.
»Meines Wissens kommt das Verhalten der Piraten bei der Mehrheit der Bevölkerung, genauso wie bei den Geistlichen, nicht gut an«, wandte ich ein.
»Stimmt«, erwiderte mein Gesprächspartner. »Die immensen Unterschiede führen ja auch zu gesellschaftlichen Problemen. Die Piraten zahlen prinzipiell in Dollar und zeigen gerne, dass Geld keine Rolle für sie spielt. Die bisher verrückteste Geschichte, die mir je zu Ohren gekommen ist, ist die, dass Piraten, die noch kein Lösegeld für ihre Geiseln erhalten haben, einfach anschreiben lassen und erst dann zahlen, wenn das Lösegeld da ist.«
Auch ich hatte davon schon mal gehört. »Wir sind schließlich keine Piraten«, war in Ostafrika mittlerweile ein geflügelter Ausdruck, wenn man etwas für überteuert hielt. Unter Jugendlichen war der Satz »Dann werde ich eben Pirat!« ein üblicher Weg, seinen Unmut gegenüber elterlichen Verboten auszudrücken.
»Wirklich unglaublich«, sagte ich nur. »Da muss unbedingt etwas geschehen.«
Über mögliche Lösungsansätze konnten wir im Detail leider nicht mehr sprechen, da mittlerweile auch die Minister mit ihren Ehefrauen sowie die anderen Teilnehmer im Hotel eingetroffen waren. Die Frauen trugen allesamt prächtige Kleider und viel Schmuck und hatten sich richtig herausgeputzt.
Gemeinsam begaben wir uns in den Speisesaal, einen langen, schmalen Raum mit unzähligen Deckenventilatoren, die die heiße Luft verteilten. Nachdem alle an der langen Tafel Platz genommen hatten, hielt der Vizepräsident eine Begrüßungsrede, in der er sich bei der Filmproduktion und auch bei mir

dafür bedankte, dass erstmals in der Geschichte Dschibutis ein großer Spielfilm hier gedreht wurde. Immerhin hatten zahlreiche Menschen dadurch für mehrere Monate gutbezahlte Jobs. Zu meiner Mission und der Aufklärungsarbeit, die ich leistete, sagte er jedoch kein Wort.
Als er geendet hatte, meldete ich mich, denn ich wollte einige Dinge dringend loswerden. »Ich möchte mich ebenfalls sehr herzlich bedanken«, sagte ich, »und habe eine kurze Rede vorbereitet. Da hier zahlreiche internationale Journalisten und Mitarbeiter von Nichtregierungsorganisationen anwesend sind, würde ich meine Rede gerne auf Englisch halten.« Ich blickte kurz in die Runde. »Ist jemand hier, der für mich dolmetschen kann?«, fragte ich dann.
Als sich daraufhin einer der Minister meldete, bat ich ihn, die Aufgabe zu übernehmen. »Sie wissen alle, warum ich hier bin«, begann ich meine Rede. »Wir drehen hier einen Film, der auf meinem Buch *Wüstenblume* basiert. Es geht um die Geschichte eines kleinen somalischen Nomadenmädchens, das vor einer Zwangsverheiratung aus der Wüste Somalias flieht und durch einen Onkel, der somalischer Botschafter in London ist, nach Europa kommt. Dort putzt sie in der Botschaft, arbeitet später bei McDonald's und wird schließlich zufällig von einem berühmten Fotografen entdeckt, was ihre Karriere als erfolgreiches Model begründet.«
Der Minister dolmetschte Wort für Wort, und ich bemerkte die Bewunderung in den Gesichtern der Ministergattinnen. Damit war der Boden für mich bereitet, und ich fuhr fort.
»Mein Buch handelt aber auch von der grausamsten und schlimmsten Sache, die man einem kleinen Mädchen antun kann: weibliche Genitalverstümmelung.«
Der Minister stockte und dolmetschte einfach nicht weiter.
»Das Buch handelt von weiblicher Ge-ni-tal-ver-stüm-me-lung«, wiederholte ich langsam und sah den Minister ein-

dringlich an, »einem Verbrechen, das auch hier in Dschibuti weit verbreitet ist. Unzählige Mädchen sterben an den Folgen dieser grausamen, oft dilettantisch durchgeführten Operation.«
Der Minister schwieg.
»Entschuldigung«, fragte ich ihn direkt, »warum übersetzen Sie meine Worte nicht? Sprechen Sie bitte weiter!«
Er blickte vor sich auf den Tisch, ohne auf meine Aufforderung zu reagieren. Einige der anderen Minister, die Englisch verstanden, starrten zur Decke, während die Gattinnen sich fragend ansahen. Die Vertreter der NGOs und das Filmteam hielten sich zurück.
Ich stand auf und stützte beide Hände auf die Tischkante. »Okay«, sagte ich und versuchte ruhig zu bleiben, »wenn Sie das Gesagte nicht übersetzen wollen, dann spreche ich eben auf Somali weiter. Die europäischen Journalisten und Vertreter der Organisationen mögen es mir bitte verzeihen.«
Einige der Anwesenden fingen an zu tuscheln, doch ich ließ mich nicht beirren und begann, meine Sätze langsam in meiner Muttersprache zu wiederholen. Die anwesenden Frauen blickten mich entgeistert an, einige der Männer schnappten empört nach Luft.
Der Vizepräsident unterbrach mich abrupt. »Vielen Dank, Waris, für diese bewegenden Worte«, sagte er und setzte allen Ernstes hinterher: »Das Buffet ist eröffnet!«
Die Minister und ihre Frauen erhoben sich sofort und stürmten zu der reichgefüllten Tafel, während ich sprachlos dastand und es einfach nicht glauben konnte. Dieser Mann hatte mir gerade einfach das Wort abgeschnitten. So sah also die angeblich so tolle Aufklärungskampagne gegen FGM in Dschibuti aus, die der Präsident mir im persönlichen Gespräch so sehr angepriesen hatte. Ich war außer mir vor Wut. Essen konnte ich jetzt sowieso nichts mehr, also verließ ich ohne ein weiteres Wort den Speisesaal.

Die Mitarbeiterinnen einiger NGOs folgten mir auf die Terrasse des Hotels, wo ich mich in einen der Korbsessel fallen ließ.
»Waris, wir wollen mit Ihnen sprechen«, sagte eine von ihnen. »Sie müssen uns dringend unterstützen. Wir kämpfen hier Tag für Tag gegen weibliche Genitalverstümmelung.«
»Und?«, fragte ich, noch immer völlig außer mir. »Wie machen Sie das, wenn Sie darüber nicht mal sprechen dürfen?«
»Das ist sehr schwierig. Noch nie hat jemand vor Regierungsmitgliedern so geredet wie Sie eben. Für die Leute war das ein unglaublicher Tabubruch.«
»Was ist mit der großen Kampagne der Regierung?«, fragte ich. »Wer bezahlt die überhaupt? Wird die mit Entwicklungshilfegeldern finanziert? Oder durch Ihre Organisationen? Was soll das alles, wenn man nicht mal darüber sprechen darf? Ich will davon überhaupt nichts mehr hören.«
Ich wandte mich ab und lief ein paar Schritte über die Terrasse, um mich abzureagieren, doch ich konnte und wollte mich einfach nicht beruhigen. Also kehrte ich an den Tisch zurück und setzte mich wieder.
»Das ist nun mal unsere Tradition«, erklärte eine der Frauen.
»Meine Liebe«, unterbrach ich sie, »das ist keine Tradition, sondern ein gemeines und schreckliches Verbrechen an kleinen, unschuldigen Mädchen. Nennen Sie das in meiner Anwesenheit nie wieder ›Tradition‹!«, fuhr ich wütend fort. Die Menschen müssen begreifen, dass schweres Unrecht an diesen kleinen Mädchen begangen wird. Eine Menschenrechtsverletzung. Soll ich Ihnen das buchstabieren? MEN-SCHEN-RECHTS-VER-LETZ-UNG!« Ich schrie nun fast.
»Sie wollen uns also nicht unterstützen?«, fragte eine rundliche Frau, die bisher kein Wort gesagt hatte.

»Wenn Sie den Leuten die Wahrheit über weibliche Genitalverstümmelung sagen, wenn Sie thematisieren, dass unzählige Mädchen daran sterben, wenn Sie öffentlich sagen, dass davon nichts im Koran steht und dass die Regierung dagegen ist, dann unterstütze ich Sie sofort«, erklärte ich ihr daraufhin. »Für halbe Sachen müssen Sie sich aber jemand anderes suchen. Dafür habe ich keine Zeit.« Ich blickte abwartend in die Runde. »Also?«
Niemand sagte etwas darauf. Alle saßen nur da und sahen mich ratlos an.
»Überlegen Sie es sich«, sagte ich, »ich bin noch ein paar Tage hier. Sie können mich jederzeit anrufen, wenn Sie die Sache ernst meinen.«
Damit stand ich auf und ging auf mein Zimmer. Für heute hatte ich genug von somalischen Aktivistinnen, die ihrem Namen alles andere als Ehre machten. Vielleicht war ich ungerecht, denn diese Frauen taten sicher, was sie konnten. Doch es war nicht genug. So konnten sie FGM garantiert niemals aus der Welt schaffen.
Wenn man in Afrika mit den politischen Eliten arbeitete, musste man eine extrem hohe Frustrationsgrenze haben, sonst warf man allzu schnell die Flinte ins Korn. Das wusste ich, und dennoch war die Überwindung groß, wirklich dranzubleiben und nicht aufzugeben.

Eigentlich hatte ich nach dem Essen noch mit meiner Mutter telefonieren wollen, was ich mehrmals die Woche tat, doch mir war einfach nicht danach. Ich brauchte Abstand zu afrikanischen Ansichten, ich brauchte jemanden, der einen klaren Kopf bewahrte. Also verließ ich mein Zimmer und klopfte an Joannas Tür. Zum Glück war meine Freundin da, und ich bat sie, mit mir ein bisschen spazieren zu gehen. Ich brauchte dringend Bewegung, um mich abzureagieren, und wusste, dass ihre Gesellschaft mir guttun würde.

Ich erzählte ihr von der Konferenz, von der Unverschämtheit dieser Männer, die glaubten, über das Schicksal so vieler Frauen entscheiden zu dürfen.

»Dass all diese furchtbaren Kerle auf ihren Posten sitzen, haben wir doch alles den Kolonialherren zu verdanken«, schimpfte ich drauflos.

»Tja«, erwiderte Joanna, »die haben schon eine ganze Reihe struktureller Probleme hinterlassen, das stimmt.«

Wir schlugen einen Weg ein, der parallel zum Strand verlief, doch ich hatte weder einen Blick für das in der Sonne glitzernde Wasser noch für die Menschen um uns herum, so sehr hatte mich das Thema gepackt.

»Als die Kolonialmächte sich aus Afrika zurückzogen, standen die nun unabhängigen Länder vor einem riesigen Problem: Alle wichtigen Posten in der Verwaltung, im Bildungssystem und im Gesundheitssystem, die zuvor weiße Besatzer innegehabt hatten, waren nun frei«, sagte ich.

»Klar, und es gab niemanden, der diese Posten hätte übernehmen können. Die weißen Eliten haben ja oft fluchtartig das Land verlassen«, stimmte Joanna mir zu.

Ich schnaufte wütend und ging schneller, und es dauerte eine Weile, bis Joanna mich wieder eingeholt hatte. »Die haben ein völlig brachliegendes Verwaltungssystem hinterlassen und die ehemaligen Kolonien versanken vollends im Chaos. Es gab weder genug ausgebildete Ärzte und Krankenschwestern noch Lehrer oder Verwaltungsangestellte. In ganz Afrika fehlte die ausgebildete Mittelschicht. Und die kleine Gruppe, die sich von da an ›Elite‹ nannte, hatte und hat bis heute keinerlei Interesse, daran etwas zu ändern.«

»Eine Mittelschicht kann einem Diktator ganz schön unangenehm werden, die große arme Masse ist glücklicherweise viel zu sehr mit dem täglichen Überlebenskampf beschäftigt, um Ärger zu machen«, meinte Joanna und brachte damit die Sache auf den Punkt.

»Warum sollten die afrikanischen Eliten eine gebildete Mittelschicht fördern, wenn genau diese Leute dann in der Lage wären, die korrupten Machenschaften ihrer Herrscher zu durchschauen und zu hinterfragen? Lieber behalten sie allen Reichtum, den ihr Land zu bieten hat, für sich selbst und schützen sich und ihre Unterstützer durch ein korruptes Verwaltungssystem. Der Rest der Bevölkerung kann ja ruhig in Armut leben.« Ich redete mich mal wieder in Rage.

Joanna konnte mir nur zustimmen und sagte: »Damit wird Afrika fünfzig Jahre nach Ende der Kolonialherrschaft weiterhin ausgebeutet – zwar nicht mehr von den weißen, dafür aber von den schwarzen Eliten.«

Wer auf einen Wandel von oben wartet, kann lange warten, dachte ich, während wir für einen Moment schweigend weiterliefen. Aber wer sonst könnte etwas ändern? Die verarmten Massen? Revolutionen sind selten der Schlüssel zu stabilen Veränderungen, und die afrikanischen Diktatoren und Staatsmänner wissen, wie sie ihre eigene Macht verteidigen müssen: mit Gewalt und Unterdrückung.

Wie das dann konkret aussah, hatte ich bei der Konferenz ja mal wieder am eigenen Leib zu spüren bekommen. Doch am meisten ärgerte mich, dass die Frauen sich nicht wehrten.

Ich musste an eine andere Konferenz zum Thema FGM in Nairobi denken, bei der ich die Eröffnungsrede gehalten und zahlreiche interessante Frauen aus Eritrea, Äthiopien, Somalia, Ägypten, Dschibuti, dem Sudan, aus allen Teilen Afrikas kennengelernt hatte.

Ich habe schon auf vielen Konferenzen gesessen und Männern zugehört, die darüber redeten, was sie alles Großartiges bewegt hatten oder noch bewegen wollten. Jeder Redner schien nur das Ziel zu haben, seine Vorgänger zu übertreffen. Auf dieser Konferenz aber wurde nicht hochgestapelt, sondern über Probleme gesprochen. Ich habe in Afrika noch nie einen Mann gesehen, der sich auf einem Podium dazu bekannte, dass sein Land vor einem großen Problem stehe. In Nairobi wurden keine Erfolge gefeiert, sondern Erfolge vorbereitet.

Jede der Frauen, mit denen ich dort sprach, hatte ein eigenes Projekt in ihrer Heimat und trug etwas zum Kampf gegen FGM bei, das weit über ihre Teilnahme an dieser Konferenz hinausging. Viele von ihnen kamen aus Nomadenfamilien, so wie ich. Sie hatten sich entweder selbst lesen und schreiben beigebracht oder waren auf einfache Schulen gegangen. Aber sie hatten den unbedingten Willen, ihre Gesellschaft und Afrika zum Wohle der Mädchen und Frauen zu verändern.

Jede der Frauen bestätigte mir, dass in ihrem Land, in ihrem Dorf sich die Dinge zugunsten der Frauen zu verändern begannen. Manche hatten in ihren Dörfern durchgesetzt, dass weibliche Genitalverstümmelung nicht mehr praktiziert wurde, andere hatten Frauenkooperativen gegründet. Die Frauen in Nairobi hatten den Männern, die ich auf vielen anderen Konferenzen gehört und gesehen habe, etwas Wichtiges voraus: Sie wollten voneinander lernen. Sie waren nicht gekommen, um festzustellen, wer das beste Projekt hatte und wer die wenigsten Probleme, sondern um sich auszutauschen und miteinander nach Lösungen zu suchen.

»Wir müssen mehr für die Frauen in Afrika tun«, sagte ich zu Joanna.

»Das werden wir«, erwiderte sie. »Du hast noch alles verwirklicht, was du dir je in den Kopf gesetzt hast.« Sie grinste. »Komm, dort drüben ist eine Bar, lass uns eine Limonade trinken.«

Als wir von unserem Spaziergang zurückkamen, trafen wir in der Hotellobby Peter Herrmann. Er wirkte erstaunlich frisch und ausgeruht und hatte sich inzwischen wohl an die afrikanischen Gegebenheiten gewöhnt.
»Heute drehen wir am Flughafen in Dschibuti«, sagte er, nachdem wir uns begrüßt hatten. »Willst du mitkommen?«
»Nein«, erwiderte ich, »das wird mir alles zu viel. Ich brauche jetzt erst mal ein bisschen Zeit für mich.«
Er warf Joanna einen fragenden Blick zu, die jedoch ebenfalls andere Pläne hatte, dann verabschiedete er sich und trat durch die Tür nach draußen in die Hitze.
Oben in meinem Zimmer holte ich schnell meinen Badeanzug und ging wieder runter ans Meer, denn jetzt half nur noch schwimmen. Ich pfiff auf die Warnung vor dem schmutzigen Meer, suchte mir ein schönes Plätzchen möglichst weit vom Hafen entfernt, wo das Wasser sauberer war als vor dem Hotel, und stürzte mich in die Fluten. Nach einigen Runden im warmen Salzwasser drehte ich mich auf den Rücken und ließ mich einfach treiben.
Das heute war zwar eine Niederlage, aber den Krieg gegen FGM habe ich deshalb noch lange nicht verloren, machte ich mir Mut. Und FGM war erst der Anfang. Ich spürte, dass sich meine Arbeit künftig nicht darauf würde beschränken dürfen, wenn ich nachhaltig etwas ändern wollte.
Seit mehreren Jahrzehnten war Afrika das Problemkind der Welt. Unzählige Strategien, die wirtschaftliche Entwicklung Afrikas voranzutreiben, waren fehlgeschlagen. Sie scheiter-

ten an den Interessen der sogenannten Geberländer, die ihre heimischen Industrien vor billigen Importen schützen wollten. Aber sie scheiterten genauso auch an Afrika selbst. An den unzähligen Bürgerkriegen, die ganze Generationen zerstörten, die dazu führten, dass in Afrika heute Millionen Menschen aus ihrer Heimat fliehen mussten und in riesigen Flüchtlingslagern überall auf dem Kontinent lebten. Sie scheiterten an den korrupten politischen Eliten, die lieber den zehnten Rolls-Royce kauften als eine Schule zu bauen. Vor allem aber scheiterten sie an gesellschaftlichen Strukturen, die nach wie vor die Hälfte ihrer Mitglieder systematisch unterdrückten: die Frauen Afrikas.
Das durfte so nicht länger bleiben!
Irgendwann hatte ich genug, schwamm zum Ufer zurück und legte mich auf einen Felsen in die heiße Sonne Dschibutis.

Am Abend holte mich Peter mit Joanna zum Essen ab. Wir fuhren durch die Stadt, die zum Teil stockfinster war, da immer wieder in manchen Gegenden der Strom ausfiel. An einer Hafenmole entdeckten wir ein einladendes Fischrestaurant, in das wir einkehrten. Zwar gab es hier ebenfalls keinen Strom, aber die Kellner hatten überall Fackeln aufgestellt, und über dem offenen Feuer brutzelten die Fische. Peter war an diesem Abend auffallend guter Laune. »Ich weiß, du bist noch immer wütend wegen heute Mittag«, sagte er zu mir, kaum dass wir auf den weißen Stühlen unter freiem Himmel Platz genommen hatten. »Aber jetzt muss ich dir noch eine lustige Geschichte von unserem Nachmittagsdreh erzählen.«

Ich war froh um jede Ablenkung, daher sagte ich nur: »Schieß los!«

»Am Flughafen haben wir als Erstes alles für deine Abreise aus Mogadischu nach London vorbereitet. Dazu haben wir sämtliche Schilder mit der Aufschrift ›Djibouti Airport‹ entweder einfach abgedeckt oder mit Schildern überklebt, auf denen ›Mogadishu Airport‹ stand. Die riesigen Lettern außen am Flughafengebäude mit der Aufschrift ›Welcome to Djibouti Airport‹ haben wir dabei natürlich ebenfalls ersetzt.«

Peter musste zwischendurch so sehr lachen, dass Joanna und ich nun fast vor Neugierde platzten.

»Erzähl schon weiter«, sagte ich ungeduldig, während er sich allmählich beruhigte.

Er trank einen Schluck Wasser und setzte erneut zu sprechen an. »Um den Flugbetrieb nicht zu stören, haben wir auf einem kleinen, wenig benutzten Nebenfeld gedreht. Wir waren gerade mitten in einer Szene, als plötzlich ein aufgeregter Mitarbeiter der Flughafen-Security auf uns zulief. Er forderte uns auf, die Schilder sofort wieder abzunehmen. Ich erklärte ihm, das sei alles mit der Flughafenleitung abgestimmt, wir dürften hier drehen. Da erzählte er, dass einige arabische Geschäftsreisende schon seit Stunden in ihrer Maschine verharrten und sich weigerten auszusteigen. Stellt euch nur vor, sie hatten wohl Angst, aus Versehen mitten im somalischen Kriegsgebiet gelandet zu sein.«

Jetzt brachen auch Joanna und ich in lautes Gelächter aus, und ich genoss die ausgelassene Stimmung nach all den unschönen Erlebnissen des Tages. Als endlich das Essen serviert wurde, merkte ich, dass ich nach dem verpatzten Mittagessen einen richtigen Heißhunger verspürte. Begeistert machte ich mich über den köstlichen Fisch her und ließ es mir schmecken.

Nach dem Essen meinte Peter, wir sollten jetzt besser ins Hotel zurückfahren, weil sie am nächsten Tag sehr früh in der Wüste nahe der somalischen Grenze drehen wollten.
»Uns fehlen immer noch einige Fluchtszenen wegen des Vorfalls mit der amerikanischen Armee. Diesmal ist aber alles abgestimmt und genehmigt, wir sollten also keine Probleme bekommen«, erklärte er noch.
In der kurzen Zeit, die mir in Dschibuti noch blieb, wollte ich noch so viel wie möglich sehen. Wenn es außerdem eines gab, das ich auf dieser Reise ganz sicher nicht auslassen würde, dann war es, endlich wieder durch die Wüste zu laufen. Daher beschloss ich, am nächsten Tag gemeinsam mit der Crew an die Grenze zu fahren und mir die Dreharbeiten anzusehen.
Im Hotel angekommen, verabschiedeten wir uns und verabredeten uns für fünf Uhr früh am nächsten Morgen in der Lobby.
Als ich eine Viertelstunde später in mein Bett fiel, schlief ich sofort ein.

Nur im Vorwärtsgehen
gelangt man ans Ende der Reise.
Aus Namibia

9

Zerrissen zwischen zwei Welten

Es war noch dunkel, als Joanna und ich am nächsten Morgen das Hotel verließen. Peter war bereits vorausgefahren, und auf uns wartete ein Jeep der Produktionsgesellschaft mit einem somalischen Fahrer, Mohammed. Die Luft war selbst jetzt schwül, und es roch intensiv nach Meer.
Wir fuhren durch Dschibuti-Stadt, wo sogar zu dieser frühen Stunde viele Menschen auf den Straßen unterwegs waren und die ersten Händler bereits ihre Stände auf dem Marktplatz aufstellten. Nach einigen Kilometern Fahrt erreichten wir die Hauptverbindungsachse zwischen Dschibuti und Addis Abeba, der äthiopischen Hauptstadt. Die Straße war zum Teil eine Schotterpiste, zum Teil zwar betoniert, aber voller unzähliger kleiner und vor allem größerer Schlaglöcher.
Zu Joannas Überraschung herrschte ein unglaublicher Verkehr in beiden Richtungen. Ein Lkw reihte sich an den nächsten, und die scheinbar endlos lange Schlange reichte, so weit man sehen konnte. Von hochmodernen amerikanischen Supertrucks bis zu den heruntergekommensten Rostlauben war alles dabei. Bei manchen dieser skurril anmutenden Gefährte fragte selbst ich mich, ob sie überhaupt noch fahrtüchtig waren.
Der Verkehr kam immer wieder zum Erliegen, und auf der ersten Anhöhe, die wir passierten, lag bereits ein Lkw mit Anhänger im Straßengraben. Der Fahrer und mehrere Passanten standen um das Fahrzeug und diskutierten heftig. Wir hatten bereits die Vororte von Dschibuti-Stadt erreicht, wo in den Barackensiedlungen der Slums Tausende Menschen unter erbärmlichsten Bedingungen lebten.

Im fahlen Morgenlicht standen überall spindeldürre Männer und Kinder am Straßenrand und beobachteten den vorbeifließenden Verkehr. Die Umgebung war völlig ausgedörrt. Mohammed erzählte uns, dass es hier schon seit Jahren nicht mehr geregnet hatte. Am Straßenrand standen auch immer wieder völlig ausgemergelte Tiere. Zuerst dachte ich, es seien Hunde, erkannte dann aber bei näherem Hinsehen, dass es halb verhungerte Esel waren, mehr tot als lebendig.
»Wie lange fahren wir noch?«, fragte ich Mohammed.
»Es ist nicht sehr weit«, sagte er, als wir gerade mal wieder hinter einem ächzenden Lkw zum Stehen kamen, »aber bei dem Tempo sind wir sicher noch gute zwei Stunden unterwegs.«
Joanna hatte den Kopf gegen die Scheibe gelehnt und war noch mal eingeschlafen. Ich war zwar auch hundemüde, doch ich wollte mir einen Eindruck von dem Land verschaffen und beobachtete alles um mich herum sehr aufmerksam. Mittlerweile war es hell geworden, aber die unzähligen Lkws und Fahrzeuge wirbelten solche Staubwolken auf, dass es mir vorkam, als führen wir durch dichten Nebel.
An der Stadtgrenze ging die Schotterpiste endlich in eine betonierte Straße über, und wir fuhren nun durch eine extrem karge Berglandschaft. Kein einziger Baum oder Strauch war zu sehen, nur Gestein und trockene Erde. Die Umgebung sah fast aus wie eine Mondlandschaft. Auf beiden Seiten der Straße lagen in regelmäßigen Abständen ausgebrannte und gänzlich zerstörte Lkws und Tanklastzüge, von denen sich manche schon sehr lange dort zu befinden schienen, während andere aussahen, als wären sie gerade erst verunglückt.
»Sind die Menschen hier so schlechte Autofahrer, dass hier so viele Unfälle passieren?«, fragte ich Mohammed.
Er lachte. »Nein, das Problem sind die alten Autoreifen.

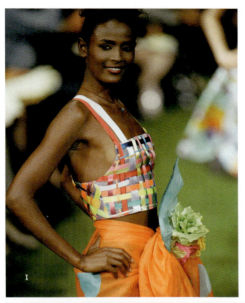

1 1995 auf dem Laufsteg für Kenzo

2 Unermüdlich im Kampf gegen die weibliche Genitalverstümmelung – Waris Dirie bei einem Vortrag 2008

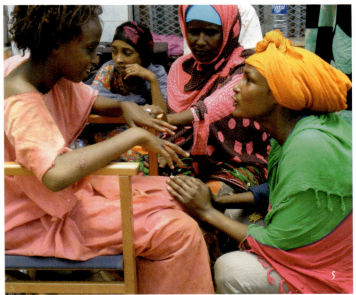

3 *Drehort Dschibuti: Die Frauen auf dem Marktplatz feiern Waris' Ankunft*

4 *Junge Zuschauer bei den Dreharbeiten für »Wüstenblume«*

5 *Waris Dirie mit Soraya Omar-Scego (links); die sie als junges Mädchen im Film spielt, und ihrer Filmmutter (Hintergrund)*

6 *»Bleibt hier und baut Afrika auf!«*

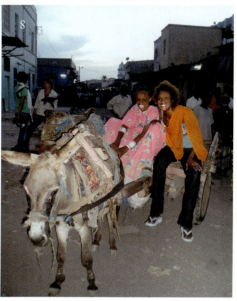

7 Ernste Gespräche am Rande des Filmsets: »Lasst eure kleinen Engel nicht beschneiden.«

8 Eigenwilliges Zugtier: Soraya und Waris auf einem Eselskarren in Dschibuti-Stadt

9 Dreh in der Wüste

10 Waris mit ihrem Filmbruder Idriss am Set

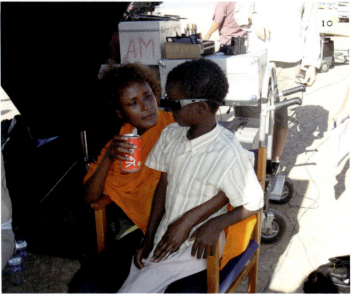

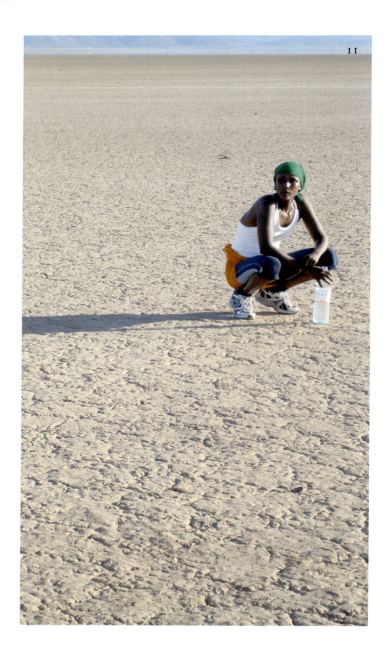

11 Lauf in der Wüste: »Was, wenn ich einfach verschwinden und in mein altes Leben zurückkehren würde?«

12 Waris beim Besuch einer Mädchenschule in Dschibuti

13 Freude und Erleichterung: Liya Kebede, Waris Dirie und Soraya Omar-Scego bei der deutschen Filmpremiere in Berlin

Wenn ein Reifen platzt, wird er einfach geflickt, manchmal sogar mehrmals, da es kaum neue Reifen gibt. Wegen der schlechten Straßen kommt es ständig zu Reifenpannen, und wenn bei einem tonnenschweren Lkw ein Reifen platzt, kann der Fahrer meist nichts mehr machen und fährt in den Graben. Leider gibt es in ganz Dschibuti kaum neue Reifen, aber selbst wenn es welche gäbe, würden die Speditionen wahrscheinlich kein Geld dafür ausgeben wollen.«
Misstrauisch beäugte ich die Fahrzeuge vor und hinter uns.
»Wo wollen die denn überhaupt alle hin um diese Uhrzeit?«, fragte ich weiter.
»Die Straße quer durch Dschibuti ist die wichtigste Verbindung Äthiopiens zum Meer. Alle Waren, die nach Äthiopien importiert oder von dort exportiert werden, müssen über diese Strecke in den Hafen von Dschibuti gebracht werden. Die Äthiopier haben kein Öl, sie müssen also so gut wie alles importieren. Deshalb auch die vielen Tankwagen. Exportiert werden übrigens vor allem Kaffee und Zuckerrohr«, erklärte mir der mitteilsame Fahrer.
Wir fuhren eine Weile schweigend weiter und kamen immer zügiger voran, da die Straße nun deutlich besser ausgebaut war. Auf der linken Seite war noch ein Bergmassiv zu sehen, rechts dagegen konnte ich schon in endlose Weite blicken.
»Ist das die Wüste? Werden wir hier drehen?«, fragte ich, während ich den fernen Horizont betrachtete.
»Nein, nein.« Mohammed lachte wieder. »Das hier ist nur ein kleines Wüstengebiet. Ihr Team dreht in der größten Wüste Dschibutis, und bis dorthin müssen Sie sich noch ein bisschen gedulden.«
Nach ungefähr zwei Stunden Fahrt bog der Wagen rechts von der Straße auf einen Schotterweg ab. Hier war wesentlich weniger Verkehr, und Lkws waren so gut wie keine unterwegs.
»Wir nähern uns jetzt der somalischen Grenze«, erklärte

Mohammed. »Nicht weit von hier muss auch diese französische Jacht liegen, die die Piraten entführt haben. Ich kann sie Ihnen zeigen, wenn Sie wollen.«
Ich lehnte dankend ab. Ich konnte es langsam nicht mehr erwarten, endlich da zu sein und freute mich sehr auf die Dreharbeiten. Wir waren nun bereits ringsherum von Wüste umgeben.
Joanna wachte auf und sah sich verwirrt um. »Das ist ja gigantisch«, sagte sie. »Wie trocken hier alles ist«, meinte sie dann, »unglaublich.«
Sofort meldete sich Mohammed wieder zu Wort. »Wenn es hier regnet, ist die Wüste ein riesiger See. Alles ist überschwemmt, weil der trockene Boden das viele Wasser gar nicht aufnehmen kann. Aber rundherum ist dann alles grün. Unter dieser Wüste hier liegt ein riesiger unterirdischer See. Arabische Bauunternehmer planen, ihn anzubohren und die ganze Wüste zu begrünen. Sie schmieden sogar bereits Pläne für ein Einkaufszentrum und Wüstenstädte für Millionäre, genau wie in Dubai.«
Tatsächlich fuhren wir nach einigen Kilometern an einem prächtigen Anwesen vorbei, das scheinbar mitten im Nichts in der Wüste lag. Es war komplett begrünt, überall wuchsen Bäume und zahlreiche Blumen.
»Das ist hier ein Versuchsprojekt«, erklärte uns Mohammed.
Dann bogen wir plötzlich von der Schotterstraße ab und fuhren direkt in die Wüste hinein. Ich blickte aus dem Fenster und saugte die Eindrücke förmlich in mich auf. Alles sah so vertraut aus. Ich erinnerte mich an den Namen jeder einzelnen Pflanze und jedes kleinen trockenen Baumes, den ich auf der Fahrt sah. Ich erinnerte mich noch ganz genau an die Kleidung der Nomaden, an die Kamele, die Zelte. Mir kam wieder in den Sinn, wie ich als Kind auf die Felsen und kleinen Bäume geklettert war, und ich sah die riesigen Fluss-

betten vor mir, die sich in der Regenzeit mit Wasser füllten, nun aber komplett ausgetrocknet und tot waren.
»Wissen Sie denn, wo genau wir hinmüssen?«, erkundigte ich mich bei Mohammed.
»Ja, klar«, beruhigte er mich. »Die drehen hier irgendwo in der Gegend, wir werden sie schon finden. Wir müssen nur nach Lkw-Reifenspuren auf dem Boden Ausschau halten.
Tatsächlich entdeckten wir nach eine Weile Fahrspuren im rissigen Wüstenboden, denen Mohammed folgte, und bald waren am Horizont einige Fahrzeuge zu erkennen. Immer mehr Wagen und Transporter tauchten vor uns auf, und aus der Nähe wirkte das Set fast wie ein kleines Dorf mitten in der Wüste.
Bunte Autobusse dienten als Garderobe und Aufenthaltsräume während der Pausen, außerdem gab es einen Bus für die Maske und einen, der als Kantine diente. Nur die riesigen Trucks, mit denen die Stromgeneratoren für die vielen Scheinwerfer und alle technischen Geräte in die Wüste transportiert worden waren, standen ein wenig abseits. Die herumstehenden Scheinwerfer waren einfach gigantisch, viel größer als diejenigen, die ich vom Modeln aus Fotostudios kannte.
Mitten in dieser Wagenburg hielt unser Jeep an, da ein Mann uns ein Zeichen gab. Mohammed öffnete das Fenster, um kurz mit ihm zu sprechen, dann drehte er sich zu uns um.
»Näher dürfen wir nicht heranfahren, sonst stören wir die Dreharbeiten«, sagte er.
Also bedankten wir uns bei ihm und stiegen aus. Ich war so tief in meine Erinnerungen versunken, dass ich gar nicht mehr wusste, warum wir eigentlich hier waren.

Unsere französische Visagistin kam auf uns zu und holte mich wieder in die Gegenwart zurück. Sie reichte uns mehrere bunte Tücher, die ich sofort über mein weißes Tanktop zog, da es hier über fünfzig Grad heiß war und die Tücher wenigstens ein bisschen Schutz vor der Sonne boten.
»Los, kommt mit zum Set«, sagte sie. »Im Augenblick ist eine Drehpause, da der Kamerakran umgebaut werden muss«, fügte sie erläuternd hinzu.
Peter hatte den riesigen Kran extra aus Deutschland hierher schiffen lassen, um in der Wüste Aufnahmen von oben machen zu können.
Auf dem Weg zum Set kam uns Sherry entgegen. »He, Waris, schön, dass du hier bist. Ich darf dir gleich einen jungen Mann vorstellen, der schon sehnsüchtig auf dich wartet. Er hat gestern schon den ganzen Tag gefragt, wann du denn endlich mal vorbeikommst.«
Plötzlich sah ich hinter Sherry einen kleinen Jungen auftauchen. Ich traute meinen Augen nicht, denn er sah mit seinen kurzen krausen Haaren und der riesigen Sonnenbrille, die für seinen kleinen Kopf viel zu groß war, aus wie »Alter Mann«, mein kleiner Bruder, den ich über alles geliebt hatte und der als Kind gestorben war. Ich hielt den Atem an und spürte, wie mir die Tränen in die Augen schossen.
Der Junge sah mich erschrocken an. Dann ging er auf mich zu und nahm meine Hand. »Ich bin Idriss. Komm, lass uns zum Set gehen«, sagte er. »Da kriegst du 'ne Cola.«
»Okay, gerne«, sagte ich und musste schon wieder lachen.
Unter einem Zeltdach hatte Sherry mehrere Monitore aufstellen lassen, auf denen die bisher gedrehten Szenen flimmerten. Während mein »Bruder« sich auf die Suche nach der Kühltruhe machte, stellte ich mich zu Ken, dem Kameramann, der gerade einige Szenen kontrollierte und mit einem kleinen Gerät herumhantierte.

Als er mich bemerkte, unterbrach er seine Arbeit. »Schau dir das mal an, Waris«, sagte er und winkte mich heran. »Mit dieser kleinen Fernbedienung hier steuere ich den Kran und die Kamera, um die Aufnahmen aus der Luft machen zu können. Komm, setz dich hin, ich zeige dir mal ein paar Takes.«

Der kleine Idriss war inzwischen mit seiner Cola zurück und ließ sich, als ob wir uns schon ewig kennen würden, einfach auf meinem Schoß nieder. Gemeinsam nippten wir an der Cola und sahen Ken dabei zu, wie er den Kran und die Kamera ausrichtete.

Wie schon zuvor im Taxi kam wieder die Erinnerung an meine Kindheit in mir hoch, denn ich fühlte mich hier wie zu Hause. Die Umgebung sah genauso aus wie die somalische Wüste, in der ich aufgewachsen war. Kein Sandboden, sondern von der Hitze und Trockenheit aufgesprungener, rissiger Lehmboden, auf dem keine einzige Pflanze gedeihen konnte. Sogar der Geruch war der gleiche, es roch nach trockenem Lehm, nach Hitze und nach Wüste.

Ich musste daran denken, dass meine Geschwister und ich uns als Kinder in jedem Lager, das unsere Eltern errichteten, als Erstes einen Baum aussuchten, den wir zu unserem Lieblingsplatz erkoren. Dort saßen wir dann auf dem trockenen Wüstenboden im Schatten und spielten, dösten oder unterhielten uns, nachdem die Arbeit getan war.

»Was ist denn das?«, schimpfte Ken plötzlich los. »Da sind ja Kamele im Bild! Verdammt!«

Unsanft wurde ich aus meinen Träumen gerissen und sah den Kameramann erschrocken an.

»Sherry!«, brüllte er völlig außer sich, »da sind Kamele in der Aufnahme!«

Der Kameramann lief hinaus zum Set, und nun konnte ich die Kamele auch mit bloßem Auge erkennen. Ein Nomadenstamm war durchs Bild geritten und hatte damit die zuvor gedrehte Fluchtszene, in der Soraya mutterseelenallein durch die Wüste laufen sollte, unbrauchbar gemacht. Ken war stinksauer. Er diskutierte mit Peter und einem Dolmetscher, woraufhin die beiden in einen Wagen stiegen und den Nomaden entgegenfuhren.

Eine Stunde später kam Peter zurück, schäumend vor Wut. »Ich brauche Geld«, sagte er, als ich ihn fragend musterte. »Nachdem ich den Nomaden erklärt hatte, dass wir hier drehen wollen und dazu eine menschenleere Wüste brauchen, haben sie sofort die Hand aufgehalten. Ich glaube, sie wussten, dass wir heute hier sein würden.«
Ich musste grinsen und wandte schnell das Gesicht ab, damit Peter es nicht sah. Natürlich hatten die Nomaden Bescheid gewusst. Wenn man in der Wüste lebt, fällt einem selbst die kleinste Veränderung auf, und die knapp fünfzig Busse und Trucks der Filmcrew waren nun wahrlich kaum zu übersehen. Selbst ein Nomade konnte unschwer erkennen, dass diese Dinge eine Menge Geld gekostet haben mussten, somit war es für die Männer mit ihren Kamelen eine logische Schlussfolgerung, Geld von den Weißen zu verlangen. Immerhin war es ihre Wüste, in der wir hier standen, wir drehten sozusagen in ihrem Vorgarten.
Für mich war das alles ganz logisch, doch ich merkte, dass das Produktionsteam nicht mit der Situation umgehen konnte. In dem Punkt verstanden sie einfach nicht, wie Afrika funktionierte.
Peter fuhr ein weiteres Mal zu den Nomaden hinaus, die sich mittlerweile in Sichtweite niedergelassen hatten, und diesmal hatte er zwei Dolmetscher dabei. Ich nutzte die Zeit,

um mich noch ein wenig mit meinem kleinen Filmbruder Idriss zu unterhalten.

»Gehst du zur Schule?«, fragte ich ihn.

»Nein«, lautete die Antwort. »Meine Eltern sind vor einiger Zeit gestorben. Seitdem lebe ich bei meinem Onkel und hüte seine Ziegen.«

»Du lebst also tatsächlich in der Wüste?«, hakte ich nach.

»Ja. Ich bin ein Nomadenkind. Aber ich würde gerne in eine Schule gehen oder in das weiße Land ziehen, aus dem du kommst. Kannst du mich nicht mitnehmen, Waris, wenn du wieder nach Europa fährst?«

Diese Frage hatte mir mein Bruder damals auch gestellt. Wieder war ich den Tränen nahe. Ich vermisste Alter Mann oft schmerzlich und verband sehr viele schöne Erinnerungen mit ihm. Doch bevor sie aufkommen konnten, schob ich sie schnell beiseite, denn ich wollte jetzt nicht sentimental werden.

»Weißt du, ich bin mir gar nicht so sicher, ob ich für immer in Europa bleiben will. Vielleicht komme ich eines Tages doch wieder nach Afrika zurück«, sagte ich.

»Ehrlich, hierher in die Wüste?« Mein Filmbruder war völlig erstaunt.

»Wie gesagt, ich weiß es noch nicht genau. Aber sollte ich tatsächlich nach Afrika zurückkehren, mein kleiner Bruder, dann werde ich dich adoptieren und dich zur Schule schicken. Abgemacht?«

»Abgemacht!«, rief er begeistert. Dann umarmte er mich und drückte sich ganz fest an mich.

Nun musste ich doch weinen. Ich hielt ihn ebenfalls ganz fest und erinnerte mich an die Nacht, in der ich meine Familie zurückgelassen hatte. Meine Mutter hatte mich leise geweckt, damit mein Vater nichts merke, und als ich sie vor unserer Hütte zum letzten Mal für lange Zeit an mich drückte, zerriss es mir fast das Herz. Ohne mich noch mal umzudrehen, rannte ich in die Dunkelheit hinaus. Weg von meiner Familie. In eine ungewisse Zukunft. Es war die schwerste Entscheidung, die ich je in meinem Leben getroffen hatte.

Egal, wo ich auf der Welt lebte, die Nacht, in der ich noch vor Sonnenaufgang allein in die Wüste lief und meine Mutter und meine Geschwister verließ, begegnete mir immer und immer wieder in meinen Träumen. Jedes Mal, wenn ich nach einem solchen Traum schweißgebadet aufwachte, verspürte ich eine unendliche Sehnsucht und ein tiefes Heimweh nach Afrika. Der Schmerz, den die Trennung von meiner Familie in mir ausgelöst hatte, war nie wirklich verschwunden. Regelmäßig gab es Situationen oder begegneten mir Menschen, die mich an das erinnerten, was ich verloren hatte.

Dieser kleine Junge, der meinem toten Bruder so unglaublich ähnlich sah, war eine solche Person. Es war, als sei eine alte, tiefe Wunde in mir wieder aufgeplatzt. In solchen Augenblicken war ich bereit, all meine Erfolge, all meinen Wohlstand, meine Bücher, meine Modelkarriere ohne zu zögern einzutauschen, wenn ich dafür nur das Rad der Zeit zurückdrehen und wieder bei meiner Familie sein könnte.

»Frau Dirie, wir fotografieren hier am Set für die internationale Presse und würden gerne ein paar Aufnahmen mit Ihnen machen, solange die Sonne noch so schön hoch steht«, ertönte eine mir fremde Stimme vor mir.

»Wie bitte?«, fragte ich völlig verwirrt, so sehr war ich in meine Welt abgetaucht.

Ich sah mich nach Idriss um, aber der war wieder in einem der Busse verschwunden. Vor mir standen mehrere europäisch aussehende Fotografen und erwarteten, dass ich nun wieder das professionelle Model war – und nicht mehr das kleine somalische Mädchen, das hier in der Wüste an seine Familie dachte.

Ich stand auf. »Okay«, sagte ich, »folgen Sie mir.«

Ich ging einfach ein Stück in die Wüste hinaus, und die Fotografen liefen im Tross hinter mir her. Einige hundert Meter vom Set entfernt legte ich mich hin und schloss die Augen. Ich spürte den heißen Lehmboden, roch diesen unverwechselbaren Duft nach Sand und Erde und fühlte, wie die Sonne auf mich herunterbrannte. Wie aus weiter Ferne hörte ich das schnelle Klicken der Kameras, das kaum zu mir durchdrang, als käme es aus einer anderen Welt.

Wann immer ich danach diese Fotos in einer Zeitschrift entdeckte, spürte ich wieder die Sehnsucht dieses Tages.

»Sie müssen mich jetzt entschuldigen«, sagte ich irgendwann und stand wieder auf. »Ich möchte jetzt alleine sein. Ich will niemanden mehr sehen.«

Die Fotografen bedankten sich, und ich ging voller Emotionen und Eindrücke zurück zum Set. Dort zog ich die Tücher aus, wickelte mir das grüne um den Kopf, das orangefarbene über meine Laufhose um die Hüfte und schnürte meine Turnschuhe noch mal neu zu. Ich griff mir eine Flasche Wasser und war so weit.

»Ich komme am Abend zurück«, sagte ich noch zu Peter, dann lief ich wie damals als kleines Mädchen einfach in die Wüste hinaus.

Ich rannte und rannte, bis ich die vielen Stimmen, die Motoren und den anderen Lärm nicht mehr hören konnte. Erst danach drehte ich mich um und sah zu, wie am Horizont die Umrisse des Sets verschwanden, schließlich verlangsamte ich mein Tempo. Jetzt war ich völlig allein. Es war wunderbar.

Während ich immer weiter lief, überlegte ich, was wohl pas-

sierte, wenn ich nicht umkehren würde. Irgendwo mitten in der Wüste lag die somalische Grenze. Schon lange war ich nicht mehr so nah an meiner Heimat gewesen. Was, wenn ich einfach abtauchen und in mein altes Leben zurückkehren würde?
Ich stellte mir die Schlagzeilen in den europäischen Zeitungen vor: »Waris Dirie verschwindet spurlos in der Wüste Dschibutis«, stand da unter den Bildern, die die Fotografen eben noch von mir auf dem Wüstenboden geschossen hatten. »Exklusiv, die letztes Fotos des Topmodels.« Ich musste laut lachen.
Nach einer Weile setzte ich mich auf den Wüstenboden und genoss die Stille und die Einsamkeit. Ich erinnerte mich wieder an den vergangenen Tag, an die Minister im Speisesaal des Hotels in Dschibuti-Stadt, die mir auf einmal unglaublich weit weg vorkamen. Plötzlich dachte ich auch wieder an die Gründe, aus denen ich damals alles aufgegeben hatte und von meiner Familie fortgelaufen war. Wenn ich jetzt verschwand, würden diese Gründe bis in alle Ewigkeit weiterbestehen. Wenn ich nicht nach Dschibuti zu diesen ignoranten Ministern zurückging, würde sich dort nie etwas ändern.
Meine Mission, mein Kampf gegen FGM, wer würde all das fortführen? In meinem Herzen lieferten sich das kleine Mädchen, das unendlich starkes Heimweh hatte, und die erwachsene Frau mit der Chance, wirklich etwas für die Menschen in Afrika erreichen zu können, einen erbitterten Kampf. Ich hatte das Gefühl, innerlich zu zerreißen, und der Schmerz war beinahe unerträglich.
Wie leicht wäre es, hier und jetzt zu verschwinden und alles aufzugeben. Einfach so. Sich nicht mehr täglich den Medien stellen und öffentlich über meine eigenen tiefen Verletzungen sprechen zu müssen erschien mir unglaublich verlockend. Endlich Ruhe finden.

Wenn ich weiterlaufen würde, müsste ich mich nicht mehr um all die Leute kümmern, nicht mehr um FGM, nicht um den Film, auch nicht um die Fotografen. Ich brauchte das alles nicht. Ich könnte einfach immer weiter einen Fuß vor den anderen setzen. Es wäre so leicht ...
Die Hitze ließ die Luft über dem Boden flimmern, und es sah fast aus wie Wasser. Es war unglaublich heiß, und doch stand ich auf und lief weiter. Ich würde endlich nicht mehr in einer Gesellschaft leben müssen, die ich nicht verstand. Ich könnte einfach nur sein.
Ich musste mich inzwischen kurz vor der somalischen Grenze befinden und fühlte mich, als würde mein Herz mich direkt nach Hause geleiten. Ich spürte, von hier wollte ich nicht wieder weg. Ich könnte als Flüchtling in meiner eigenen Wüste leben, niemand würde mich finden.
Doch dann meldete sich die erwachsene Frau in mir zu Wort. »Krieg dich wieder ein«, sagte sie. »Du kannst jetzt nicht aufhören. Du hast noch Arbeit zu erledigen.«
Hatte ich damals nicht auch den schwierigeren Weg gewählt? Wäre es nicht einfacher gewesen, dem Willen meines Vaters zu folgen und mein Leben mit einem alten Mann zu verbringen, auch wenn ich ihn weder kannte noch liebte, ja noch nicht einmal Sympathien für ihn hegte? Diesen fremden Mann zu heiraten, wäre das gewesen, was die Gesellschaft und meine Familie von mir erwartet hatten. Damals, als junges Mädchen, war ich stark genug, das Richtige zu tun, und nicht das, was im ersten Moment leichter wirkte. Ich hatte damals mein Leben riskiert, weil ich so nicht leben wollte. Mich nicht unterdrücken lassen wollte. Und nun, so viele Jahre später, wollte ich auf einmal doch noch aufgeben?
Nein, auf gar keinen Fall. Ich würde diesen Kampf zu Ende kämpfen. Für mich. Für die Menschen in Afrika. Für alle Frauen Afrikas.
Ich stand mitten in der Wüste, um mich herum nur endlose

Weite bis zum Horizont. Während meines innerlichen Streits war ich ziellos hin und her gelaufen und hatte dabei die Orientierung verloren. Nun wusste ich nicht mehr, aus welcher Richtung ich gekommen war, und musste mich ganz und gar auf meine nomadischen Instinkte verlassen. Ich wusste, dass es bald dunkel werden würde, und wenn ich bis dahin den Weg zurück nicht gefunden hatte, müsste ich wohl oder übel die Nacht in der Wüste verbringen.

Ich dachte nicht länger nach, sondern lief einfach los. Irgendwann entdeckte ich ein einzelnes Fahrzeug am Horizont und rannte direkt darauf zu. Es war tatsächlich mein Jeep mit meinem Fahrer und Joanna, die allein auf mich gewartet hatten.

»Waris!«, rief sie, als sie mich erkannte. »Wo warst du bloß?« Sie umarmte mich und wirkte unendlich erleichtert. »Alle sind schon weg, wir dachten, du hättest dich verirrt oder wärst entführt worden.«

»Ich hatte etwas zu erledigen«, sagte ich nur kurz angebunden und stieg ins Auto. »Fahren wir?«

Es war mittlerweile dunkel geworden, und Mohammed, unser Fahrer, folgte den Reifenspuren des Lkw-Trosses, die nur im Lichtkegel der Scheinwerfer zu sehen waren, aus der Wüste. Nach etwa einer halben Stunde bat ich ihn anzuhalten und stieg aus, da ich dringend austreten musste. Vor allem aber wollte ich raus aus dem Auto, um die Nacht zu sehen und zu fühlen. Es war inzwischen stockdunkel, aber die Sterne leuchteten so hell, das ich das Gefühl hatte, nach ihnen greifen und sie anfassen zu können. Aber das Schönste war die Stille um mich herum. Diese unglaublich tiefe Stille, wie Medizin.

Ich setzte mich auf einen Felsen und genoss den Moment. Als ich zum Wagen zurückging, hatte ich einen Entschluss gefasst. Ich war ich ganz ruhig und mir meiner Sache sehr sicher.

»Ich werde in Afrika wieder ein Haus kaufen, in Ostafrika«, sagte ich, als ich mich ins Auto setzte.
Für den Rest der Heimfahrt schwiegen wir.

Siehst du Unrecht und Böses
und sprichst nicht dagegen,
dann wirst du sein Opfer.
Aus Uganda

10

Das Schicksal der Frauen Afrikas

Am nächsten Tag stand mein Besuch bei der First Lady von Dschibuti auf dem Programm. Pünktlich um elf Uhr morgens fuhr eine Limousine vor dem Hotel vor, um Joanna und mich in die private Residenz des Präsidenten zu bringen. Wir verließen das Hotel, das mittlerweile von der Polizei bewacht wurde, und ich stellte zu meiner Überraschung fest, dass überall Militärs auf der Straße waren.
»Gibt es einen Putsch?«, fragte ich den Fahrer besorgt.
»Nein, aber gleich hier um die Ecke liegt die französische Botschaft«, erklärte er mir. »Inzwischen gilt die höchste Sicherheitsstufe, da französische Spezialeinheiten eingeflogen worden sind, um die Luxusjacht aus den Händen der Piraten zu befreien. Alle Zeitungen berichten einstimmig, dass der französische Präsident in den nächsten Tagen die Stürmung der Jacht befehlen wird. Bei einer gewaltsamen Befreiung der Geiseln könnte es zu Übergriffen oder Racheakten kommen. Deshalb dieses hohe Aufgebot an Polizei und Militär.«
Die amerikanische Luxuslimousine rollte langsam über die mit Schlaglöchern übersäte Straße, trotzdem wurden Joanna und ich ordentlich durchgeschüttelt.
»Wir fahren einen kleinen Umweg, sonst stecken wir in der Stadt nur im Stau«, sagte der Chauffeur nach einigen Minuten.
Ich nickte und blickte mich in dem Wagen um. Alles sah unglaublich edel und teuer aus, ein wahrlich starker Kontrast zu dem Anblick, der sich uns hinter den getönten Fensterscheiben bot. Vor einem Bahnübergang kamen wir zum

Stehen, da ein Zug mit völlig verrosteten Waggons unseren Weg kreuzte.

Als wir wieder anfuhren, bemerkte ich neben den Bahngleisen eine riesige Kamelherde von mindestens zweihundert Tieren. Die armen Viecher sahen einfach furchtbar aus. Sie waren viel kleiner als die Kamele, die ich aus Somalia kannte, und bestanden nur aus Haut und Knochen. Ihr Fell war struppig, fast alle hatten sie am ganzen Leib kahle Stellen, und die meisten konnten sich kaum mehr auf den Beinen halten. Ich hatte in meinem Leben noch nie so abgemagerte Kamele gesehen, und ich habe schon viele Kamele gesehen.

»Bitte halten Sie kurz an«, bat ich den Chauffeur, und er stoppte den Wagen. »Wem gehören diese Kamele?«, wollte ich nun wissen.

»Diese Tiere warten auf den Abtransport nach Dubai«, sagte der Fahrer. »Sie werden dort verwertet.«

»Verwertet?«, fragte Joanna.

»Ja«, entgegnete der Mann, »zu Fleisch. Wenn die Kamele hier nicht mehr zu gebrauchen sind, werden sie von den großen Fast-Food-Ketten in Saudi-Arabien aufgekauft und zu Burgern verarbeitet.«

»Wie bitte?«, rief ich entsetzt. »Und die Bevölkerung hier in Dschibuti hungert?«

»Die Saudis zahlen eben besser, so einfach ist das«, entgegnete der Mann lapidar.

Eine tiefe Wut erfasste mich, und ich wäre am liebsten ausgestiegen und hätte die Kamele freigelassen. Aber der Anblick der Viehhüter, die in regelmäßigen Abständen am Weidezaun lehnten, brachte mich schnell von dieser Überlegung ab.

Wir setzten unsere Fahrt fort und waren plötzlich in einem Stadtteil, in dem überall große weiße Villen hinter hohen Mauern standen. Vor jeder Villa hatte Wachpersonal Stellung bezogen.

»Wo sind wir hier?«, fragte ich den Chauffeur.
»Das ist ein ganz neuer Stadtteil, hier wohnen vor allem reiche arabische Geschäftsleute. Die Grundstückspreise sind dadurch so gestiegen, so dass sich hier kein Einheimischer mehr etwas leisten kann. Hier kaufen nur noch Ausländer.«
An einer Kreuzung stand eine militärische Absperrung. Wir wurden durchgewunken. Die Limousine rollte zur privaten Residenz des Präsidenten und seiner Frau. Links und rechts von der Straße standen schwerbewaffnete Soldaten mit Maschinengewehren im Anschlag. Die Mauer um die Residenz war so riesig, dass man sich alles dahinter hätte vorstellen können, sogar ein ganzes Dorf.
Als wir das eiserne Haupttor des Anwesens erreichten, öffnete es sich automatisch, und wir fuhren in einen Hof, in dem sich ein weiteres Sicherheitstor befand, ebenfalls vom Militär bewacht. Nachdem wir auch dies passiert hatten, glitt die Limousine in einen prachtvollen Park, der von außen nicht zu erkennen gewesen war. Hier sah es aus wie an der Côte d'Azur. Rechts entdeckte ich einen Teil des Fuhrparks, in dem sich eine Luxuslimousine an die andere reihte. Neben einem Hummer und mehreren Rolls-Royce erkannte ich auch einen Mercedes, einen Porsche und einen Jaguar.
Typisch, dachte ich nur. Da erzählen die Entwicklungshilfepolitiker den Menschen in Europa immer von unterernährten Kindern, Bildungseinrichtungen und Krankenhäusern, die finanziell unterstützt werden müssen, und in Wahrheit kaufen sich die Präsidentengattinnen von den Geldern neue Pelzmäntel, Autos und andere Luxusgüter. Ich habe noch nie so protzige, riesige Schlösser und Anwesen, so teure Autosammlungen und so übertriebenen Luxus gesehen wie in den Regierungskreisen der ärmsten Länder der Welt!
Diese Menschen schwelgen inmitten tiefster Armut im Lu-

xus, den sie sich mit Geld kaufen, das sie den Afrikanerinnen und Afrikanern gestohlen haben und jeden Tag weiter stehlen. Sie verwenden Entwicklungshilfegelder und Spenden, um ihre Kollektion an Limousinen auf dem neusten Stand zu halten, konsumieren mehr Champagner und Kaviar als jede europäische Hauptstadt und schützen ihren Status mit einem durch und durch korrupten System, in dem nur Familienmitglieder und enge Freunde die Chance auf einen einflussreichen Posten haben. Jeder der Verantwortlichen weiß es, jeder sieht es, aber niemand tut etwas. Niemand fragt, mit welchem Geld die Paläste und Wagenparks bezahlt wurden und warum es immer noch kein sauberes Trinkwasser für die Bevölkerung gibt. Afrikanische Staatsmänner schütteln die Hände europäischer Staatsmänner und freuen sich, dass man ihnen mal wieder einen neuen Brunnen, eine neue Schule (oder vielleicht doch einen neuen Bentley?) finanzieren will.

Meiner Meinung nach sollten sowohl die Menschen in den Empfängerländern als auch jene in den Geberländern über diese Interessen Bescheid wissen. Die meisten spendenwilligen Europäer erfahren gar nicht, in welchen Kanälen ihre Steuergelder versickern und welche Motivation hinter der Entwicklungshilfevergabe steht.

Das Interesse der Geberländer ist vor allem wirtschaftlicher Natur, denn Afrika ist reich. Reich an wertvollen Rohstoffen wie Erdöl, Gold und Diamanten. Und diese Reichtümer will sich keiner entgehen lassen.

Wir erreichten die riesige Präsidentenvilla, und sofort sprang ein Butler in Uniform herbei, um uns die Wagentür zu öffnen.

»Bitte kommen Sie weiter, die First Lady wird Sie in Kürze empfangen«, sagte er, als wir ausgestiegen waren. Dann führte er uns in einen großen Raum, in dem Unmengen von afrikanischen Kunstgegenständen standen. Das Erste, was

mir auffiel, als ich den Palast betrat, war der Geruch. Es roch so intensiv nach Räucherstäbchen, als hätte man versucht, jemanden auszuräuchern. Außerdem sah es hier überall aus wie in einem Museum, denn jede einzelne Ecke des Raumes war dekoriert.
Der Butler servierte uns Tee, und nach etwa zwanzig Minuten kam die First Lady herein, die uns herzlich begrüßte. Sie trug prachtvolle Kleidung sowie ihren besten antiken Goldschmuck, und ihre Hände waren mit kunstvollen Mustern aus Henna verziert.
»Mein Mann und ich sammeln afrikanische Kunst, und ich denke, wir haben eine der schönsten Sammlungen der Welt«, erzählte sie mit Begeisterung in der Stimme, um dann abrupt das Thema zu wechseln. »Frau Dirie, haben Sie schon unsere Fraueneinrichtungen gesehen? Unsere Frauen müssen im einundzwanzigsten Jahrhundert ankommen, sonst wird sich hier in Afrika nie etwas ändern. Ich hoffe, Ihr Film wird dazu beitragen, dass sich bei uns endlich mal etwas tut. Die Mühlen mahlen hier einfach unglaublich langsam.« Sie trank geziert einen Schluck Tee und stellte die Tasse vorsichtig wieder auf dem kleinen Tisch ab. »Was machen Sie eigentlich am Wochenende?«, fragte sie mich dann. »Ich würde Sie gerne zur Hochzeit einer meiner Freundinnen einladen. Sie wohnt nicht weit von hier, und es wird sicher ein prachtvolles Fest.«
Ich lehnte dankend ab. Erstens musste ich dringend nach Europa zurück, da ich einige Vorträge zugesagt hatte, und zweitens wollte ich es mir ersparen, diesen übertriebenen Luxus inmitten all der Armut zu sehen. Es hätte mich doch nur wütend gemacht, und ich hätte mit Sicherheit den einen oder anderen falschen Kommentar abgegeben. Das wollte ich mir und der First Lady ersparen.
Unser Gespräch über weibliche Genitalverstümmlung, auf das ich große Hoffnungen gesetzt hatte, verlief leider nicht

besonders befriedigend. Die First Lady betonte immer wieder, wie sehr sie diese Praktik verurteile, und beteuerte mehrfach, dass sie und ihr Mann sehr engagiert im Kampf gegen FGM seien. Dennoch blieb sie in all ihren Aussagen sehr vage und unverbindlich, und es wollte mir trotz aller Hartnäckigkeit nicht gelingen, ihr eine konkrete Zusage oder ein Versprechen zu entlocken, was mich sehr enttäuschte. Ich hatte gehofft, vielleicht eine gemeinsame Kampagne gegen weibliche Genitalverstümmelung mit ihr organisieren zu können, da ich ihr mehr Verständnis für das Thema zutraute als den Ministern ihres Mannes. Aber sie hielt das Treffen betont kurz und vermied jegliche politische oder gesellschaftskritische Diskussion.

»Mein Chauffeur wird Sie gleich zu einer Mädchenschule bringen, die wir gebaut haben«, sagte sie irgendwann völlig unvermittelt. »Leider kann ich Sie nicht begleiten, da ich noch zum Friseur muss.« Sie lächelte und zuckte entschuldigend die Achseln.

Damit war die Audienz auch schon beendet. Ich verabschiedete mich höflich, und der Butler begleitete mich und Joanna nach draußen.

Nach etwa dreißig Minuten Fahrt kamen wir zu der Schule. Dort hatte sich mein Besuch offenbar herumgesprochen, denn die Mädchen warteten bereits auf mich. Die First Lady hatte mehrere weibliche Parlamentsabgeordnete in die Schule beordert, die mir die Schulleiterin nach einer kurzen Begrüßung vorstellte. Danach führte sie mich herum und zeigte mir die Klassenzimmer.

In jeder Klasse sprach ich kurz mit den Schülerinnen. Ich sagte ihnen, wie wichtig Bildung sei und welche tragende Rolle sie als Frauen für die Zukunft Afrikas spielten. Wenn man es nur schaffen würde, dass in Zukunft alle afrikanischen Kinder lesen und schreiben sowie eine Fremdsprache lernen und mehr darüber erfahren könnten, was in ihrem

Land, ihrem Kontinent und im Rest der Welt passiert, würde sich auf diesem Kontinent vieles ändern. Bildung würde helfen, Rassismus und Hass zu überwinden, eine gut ausgebildete Jugend sei die Grundlage für den Fortschritt in Afrika und damit auch für die Verbesserung der wirtschaftlichen Lage vieler Afrikaner, erklärte ich.
Aber die Rektorin ließ mir kaum Zeit, sondern lotste mich jedes Mal, als ich mich gerade in Fahrt redete, sofort in den nächsten Klassenraum. Mittlerweile waren einige Vertreterinnen verschiedener internationaler NGOs eingetroffen und hatten Transparente im Foyer der Schule und vor den Klassenzimmern entrollt. Sie baten mich, gemeinsam mit ihnen davor für ein Foto zu posieren, und es wirkte auf mich wie ein organisiertes Fotoshooting für eines ihrer Programmhefte. Über weibliche Genitalverstümmelung war nirgendwo auch nur ein Wort zu lesen. Aber immerhin, es ging um das Thema Bildung, das ebenfalls sehr wichtig war.
Anschließend unterhielt ich mich eine ganze Weile mit einer Lehrerin, die mir sagte, dass diese Schule das Vorzeigeprojekt der First Lady sei und sich deshalb alle internationalen Gäste die Räume ansehen müssten. Das steckte also dahinter.

Als ich eine gute Stunde später wieder mit Joanna in der Limousine saß, war ich wieder an dem Punkt, an dem ich in letzter Zeit schon so oft angelangt war: Wenn ich gegen Genitalverstümmelung wirksam kämpfen wollte, dann musste ich die afrikanischen Frauen in ihren Rechten stärken.
Die Menschen hier brauchten starke Signale, nicht nur Alibiprojekte für die Weltöffentlichkeit wie diese Schule. Wenn

wir in Afrika wirklich etwas ändern wollen, sei es im Hinblick auf FGM oder irgendein anderes Unrecht, dann müssen wir ihm mit Verständnis, Respekt und vor allem Liebe begegnen. Wenn die Afrikaner ein Problem haben, müssen sie darüber sprechen können, und andere müssen ihnen zuhören. Und wenn ich ein Problem habe und darüber spreche, dann will ich gehört werden. Wenn dagegen alle nur die Augen, Ohren und ihr Bewusstsein vor den Schwierigkeiten und Herausforderungen verschließen, dann wird es niemals Veränderungen geben.

Wir wollten gerade losfahren, da öffnete ich schnell noch einmal die Autotür. Entschlossen stieg ich aus der Limousine. Der Chauffeur drehte sich erstaunt zu mir um, und auch Joanna sah mich irritiert an.

»Ich habe noch etwas vergessen«, rief ich ihnen zu und lief geradewegs zurück in die Schule. Einen wichtigen Aspekt zum Thema Bildung hatten wir nämlich komplett ausgeklammert, und das konnte ich unmöglich so stehen lassen. Nur Wissen und Aufklärung konnten grausame Rituale wie weibliche Genitalverstümmelung endlich ausrotten und vor der größten gesundheitlichen Bedrohung Afrikas schützen: Aids. Darüber musste ich unbedingt noch mit den Frauen reden.

Bereits im Gang traf ich die Lehrerin, die sich gerade mit einer der NGO-Vertreterinnen unterhielt. Die beiden sahen mich überrascht an, als ich vor ihnen stand und sie anlächelte.

»Hätten Sie vielleicht noch einen Moment Zeit für mich?«, bat ich höflich. »Ich habe nämlich noch ein paar Fragen.«

»Aber natürlich«, antwortete sie freundlich, wenn auch leicht überrumpelt.

»Wenn ich ehrlich sein soll, dann bin ich ziemlich enttäuscht von meinem Besuch hier«, legte ich sofort los. »Nicht nur von der Schule, auch von Ihnen.« Ich wandte mich der Dame

von einer der NGOs zu, die noch immer neben uns stand. »Wie Sie sicher wissen, kämpfe ich seit Jahren gegen weibliche Genitalverstümmelung. Trotzdem scheinen alle hier zu versuchen, dieses Thema ja nicht auf den Tisch zu bringen.« Ich machte eine kurze Pause, ehe ich weiterredete, und alle sahen mich wie gebannt an. »Das hier ist doch eine Mädchenschule, richtig?«
»Ja …« Die Lehrerin musterte mich fragend.
»Die Mädchen sollen hier sicher auch Dinge lernen, die für Mädchen und Frauen wichtig sind, oder?«
»Natürlich«, antwortete die Lehrerin, die zunehmend verunsichert wirkte. Auch die Dame von der Organisation musterte mich mit einem großen Fragezeichen im Gesicht.
»Dann möchte ich Sie jetzt mal etwas fragen: Sprechen sie mit den Mädchen denn auch über Sex?«
Die Lehrerin schnappte nach Luft. »Das sind Kinder, Frau Dirie! Was glauben Sie denn?«
»Ich glaube, dass Sex ein extrem wichtiges Thema ist. Afrika wächst und wächst und wächst, nirgendwo auf der Welt bekommen Frauen so viele Kinder wie hier, und die meisten, die hier Kinder bekommen, sind selbst noch Kinder. Das wissen Sie doch, oder? In Afrika südlich der Sahara gibt es zweiundzwanzig Millionen HIV-Infizierte. Meinen Sie nicht, dass Ihre Schülerinnen wissen sollten, wie man sich vor dieser schrecklichen Krankheit schützt?«, fragte ich mit Nachdruck.
Die beiden mochten von meinem Vorstoß überrascht sein, dabei lag es gar nicht fern, denn FGM und Aids waren näher beieinander, als einem lieb sein konnte.
Anders als in Europa und Amerika, wo man um das Thema Sex kaum mehr herumkam, war Sexualität in Afrika immer noch ein absolutes Tabu. In Afrika wurde über Sex nicht gesprochen, nicht unter Frauen, nicht in der Schule und

schon gar nicht innerhalb der Familie. Sexuelle Aufklärung fand praktisch nicht statt.

Mangelnde sexuelle Aufklärung ist in Afrika lebensgefährlich. Nirgendwo auf der Welt ist die Chance, sich bei ungeschütztem Sex mit HIV zu infizieren, so hoch wie in Afrika. Obwohl die Afrikaner nur etwa zehn Prozent der Weltbevölkerung ausmachen, leben hier sechzig Prozent aller HIV-Infizierten. Die Aids-Pandemie ist eine der größten Bedrohungen für diesen Kontinent, und sie wird in Zukunft noch sehr viel schlimmere Ausmaße annehmen, denn die Ansteckungsrate steigt weiterhin. Zwischen 1989 und 2006 stieg die Zahl der Infizierten in Afrika von fünf Millionen auf sechsundzwanzig Millionen an. In einigen südafrikanischen Staaten sind bis zu vierzig Prozent der Bevölkerung HIV-positiv. Eine solche Ausbreitung ist nicht nur eine private Tragödie, sie ist auch ein riesiges gesellschaftliches, wirtschaftliches und politisches Problem.

Die Lehrerin war sprachlos. Dafür schaltete sich nun die NGO-Mitarbeiterin ein. »Aids ist hier ein schwieriges Thema«, begann sie.

»Es wird nicht einfacher, indem man es ignoriert!«, hielt ich dagegen. »Was tun Sie denn konkret dafür, dass die Mädchen aufgeklärt werden?«, schob ich sogleich eine weitere Frage hinterher.

»Na ja, sexuelle Aufklärung ist für uns hier kein Schwerpunktthema«, erklärte die Frau ausweichend. »Darauf konzentrieren wir uns vor allem in Asien und Lateinamerika. Dort verhüten mittlerweile schon sechzig Prozent der Frauen mit Kondomen.«

»Aha, und wie viele sind es hier?«, bohrte ich weiter.

»Meines Wissens etwa zehn Prozent, vielleicht auch weniger...«, gab sie zerknirscht zu.

»Soso«, sagte ich fordernd. »Und wie viele Kinder bekommen die Frauen durchschnittlich?«

»Fünf bis sechs«, lautete die Antwort. »In Asien und Lateinamerika sind es dagegen zwei bis drei.«
»Nun?« Ich wandte mich wieder der Lehrerin zu, der die ganze Situation äußerst unangenehm zu sein schien. »Meinen Sie nicht auch, dass Verhütung in Ostafrika ein wichtiges Thema ist?«
Die junge, schlanke Frau verschränkte die Arme vor der Brust und sah auf einmal fast trotzig aus.
Ich spürte wieder die Wut in mir aufsteigen, die mich in den letzten Tagen schon so oft erfasst hatte, und jegliche Spur von Diplomatie war dahin. »Jetzt sage ich Ihnen mal was«, begann ich in scharfem Ton. »Jedes dieser Mädchen wird sich früher oder später, wahrscheinlich eher früher, mit diesem Thema beschäftigen müssen. Nehmen wir mal an, sie haben das Glück, nicht mit irgendeinem Mann verheiratet zu werden, den sie kaum kennen, geschweige denn lieben. Wäre es dann nicht wunderbar, wenn sie nur das mit ihrem Körper machen würden, was sie wollen, und nicht mit ihrem Mann schlafen, nur weil sie meinen, er hätte ein Recht darauf? Wäre es nicht schön, wenn dabei wenigstens kein ungewolltes Kind oder keine schlimme Krankheit herauskäme?«
Ich holte tief Luft und setzte zum finalen Schlag an. »Aber mit Ihrer Ignoranz tun Sie ja alles dafür, dass es genau so kommen wird. Das ist nicht gerade das, was ich mir unter Mädchenförderung vorstelle.«
So, damit war es heraus. Da standen wir nun, drei Frauen im Schulflur einer Mädchenschule, und funkelten uns emotionsgeladen an. Nach einigen Sekunden der Stille drehte ich mich um und marschierte erhobenen Hauptes aus der Schule.
Erreicht hatte ich mit dieser Aktion nichts, so viel war mir klar, dennoch bereute ich es nicht, den Frauen die Meinung gesagt zu haben. Wenn alle immer nur diplomatisch um den heißen Brei herumredeten, war auch nichts gewonnen. Die

Frauen und vor allem die Mädchen in Afrika waren es wert, dass ich mich für sie stritt.
Mit diesem Gedanken stieg ich wieder in die Limousine und sagte nur: »Wir können dann.«

Armut ist wie ein Löwe –
kämpfst du nicht, wirst du gefressen.
Aus Tansania

11

Armut im Paradies

Als wir im Hotel ankamen, wartete Peter schon auf mich und sprang aus einem der bequemen Sessel auf, kaum dass ich die Lobby betreten hatte.
»Übermorgen findet eine internationale Pressekonferenz hier im Hotel statt, bei der wir das Filmprojekt vorstellen werden. Du musst unbedingt daran teilnehmen, Waris«, bestürmte er mich. »Alle wichtigen Medienvertreter aus Dschibuti haben sich angesagt, und du kannst dann über deine Mission sprechen. Das ist ein toller Rahmen, um deine Kampagne gegen weibliche Genitalverstümmelung aufs Tapet zu bringen.« Er nickte bekräftigend, als wäre dieses Argument nicht schlagkräftig genug.
Diese neue Chance machte mir tatsächlich Mut. Vielleicht würde es mir ja doch noch gelingen, hier endlich einmal über FGM zu sprechen, in einem Land, in dem diese Praxis so weit verbreitet war. »Ich werde daran teilnehmen«, sagte ich und zog mich zurück.
Vor dem Abendessen, ich lag auf meinem Bett und versuchte die Ereignisse des Tages zu verarbeiten, erhielt ich einen Anruf aus dem Präsidentenpalast.
»Frau Dirie«, sagte der Protokollchef, Seine Exzellenz der Präsident würde Ihnen morgen gerne die Inseln vor Dschibuti zeigen, ein wahres Naturparadies. Einige wenige Personen dürfen dort übrigens Grundstücke erwerben, und vielleicht gefällt es Ihnen dort ja so gut, dass Sie hier bei uns in Dschibuti bleiben wollen.«
Ob ich das wollte, wusste ich nicht, aber zumindest diese Inseln hätte ich mir vor meiner Abreise gerne noch angesehen. Also bedankte ich mich und willigte ein.

Am nächsten Morgen stand pünktlich um neun Uhr die Präsidentenlimousine vor dem Hoteleingang, die mich zum Hafen brachte. Dort lagen mittlerweile mehrere internationale Kriegsschiffe mit französischen, amerikanischen und deutschen Flaggen in einem eigenen, streng bewachten Hafenbecken vor Anker. Der Chauffeur brachte mich direkt zu einem Steg, über den ich zur privaten Jacht des Präsidenten gelangte. Eigentlich war es ein luxuriöses Speedboot, das schnellste in der ganzen Region, wie uns der Kapitän versicherte.

»Keines der Piratenboote kann dieses hier einholen«, sagte er stolz, »wir sind hier sozusagen mit dem Ferrari im Golf von Aden unterwegs.«

Mit an Bord waren außerdem noch einige Sicherheitsleute des Präsidenten. Wir fuhren langsam aus dem Hafen aus, erst auf dem offenen Meer versuchte der Kapitän dann, mit der PS-Stärke des Bootes zu beeindrucken. Wir flogen förmlich über die Wellen, und schon bald erreichten wir die erste Insel, die aussah wie ein Postkartenmotiv aus der Karibik: endlose weiße, komplett menschenleere Sandstrände, einige Bäume, Sträucher und Mangrovengewächse bewucherten Teile des Ufers, während das Meer in den schönsten Blau- und Türkistönen schimmerte. Wir legten an einem Pier mit einem Schild an, auf dem »Dschibuti-Tauchzentrum« zu lesen war.

»Man kann hier tauchen?«, fragte ich neugierig.

»O ja«, sagte der Kapitän, »wir haben einen der schönsten Tauchgründe der Welt. Darin gibt es alle Fischarten, die man sich nur vorstellen kann, und wunderschöne Korallen, es ist paradiesisch.«

»Das klingt ja traumhaft«, sagte ich begeistert.

»Nur kommen keine Touristen her, weil die Region so unsicher ist und niemand in den Tourismus investieren will. Allerdings gibt es ein kleines Strandrestaurant, dessen Kü-

chenchef ein Sternekoch aus Paris ist. Er hat bereits etwas zu essen für Sie vorbereitet. Wenn Sie jedoch lieber erst schnorcheln möchten, bringe ich Sie gerne zu einigen schönen Plätzen.«
»Ja, das will ich sehr gerne, schwimmen und tauchen sind echte Leidenschaften von mir«, erwiderte ich.
Also fuhren wir noch ein kurzes Stück weiter, wo laut dem Kapitän eine artenreiche Unterwasserwelt auf mich wartete. Ich zog sofort meine Kleider aus, unter denen ich bereits meinen blauen Lieblingsbadeanzug trug. Dennoch sah mich die gesamte Crew entgeistert an. Eine Frau, die sich vor fremden Männern auszog, war hier nicht unbedingt alltäglich. Ich ignorierte ihre Reaktion einfach. Der Kapitän hatte eine komplette Taucherausrüstung inklusive Schnorchel und Brille und sogar Flossen für mich dabei, und kurz darauf stürzte ich mich mit Begeisterung in die warmen Wellen.
Was sich mir da unter Wasser bot, war einfach unglaublich. Riesige Schwärme bunter Fische in allen Farben und Größen schwammen um mich herum, und der Meeresboden war über und über mit Pflanzen und bunten Korallen bedeckt. Es war, als tauchte ich in einem überdimensionalen Aquarium.
Dieses Paradies war dem internationalen Tourismus allen Ernstes verborgen geblieben? Für einen kurzen Moment war ich den Piraten fast dankbar. Dann aber dachte ich daran, was für eine unglaublich große Einnahmequelle diesem armen Land dadurch verloren ging. Wie viele Menschen könnten in der Tourismusbranche Arbeit finden.
Wir fuhren zur Insel zurück, wo uns bereits der französische Meisterkoch und seine Frau erwarteten. Sie hatten Fische, Salate, Gemüse und exotische Früchte in allen Variationen zubereitet. Ich bestand darauf, dass auch das Sicherheitspersonal und der Kapitän in dem komplett leeren Restaurant Platz nehmen durften. So ein tolles Essen bekamen sie in

Dschibuti sicher nur sehr selten. Die Männer setzten sich zu mir an den Tisch, rührten jedoch das Essen nicht an.

»He, Jungs«, sagte ich, »das ist alles für euch! Heute ist ein Festtag.«

Just in dem Moment brachte der französische Koch die Vorspeisen, darunter marinierten Fisch, Muscheln und Krustentiere mit Mangos und Papayas.

Einer der Bodyguards schüttelte sich vor Ekel.

»Was ist mit dir? Hast du dir den Magen verdorben?«, fragte ich ihn.

»Nein, wir essen hier alle keinen Fisch«, erwiderte er.

»Wie bitte?«

»Das musst du doch aus Somalia wissen«, sagte er erstaunt. »Fisch ekelt uns, den essen bei uns nur einige wenige. Wenn schon, dann muss er gegrillt sein, sonst rührt ihn niemand an.«

Da lebten die Leute hier also an einer Küste mit riesigen Fischbeständen und verhungerten lieber, als dass sie den köstlichen Fisch fingen und aßen. An der somalischen Küste gab es große Hummervorkommen, aber niemand der Einheimischen wusste, dass diese Tiere anderswo als Delikatesse galten und teuer zu verkaufen wären. Die Absurdität dieser Situation verschlug mir die Sprache. In der Wüste gab es natürlich keinen Fisch, weshalb ich als Kind nie mit diesem Phänomen in Berührung gekommen war und erst in Europa zum ersten Mal Fisch gegessen hatte, den ich überaus lecker fand. Aber ich erinnerte mich, dass auch an der Küste Somalias nicht gefischt wurde, obwohl es dort ebenfalls reiche Bestände gab.

Da saß ich nun in einem der fünf ärmsten Länder der Welt in einem Sternerestaurant ohne Gäste, in dem meine Begleiter das Essen nicht anrühren wollten, weil es sie anekelte.

Das ist Afrika. Die Menschen hungern, obwohl es im Meer genug zu essen gibt. Einmalige Naturschönheiten wie diese Bucht bleiben ungenutzt, weil Bürgerkriege geführt werden oder eine kleine Gruppe von Piraten die Welt narrt und so zahlungskräftige Touristen fernhält.

Dabei ist Afrika ein Paradies. Auf diesem Kontinent gibt es eine ursprüngliche Natur, wie ich sie nirgendwo sonst auf der Welt gesehen habe. Aber die Menschen sind sich dieser Einzigartigkeit nicht bewusst und glauben, dass sie mit der Natur umgehen können, wie sie wollen. Es gibt traumhafte Strände, doch sie sind fast alle menschenleer, und mindestens ebenso wunderschöne Plätze im Landesinneren und unberührte Natur. Es gibt eine unglaubliche Vielfalt in den Landschaften, Strände und Urwälder, Wüsten und Gebirge, und die Vielfalt der Kulturen ist mindestens genauso groß. Afrika hat ein riesiges Potenzial. Wenn man diese Vielfalt und diesen Reichtum für den Tourismus erschließen könnte, wären die Möglichkeiten unbegrenzt. Man wird aber nur Touristen nach Afrika bringen können, wenn sie dort nicht um ihr Leben fürchten müssen.

Nach dem Essen setzte sich der französische Koch zu uns, und wir plauderten ein bisschen.

»In einem Monat werde ich mit meiner Frau nach Paris zurückkehren«, erzählte er betrübt. »Wir wohnen hier im Paradies und können trotzdem davon nicht leben, weil einfach nicht genügend Gäste vorbeikommen.«

»Ich werde der Welt berichten, wie wunderschön diese Gegend ist«, versprach ich ihm. »Es ist wirklich zu schade, dass Dschibuti und die Menschen das nicht für sich nutzen können.«

Nach dem Essen brachte mich der Kapitän zurück aufs Festland, wo ich ihn bat, dem Präsidenten meinen herzlichen Dank auszurichten. Er und seine Security-Crew hatten übrigens keinen Bissen angerührt.

Am Morgen des nächsten Tages rief Peter noch einmal an, um mich an die Pressekonferenz zu erinnern. »Bitte sei pünktlich. Die Veranstaltung ist wirklich sehr wichtig für uns«, sagte er.

Da Joanna und ich einen Tag später bereits nach Europa zurückfliegen mussten, hatte ich eigentlich die letzte Gelegenheit nutzen und auf dem Markt noch ein paar Kleinigkeiten einkaufen wollen. Aber mir war auch ohne Peters erneute Erinnerung klar, dass die Pressekonferenz wichtiger war.

Daher machte ich mich kurz vor ein Uhr mit Joanna auf den Weg in einen der Konferenzsäle des Hotels, wo die Veranstaltung abgehalten werden sollte. Unterwegs eilten uns immer wieder Fotografen und einige Fernsehteams entgegen. Im Konferenzsaal angekommen, nahmen wir auf dem Podium Platz und blickten auf die leeren Stuhlreihen. Wir sahen uns verwirrt an.

Wo war die internationale Presse? Von Sherry und Peter fehlte ebenfalls jede Spur. Ich wollte den Produzenten kurz anrufen, doch unsere Handys funktionierten nicht mehr: Netzüberlastung. Joanna eilte zur Rezeption, um herauszufinden, was los war, während ich mutterseelenallein auf meinem gepolsterten Holzstuhl saß und vor mich hin starrte. Die Rezeptionistin hatte auch keine Erklärung parat und wusste nicht, wo die Journalisten geblieben sein könnten. Aber ich hatte die TV-Teams und Fotografen doch selbst gesehen, nur waren sie in die falsche Richtung gelaufen. Hatte ich Peter etwa falsch verstanden, und die Pressekonferenz war bereits vorbei?

Gemeinsam gingen wir in die Hotellobby, wo wir etwas ratlos herumstanden, bis mein Blick auf einen der Fernseher fiel. Aus der gerade laufenden Nachrichtensendung erfuhren wir, dass die Entführung der französische Luxusjacht seit wenigen Minuten beendet war und die Geiseln jeden Moment im Hafen von Dschibuti erwartet wurden. Auf einmal war mir

klar, warum wir vor leeren Reihen gesessen hatten. Die gesamte Presse war Hals über Kopf in Richtung Hafen geeilt, um live vom Ort des Geschehens zu berichten. Die Nachricht von der Befreiung der Geiseln hatte offensichtlich auch das Handynetz von Dschibuti zum Erliegen gebracht.
Es war nicht zu fassen. Sollte ich tatsächlich aus Dschibuti abreisen, ohne auch nur einmal die Chance bekommen zu haben, über meine Mission und meinen Kampf gegen FGM zu sprechen?
Wütend und verzweifelt trat ich ins Freie, wo in der Hoteleinfahrt Mohammed mit seinem Wagen stand, der Fahrer, der mich zu den Dreharbeiten in der Wüste gefahren hatte.
»Mohammed«, rief ich. »Kennst du hier in Dschibuti ein Lokal, in das nur Somalis gehen? Wirklich nur Somalis?«, fragte ich ihn spontan, da mich plötzlich die Lust darauf überkam, unter meinen Landsleuten zu sein.
»Ja, ein Freund von mir hat ein Lokal in der Nähe des Marktplatzes, in das sich nie ein Tourist hineinwagen würde. Ich kann ihn gerne anrufen, aber du weißt, dass das Probleme geben kann. Somalische Frauen gehen bei uns nie in ein Lokal, dort sind nur Männer. Ich muss erst mit meinem Freund reden, damit wir keine Probleme mit den anderen Gästen bekommen.
Mir fiel wieder ein, wie die Menschen bei meiner Ankunft in Dschibuti auf meine westliche Kleidung reagiert hatten. Aber es war mir egal. »Okay«, sagte ich daher nur, »das kriegst du schon hin. Ich gehe schnell nach oben und mache mich fertig.«
Zur Vorsicht legte ich mir ein großes Tuch um, das auch meine Haare verdeckte, und ging zurück zum Wagen. Auf dem Weg fragte ich Joanna, die es sich mit einer Zeitung in einer Sitzecke direkt unter einem Ventilator gemütlich gemacht hatte, ob sie mich begleiten wolle.
»Mohammed fährt mich in ein somalisches Lokal, in das

sich nie weiße Touristen verirren. Hast du Lust mitzukommen? Es könnte ziemlich spannend werden«, versuchte ich sie zu locken.
Joanna, immer interessiert an außergewöhnlichen Abenteuern, willigte sofort ein.
Gemeinsam fuhren wir in die Stadt zu dem Lokal, das in einer kleinen, staubigen Gasse lag. Die Straße und der Bürgersteig waren übersät mit Löchern, deren Tiefe man nur erahnen konnte, da Brackwasser darin stand. Das Lokal von Mohammeds Freund war mehr als baufällig, überall zogen sich tiefe Risse und Sprünge über die Mauern, es sah aus wie nach einem Erdbeben.
»Wartet hier«, sagte unser Fahrer, »ich hole schnell meinen Freund. Er muss euch hineinbegleiten, sonst gibt es ganz sicher Ärger.«
Er ging hinein und kam eine Minute später mit einem lachenden, jungen Somali zurück.
»Hi, Waris, was für eine Ehre, dich bei mir im Lokal zu haben«, begrüßte er mich. »Ich heiße Hussein. Bitte kommt herein.«
Unser Fahrer, der nach wie vor skeptisch aussah, berührte mich an der Schulter. »Waris, ich bleibe mit dem Wagen direkt hier vor dem Eingang stehen, nur für den Fall, dass doch etwas passiert«, sagte er mit besorgt klingender Stimme.
Gemeinsam gingen wir hinein, und ich ließ den Blick aufmerksam durch das Lokal schweifen. In dem großen Raum standen lauter verschiedene Tische und Stühle, die alle nicht zueinander passten und knallbunt angemalt waren. Über einem offenen Feuer briet ein ganzes Lamm, das zwei junge, kräftige Männer, die direkt daneben saßen, alle paar Minuten wendeten. Mit einem Messer und ihren bloßen Händen trennten sie die fertig gegarten Fleischteile ab, legten sie auf Zeitungspapier und brachten sie an die Tische. Es gab weder Teller noch Besteck, und alle Gäste aßen mit den Händen.

Neben der Feuerstelle stand ein riesiger Kühlschrank, in dem diverse Flaschen Mineralwasser und Limonade bereitstanden. Auf einem Tisch entdeckte ich mehrere kleine Plastikbecher mit Soßen, und überall lag Fladenbrot herum. Das Lokal war gerammelt voll, und die Anwesenden unterhielten sich in voller Lautstärke.

Kaum hatten Joanna und ich den Raum betreten, wurde es von einem Moment auf den anderen totenstill. Einige Männer starrten uns entgeistert an, andere blickten leicht betreten auf ihr Essen. Der Wirt bat uns in einen Nebenraum, in dem sich ein einzelner großer Tisch befand, von dem eine Gruppe Männer gerade aufstand.

»Bitte, dieser Raum ist für euch reserviert«, sagte Hussein und deutete auf den Tisch.

Der Raum war wegen der Hitze gänzlich abgedunkelt und wurde von einer einzelnen Glühbirne, die nackt von der Decke baumelte, spärlich beleuchtet. Trotz der zugehängten Fenster war es drückend heiß. Der Ventilator an der Decke bewegte sich so langsam, dass jegliche Kühlung höchstens Einbildung sein konnte. Auf dem Tisch lagen Berge von Zeitungspapier mit unzähligen abgenagten Knochen von den Gästen, die gerade den Raum verlassen hatten.

»Es wird gleich jemand kommen und hier schnell sauber machen«, sagte Hussein, »setzt euch ruhig schon mal hin. Ich werde nachsehen, ob ich noch irgendwo ein Tischtuch für euch finde.«

»Habt ihr vielleicht auch Kerzen?«, fragte ich, »damit wir sehen können, was wir essen.«

»Nein, leider nicht. Kerzen kann sich hier niemand leisten, Waris«, sagte er leise.

»Gibt es eine Speisekarte?«, erkundigte sich Joanna.

»Es gibt Lamm«, erwiderte Hussein. »Dazu haben wir gut gewürzte Soßen und Fladenbrot. Auf gesonderten Wunsch gibt es auch Reis.«

Hussein hatte den Raum bereits wieder verlassen, und kurz darauf kam ein Kellner herein, um die Knochen vom Tisch aufzusammeln und neues Zeitungspapier auszulegen. Joanna und ich setzten uns und warteten. Einige Minuten später kam der Wirt zurück und trug auf einem Holzbrett riesige Fleischstücke mit großen Knochen herein. Das Fleisch war extrem fettig und roch obendrein ziemlich streng.
»Hier kommt eine extragroße Portion Lamm für meine beiden Ehrengäste«, rief Hussein fröhlich, packte einen Fleischbrocken und legte ihn direkt vor Joanna auf den Tisch.
Sie blickte mich skeptisch an.
»Joanna, greif nur zu, es ist sicher besser als es aussieht«, sagte ich lachend.
Nachdem Hussein das Fleisch gerecht zwischen uns beiden verteilt hatte, brachte er uns noch seine Spezialsoßen, und einer seiner Kellner kam obendrein mit einer Portion Reis auf einem Stück Zeitung herein.
Meine Freundin sah alles andere als glücklich aus und betrachtete skeptisch die vor uns aufgetürmten Fleischberge. Joanna mochte das Essen nicht anrühren, und nachdem ich euphorisch davon probiert hatte, musste ich ihr leider recht geben. Es schmeckte wirklich grauenerregend und ich aß ebenfalls nicht weiter.
Nach einer Weile kam der Wirt herein, um uns zu fragen, ob es uns auch schmecke. »Wollt ihr noch mehr Fleisch?«, erkundigte er sich freundlich.
»Hmm, danke, es schmeckt toll, aber wir haben spät gefrühstückt«, antwortete ich verlegen. »Wir müssen dann auch mal langsam zurück zum Hotel und würden gerne zahlen.«
»Zahlen«, sagte Hussein, »werdet ihr hier nicht. Ihr seid meine Gäste, es ist eine große Ehre für mich, dass ich euch bewirten durfte!«
»Das nenne ich somalische Gastfreundschaft«, sagte Joanna nur und grinste mich an.

Als wir uns bei Hussein bedankten und uns verabschiedeten, hoffte ich, er würde nicht bemerken, dass wir sein tolles Lamm gar nicht angerührt hatten. Aber zum Glück kümmerte er sich gar nicht um unseren Tisch, sondern begleitete uns nach draußen. Auf dem Weg durch den Gastraum musterten uns die anwesenden Männer erneut äußerst argwöhnisch.

Unser Auto war mittlerweile von einer riesigen Menschenmenge umzingelt, die neugierig darauf wartete, wer wohl in dieses schicke Gefährt steigen würde. Mittendrin entdeckte ich den etwas verloren wirkenden Mohammed. Kaum stand ich vor dem Lokal, rief auch schon jemand laut meinen Namen. »Waris, Waris! Es ist Waris Dirie!« Als die Menge in Bewegung geriet, nutzte Mohammed die Gelegenheit, ins Auto einzusteigen, woraufhin Hussein schnell die Wagentür für uns öffnete.

»Schnell, hinein mit euch«, sagte er, »und macht ja nicht die Fenster auf.«

Wir sprangen fast hinein, und kaum saßen wir auf der Rückbank, verriegelte Mohammed die Türen.

Die Leute trommelten nun gegen die Fensterscheiben und riefen weiter meinen Namen. »Waris, bitte gib uns Geld!« Erst jetzt kapierte ich, dass die Menschen bettelten.

»Mohammed, ich habe ein bisschen Kleingeld eingesteckt«, sagte ich. »Das will ich ihnen geben.«

Unser Fahrer sah mich ernst an. »Die Fenster bleiben zu, sonst kommen wir hier nicht mehr heil raus«, sagte er bestimmt. Dann fuhr er langsam an und bahnte sich den Weg durch die Menge.

Die Menschen drängten sich immer noch um den Wagen und trommelten wild auf das Dach und gegen die Scheiben. Es war ein ohrenbetäubender Lärm, und ich fürchtete, dass jeden Moment Glas zu Bruch gehen würde. Aber Mohammed blieb völlig gelassen und lenkte das Fahrzeug souverän bis zur nächsten Straße, wo er endlich beschleunigen und die Menschen abhängen konnte.

Am nächsten Morgen stand ich sehr früh auf, um auf den Markt zu gehen. Ich wollte unbedingt noch ein paar Sachen besorgen, bevor ich zurück nach Europa flog: CDs von lokalen Musikern, Räucherstäbchen, bunte Stoffe, Schmuck und vor allem Weihrauch. Der Duft von Weihrauch zählt zu meinen stärksten Kindheitserinnerungen. Ich weiß noch genau, wie ich in Europa zum ersten Mal eine katholische Kirche betreten hatte und mir fast der Atem gestockt wäre: Es roch dort genau wie in unseren Zelten in der Wüste!
Wo meine Mutter auch stand und ging, sie trug immer ihre kleinen Beutel und Dosen mit Heilmitteln bei sich, da sie Weihrauch als eine von wenigen sehr schätzte. Das wichtigste dieser Mittel, das aus dem Harz von Bäumen gewonnen wurde, nannte sie *mohor*. Die Bäume, von denen es stammte, konnten selbst in den trockensten Gegenden gedeihen, und ihr Harz war so etwas wie ein Allheilmittel. Egal ob Magen- oder Kopfschmerzen, eigentlich bei allen Arten von Schmerzen bekamen wir eine Dosis davon verabreicht. *Mohor* war zugleich ein beliebter Duft in unseren Zelten. Mama zündete Stücke des Harzes an, die nicht nur gut rochen, sondern auch die lästigen Insekten fernhielten.
Als ich Jahre später mit einem Freund besagte katholische Kirche besuchte, roch es schon beim Eingang stark nach *mohor*, und ich konnte es kaum glauben.
»Hier in der Kirche riecht es wie bei uns zu Hause im Zelt«, flüsterte ich ihm zu.
»Das ist Weihrauch«, antwortete er, »ein spiritueller Duft-

stoff, der bei religiösen Ritualen verwendet wird. In der Antike war er sogar teurer als Gold.«

In Europa hatte der Weihrauch eine solche Bedeutung, während bei uns in der Wüste viele Leute diese Bäume einfach als Brennholz benutzten, weil sie nicht wie meine Mutter um die heilende Kraft des Harzes wussten? Schade, dachte ich und sog den Duft noch einmal tief ein, damit ich ihn möglichst lange in Erinnerung behielt.

Ich bezweifelte, dass die Nomaden in Somalia, die das Harz gegen so ziemlich jede Krankheit einsetzten, die religiöse Bedeutung ihres Hausmittelchens in Europa kannten. Dort dagegen hatten die Menschen die heilenden Kräfte des Weihrauchs längst vergessen, vor allem seit der Entwicklung von Antibiotika und modernen Schmerzmitteln.

Als ich ein letztes Mal über den Markt in Dschibuti schlenderte, atmete ich ebenfalls noch einmal tief ein, um den Duft Afrikas ein letztes Mal in mich aufzunehmen. Ich nahm mir vor, bald wiederzukommen ...

Als ich später am Tag neben Joanna im Flugzeug saß, ging ich die Erlebnisse der letzten Tage noch einmal in Gedanken durch. Die Dreharbeiten, die Begegnung mit Ismail Omar Guelleh, das Treffen mit der Präsidentengattin, der Besuch in der Schule, meine Diskussion mit den jungen Müttern am Set. Einerseits war ich traurig, weil ich das Thema FGM nicht so hatte in die Öffentlichkeit tragen können, wie ich es mir gewünscht hatte. Andererseits war ich meiner Heimat Afrika wieder ein ganzes Stück näher gekommen.

Während ich in Gedanken versunken dasaß, kam eine der Flugbegleiterinnen auf mich zu. »Frau Dirie«, sprach sie mich an. »Ich möchte Ihnen sagen, dass ich Sie sehr bewundere. In meiner Heimat Äthiopien sind Sie ein Symbol für den Kampf für die Rechte von Frauen.«

Ich war verblüfft, denn Äthiopier und Somalier hatten ein sehr angespanntes Verhältnis. Seit dem sogenannten Ogadenkrieg in den siebziger Jahren sahen viele Somalis in Äthiopien den Erzfeind und anders herum. Damals hatte der somalische Diktator Barré versucht, den Ogaden einzunehmen, ein großes Gebiet im Osten Äthiopiens, das mehrheitlich Somalis bewohnten. Der Krieg war kein klassischer Stellvertreterkrieg, aber trotzdem ein Produkt des Kalten Krieges: Im Jahr 1977 beschlossen die UdSSR, die neue kommunistische Regierung Äthiopiens zu unterstützen, was Siad Barré dazu bewegte, seine Kooperation mit der UdSSR zu beenden und sich mit den Amerikanern zu verbünden.

Die vorangegangene militärische Aufrüstung des somalischen Regimes durch die Sowjets hatte den Invasionsversuch des Barré-Regimes aber erst möglich gemacht, denn zuvor war Äthiopien dank der Unterstützung durch die USA dem Erzfeind Somalia militärisch immer klar überlegen gewesen. Barré startete die Invasion des Ogaden im Juli 1977, doch nach anfänglichen Erfolgen stagnierte die Eroberungstour unerwartet bald, und Äthiopien konnte Somalia schließlich 1978 besiegen. Die somalischen Truppen zogen sich aus dem Ogaden zurück, allerdings sorgte die dort schon zuvor bestehende Rebellengruppe, die für eine Abspaltung des Gebiets von Äthiopien kämpfte, auch weiterhin für Probleme. Der Krieg hatte vor allem zu einem Flüchtlingsstrom aus den umkämpften Gebieten nach Somalia geführt. Dabei konnte das völlig verarmte Land die vielen Geflohenen kaum integrieren und versorgen.

Auch in den folgenden Jahren blieb die Situation extrem angespannt. Somalia unterstützte die Rebellen in Äthiopien,

und Äthiopien unterstützte die Rebellen in Somalia. Erst 1988 unterzeichneten die beiden Länder ein Friedensabkommen, das bis heute gültig ist.
Vor diesem Hintergrund bedeutete mir das Lob der Stewardess sehr viel. Letztlich bestärkte sie mich in dem Gedanken, dass ich nicht aufgeben durfte, weil meine Arbeit und meine Hartnäckigkeit trotz aller Enttäuschungen und Frustrationen, mit denen ich immer wieder zu kämpfen hatte, auch immer wieder zu positiven Reaktionen führten.
»Ich werde ganz bestimmt nicht klein beigeben«, murmelte ich leise, als die Maschine abhob und ich einen letzten Blick auf meine unter mir immer kleiner werdende Heimat warf.

Wenn du nicht gewinnen kannst,
dann schlage dich auf die Seite der Sieger.

Aus Somalia

12

Ein Sommer in Polen

Zurück in Wien, standen erst einmal die zugesagten Vorträge an, die ich noch vorbereiten musste. Anschließend lud mich Joanna zu einer Rundreise durch ihre Heimat Polen ein, damit ich auf andere Gedanken kam, da mir die Erlebnisse in Dschibuti immer noch nachhingen.
Ich war zwar schon zweimal kurz in Warschau gewesen, um meine Bücher vorzustellen, kannte Polen aber nicht weiter. Joanna freute sich sehr darauf, mir alles zu zeigen, und sie hatte schon tausend Pläne geschmiedet, was wir alles anschauen sollten. Eines Vormittags im April flogen wir gemeinsam mit meinem Manager Walter nach Berlin, wo wir ein Auto mieteten, um damit bei Stettin über die polnisch-deutsche Grenze zu fahren.
Die deutsche und die polnische Landschaft glichen sich sehr, und sogar die Fachwerkhäuser in den Dörfern auf beiden Seiten der Grenze sahen komplett gleich aus. Nur an den unaussprechlichen Ortsnamen merkte ich irgendwann, dass wir nun in Polen waren.
Wir hatten beschlossen, in einem kleinen Ort an der Ostsee zu übernachten. Als wir abends dort ankamen, war es schon dunkel, und es regnete, daher sah ich die Schönheit dieses Ortes erst, als ich am nächsten Morgen vor die Tür trat. Bunte Fischerboote kehrten gerade vom Fang zurück, und es roch nach Meer und nach Fisch. Es war über Nacht Frühling geworden an der Ostsee, die Bäume begannen bereits zu blühen, und alles war grün.
Was für ein wunderschöner, sonniger Tag, dachte ich, zog meine Laufschuhe an und rannte los, immer am Strand entlang. Über mir zogen mehrere Möwen ihre Kreise, die es auf

das angeschwemmte Strandgut der vergangenen Nacht, kleine Muscheln, tote Fische und Quallen abgesehen hatten. Einige andere folgten den kleinen Fischerbooten in der Hoffnung auf ein paar Abfälle. Die See war ruhig, und der beschauliche Ort kam mir vor wie das Paradies. Ich lief einige Kilometer an dem scheinbar endlos langen Sandstrand entlang, ohne dass mir eine Menschenseele begegnete.

In diesem Moment hatte ich alles, was für mich Schönheit bedeutete, um mich herum: das Meer, die Sonne, Sand und obendrein wunderschöne Natur. Außer dem Rauschen des Meeres konnte ich nur die Schreie der Möwen hören. Nach dem Laufen legte ich mich einfach in den warmen Sand und schloss die Augen. Hier wollte ich gerne bleiben, zumindest für eine Weile.

Es war ein spontanes Gefühl, das mich überkam und dem ich ebenso spontan nachgeben wollte.

Als ich die kleine Pension erreichte, in der wir logierten, entdeckte ich Joanna auf der Terrasse, wo sie in der warmen Frühlingssonne saß und frühstückte.

»Guten Morgen«, sagte ich fröhlich. »Sag mal, ist es in Polen überall so schön?«

Sie legte ihr Brötchen zurück auf den Teller und lachte mich an. »Ja, Waris, Polen ist sehr grün, außerdem gibt es hier die meisten Naturschutzparks in ganz Europa. Du musst erst mal Masuren und die Kaschubei sehen, die Gegend, in der ich aufgewachsen bin, und Danzig, die Stadt, in der ich zur Schule gegangen bin.«

Sie geriet regelrecht ins Schwärmen, und ich merkte, wie sehr sie ihre Heimat mochte.

»Ich glaube, Polen ist ein Land, in dem ich mich auch sehr wohl fühlen könnte«, sagte ich gedehnt.

Joanna ging sofort darauf ein. »Gut«, sagte sie, »wo möchtest du wohnen? Lieber am Meer, im Wald, an einem See oder in den Bergen? In Polen gibt es alles!«

»Auf jeden Fall am Meer«, antwortete ich. »Und es muss grün sein.«
Sie bot mir eine Tasse Tee an, die ich gerne annahm. Ich setzte mich zu ihr an den Tisch und rührte einen Löffel Honig in den heißen Tee.
»Wir sollten weiter nach Osten fahren, die Landschaft wird dort noch schöner, es gibt viele Seen und große Waldgebiete«, schwärmte sie weiter.
»Okay«, sagte ich begeistert. »Worauf warten wir dann noch, lass uns Walter suchen und losfahren!«
Zum Glück mussten wir meinen Manager nicht lange überzeugen, und so fuhren wir den ganzen Tag auf kleinen Straßen die Küste entlang bis nach Danzig, wo Joannas Mutter lebte. Als wir am Abend endlich ankamen, wartete sie bereits mit dem Essen auf uns. Es gab eine köstliche Suppe aus roten Rüben, dazu mit Kraut gefüllte Teigtaschen und verschiedene Salate.
Nach dem Essen brachte Joannas Mutter mich in ihr Schlafzimmer. »Das ist mein Raum«, sagte sie, »aber solange du hier bist, ist es dein Zimmer. Morgen nach dem Frühstück zeigen wir dir die Stadt. Du wirst begeistert sein.«
So war es dann auch. Ich kam aus dem Staunen nicht mehr heraus, als mich meine polnischen Gastgeber am nächsten Tag durch die wunderschöne Altstadt von Danzig führten. Irgendwie hatte ich das Gefühl, dass dieser Ort für eine Weile meine neue Heimat werden könnte, obwohl ich nicht ein einziges Wort Polnisch verstand. Das war allerdings noch nie ein Problem für mich, denn ich bin auch damals nach London gegangen, ohne ein Wort Englisch zu können, und bin danach nach Wien gezogen, ohne jemals ein Wort Deutsch gesprochen zu haben.
Als wir beim Mittagessen in einem gemütlichen Restaurant zusammensaßen und echte polnische Leckereien aßen, sagte ich zu Joanna: »Ich glaube, ich möchte hier einige Zeit ver-

bringen. Denkst du, wir könnten hier irgendwo über den Sommer ein Haus mieten?«

»Das wird nicht ganz einfach werden«, antwortete sie. »Die Ostsee ist für uns Polen das Ferienziel Nummer eins im Sommer, und viele Deutsche und Briten kommen ebenfalls hierher, um ihre Sommerferien in Danzig zu verbringen. Fast jeder, der hier ein Haus hat, vermietet Zimmer, um sich ein bisschen Geld dazuzuverdienen. Diese Zimmer, egal in welchem Zustand, sind im Sommer immer ausgebucht. Aber ich werde es trotzdem mal versuchen. Gleich nachher rufe ich ein paar Agenturen an und erkundige mich, ob es irgendwo noch ein Häuschen für den Sommer zu mieten gibt.«

»Danke, du bist ein Schatz«, sagte ich und war sicher, dass sie – wie fast immer – Erfolg haben würde.

Zwar hatte ich beschlossen, langfristig zurück nach Afrika zu gehen, aber dieser Plan wollte wohlüberlegt sein. Mich für ein paar Monate hier in Polen einmieten und zumindest den schönen Frühling und einen hoffentlich noch schöneren Sommer mitzunehmen … Was sprach schon dagegen? Ich war ohnehin viel auf Reisen, und ob ich nun in Wien oder hier Station machte, war egal. Meinen Sohn Aleeke sah ich ohnehin nur in den Schulferien, und ob ich dann von Wien, Südafrika oder von Polen aus in die USA flog, um ihn abzuholen, machte keinen Unterschied.

Tatsächlich ließ die gute Nachricht nicht lange auf sich warten, schon am nächsten Morgen stand Joanna freudestrahlend in der Tür zu meinem Zimmer.

»Eine Freundin meiner Mutter, sie ist übrigens Gynäkolo-

gin und hat dein Buch *Wüstenblume* gelesen, besitzt ein Haus etwas außerhalb von der Stadt am Meer«, berichtete sie. »Da ihr Mann vor kurzem gestorben ist, ist es ihr nun ein bisschen zu groß und sie würde es gerne für längere Zeit vermieten.«
»Wie schön!«, rief ich überglücklich. Müssen wir noch Möbel kaufen, oder wie sieht es dort aus?«
»Das Haus ist möbliert, und du könntest sofort einziehen, wenn du magst«, erwiderte Joanna.
Noch am selben Nachmittag fuhren wir mit Walter zu dem Haus, das in einer kleinen Sackgasse lag, die nur einseitig bebaut und sehr grün und ruhig war. Auf der gegenüberliegenden Seite war ein Park mit mehreren Teichen und vielen alten, großen Bäumen. Das offene Ende der Straße zeigte in Richtung Meer, und ich konnte sogar die Wellen rauschen hören, als wir vor dem Gartentor standen und uns einen ersten Eindruck von außen verschafften. Das zweistöckige Haus war nach dem Krieg gebaut worden und hatte einen schönen großen Balkon. Der kleine Garten reichte bis hinter das Haus und beherbergte mehrere Obstbäume und Sträucher mit verschiedenen Beeren.
Über ein paar Stufen gelangten wir zur Eingangstür, wo wir klingelten. Die Hausbesitzerin öffnete uns selbst und begrüßte uns sehr herzlich. Die Räume waren schlicht, sauber und praktisch eingerichtet, und es gefiel mir auf Anhieb alles sehr gut. Nach einem kleinen Rundgang nahmen wir im Wohnzimmer Platz, und Joanna übersetzte meine Fragen für die Hausbesitzerin.
»Wissen Sie, ich möchte das Haus für mehrere Monate vermieten, und nicht nur in den Sommerferien«, sagte die ältere Dame. »Sonst lohnt sich der ganze Aufwand für mich nicht.«
Ich bat sie darum, einen Moment allein sein zu dürfen, und überlegte. Mein geliebtes Haus in Südafrika, das ich mit viel Herzblut renoviert und eingerichtet hatte, hatte ich nach

dem brutalen Überfall gar nicht erst bezogen, sondern hatte wiederum in Wien Unterschlupf gesucht. Trotzdem hatte ich mich bisher nicht davon trennen können. Vielleicht war es jetzt an der Zeit, diesen Schritt zu tun und das Haus in Südafrika zu verkaufen. Dann blieb ich eben eine Weile hier. Was hinderte mich schon daran? Ich konnte jederzeit meine Zelte abbrechen und nach Afrika gehen, wenn ich das wollte.

Nachdem ich eine Weile durch den Garten gelaufen war, suchte ich nach Joanna, um mich mit ihr in Ruhe zu besprechen.
»Es ist wunderschön hier«, sagte ich euphorisch. »Ich mag diese Stadt sehr gerne, das Häuschen ist gemütlich und fühlt sich nach einem guten Zuhause an. Ich sollte das Haus in Südafrika endlich aufgeben, ich könnte dort sowieso keine ruhige Nacht mehr verbringen. Wir sollten versuchen, einen Käufer dafür zu finden«, schlug ich ihr vor.
Joanna war offensichtlich meiner Meinung. »Du wirst dich hier wohl fühlen, da bin ich mir sicher«, sagte sie. »Meine Mutter wohnt ganz in der Nähe und kann dir bei allem helfen, wenn ich in Wien in der Foundation bin.«
»Okay, so machen wir es«, sagte ich, ging wieder hinein und teilte der alten Dame meinen Entschluss mit.
Nachdem der Mietvertrag unterschrieben war, spazierten wir noch ein bisschen durch die Nachbarschaft. Ich war sehr glücklich mit meiner Entscheidung und hatte wieder mal gut daran getan, auf meinen Bauch zu hören. Die Umgebung war wunderschön, und mein neues Zuhause war nur durch einen schmalen Pinienwald vom Strand getrennt. In

beide Richtungen erstreckte sich die Strandpromenade, überall führten kleine weiße Stege in regelmäßigen Abständen ins Meer, und am Strand gab es bunte Fischrestaurants und Bars.

Da die Saison noch nicht begonnen hatte, war der Strand beinahe menschenleer. Joanna und ich liefen durch den schweren Sand und beobachteten die kleinen Segelboote, die über das Wasser glitten. Der Strand war sauber, nur etwas Strandgut lag herum, das Wasser war glasklar.

»Lass uns schwimmen gehen«, schlug ich spontan vor.

Joanna lachte nur. »Das Wasser ist eiskalt!«

»Na und?«, rief ich ausgelassen. »Das macht mir gar nichts. Du musst ja nicht mitkommen.«

Ich bin zwar ein Kind der Wüste, aber im Wasser fühle ich mich jederzeit wohl, egal ob lauwarm oder eiskalt. Wann immer ich am Meer bin oder an einem anderen Gewässer, springe ich in die Fluten, Wassertemperatur oder Jahreszeit sind dabei zweitrangig für mich.

Wenn ich schwimme oder mich einfach nur im Wasser treiben lasse, kann ich mich wunderbar entspannen. Die meisten Kinder schwimmen für ihr Leben gern, aber in meiner Kindheit war Wasser ein sehr rares und kostbares Gut. Damals konnte ich mir nicht mal vorstellen, wie es wäre, darin zu schwimmen.

Wasser ist nun mal das wertvollste Gut in der Wüste. Es zu verschwenden bedeutet, Leben wegzuwerfen. Jedes Kind in Afrika, egal, wie klein es noch ist, weiß genau, dass man niemals Wasser verschwenden darf. Wasser ist ausschließlich zum Trinken da, und noch nicht einmal das können die Menschen in Afrika, wann immer sie es wollen. Alles Leben braucht Wasser. Ich brauche Wasser, unsere Tiere brauchen Wasser, die Bäume brauchen Wasser. Ohne Wasser gibt es kein Leben. Wasser ist Leben. Es ist unfassbar, wie gedankenlos in den meisten Teilen der Welt mit diesem unglaublich wertvollen Gut umgegangen wird. Dabei weiß jedes Kind, wenn es morgen kein Wasser mehr gäbe, würde alles Leben enden.

Sobald ich im Meer schwimme, fühle ich geradezu, dass hier der Ursprung allen Lebens auf diesem Planeten liegt, nur leider haben die Menschen überhaupt keinen Respekt vor den Ozeanen. Ich habe unzählige Strände gesehen, an denen mehr Plastikflaschen und Müll herumlagen als Muscheln und Holz. Abwässer werden oft direkt vor der Küste ins Meer geleitet und zerstören den Lebensraum der Fische. Und warum? Weil die Menschen nicht verstehen, wie wichtig die Ozeane für unseren Planeten sind.

Selbst ich, die ich nie eine Schule besuchen konnte, kann die unglaubliche Bedeutung ermessen, die das Meer für die Balance der Natur hat. Kann es sein, dass all die gebildeten Menschen in Europa und Amerika, die jahrelang zur Schule gehen und noch länger studieren, das nicht wissen? Oder ignorieren sie es einfach nur? Ist es Dummheit, Faulheit oder Gleichgültigkeit? Wie kann einem der eigene Lebensraum gleichgültig sein? Wie kann es wichtiger sein, welches Auto man fährt, als sich zu fragen, wie viel Müll man produziert oder wie sehr man die Luft verschmutzt? Manchmal ist mir das westliche Wertesystem auch nach all den Jahren hier in Europa immer noch schleierhaft. Was bringt einem der ganze Reichtum, den man in seinem Leben ansammeln kann, wenn man währenddessen den Lebensraum der eigenen Kinder für immer zerstört?

Es ist eine Schande, dass in ferner – und vielleicht sogar schon naher – Zukunft so viele Kinder aufwachsen werden, ohne die Schönheit und Kraft der Natur je zu erleben. Wir müssen uns alle bremsen. Wir müssen diese Welt bremsen. Mutter Erde wird sich wehren, und ihre Waffen sind unvorstellbar scharf. Wir müssen beginnen, ihr endlich auch wieder zurückzugeben, wir müssen auf die Knie sinken und alles tun, was in unserer Macht steht, um unseren Planeten zu retten. Wenn wir nicht bald anfangen, Mutter Erde zu respektieren und ihr zurückzugeben, was wir ihr genommen haben, werden unsere Kinder keine Zukunft haben. Wir verschwenden so viel Zeit mit sinnlosen Dingen, dabei haben wir keine einzige Minute mehr zu verlieren. Wir verbringen eine so kurze Zeitspanne auf diesem Planeten, dass wir jede Sekunde nutzen müssen, um unsere Umwelt für unsere Kinder zu erhalten.

Kinder, die in der Stadt aufwachsen müssen, tun mir leid, weil sie nie die Liebe und den Respekt für die Natur lernen und erleben werden, den meine Kindheit in der Wüste mich gelehrt hat. Wenn ich ein Stadtkind heute in die freie Natur schicken würde, könnte es nicht überleben, es hätte keine Chance. Dabei gibt die Natur ihm alles, was es braucht. Aber das Kind hat nie gelernt, die Schätze, die die Natur bereithält, zu würdigen. So lernt es natürlich auch nicht, Mutter Erde zu schätzen, zu respektieren und ihr zurückzugeben, was sie ihm gibt.

»Komm, Waris, du hast ja noch nicht mal Schwimmsachen dabei. Du wirst noch den ganzen Sommer hier baden können«, riss mich Joanna aus meinen Gedanken.

An diesem Abend lag ich noch lange wach und dachte nach. Ich war froh über meine Entscheidung, hier zu bleiben. Und dennoch wusste ich, dass es nur eine Zwischenstation sein würde, bevor ich mir meinen Traum von der Rückkehr nach Afrika erfüllte.

Es ist besser, mit drei Sprüngen ans Ziel zu kommen,
als sich mit einem das Bein zu brechen.
Aus Guinea

13

Berlin

Kurz nachdem ich alle meine afrikanischen Möbel, Figuren und Bilder nach Danzig gebracht und mich in Polen eingerichtet hatte, fuhr ich im Juni 2008 nach Berlin, um die letzten Drehtage von Sherrys und Peters Film über mich mitzuerleben. Außerdem wollte ich Liya Kebede, die mich im Film als Erwachsene darstellte, endlich näher kennenlernen. Ich kannte sie bisher nur flüchtig von einer Party in New York und hatte mir das Casting-Video von ihr angesehen.

Ich hatte es vermieden, sie vor Beginn der Dreharbeiten zu treffen, weil ich Angst hatte, sie zu beeinflussen. Ich wollte nicht, dass sie versuchte, so zu sein wie ich, vielmehr sollte sie die Figur aus dem Buch nach ihrer eigenen Interpretation darstellen. Aber nun, da die Dreharbeiten fast abgeschlossen waren, siegte meine Neugierde.

Noch an dem Tag, als ich in Berlin ankam, trafen wir uns gemeinsam mit Sherry zum Abendessen. Liya saß bereits mit der Regisseurin am Tisch, als ich das Lokal betrat, und ich dachte spontan, dass sie wirklich eine sehr attraktive Frau war.

Gleich zu Beginn des Gespräches erinnerte ich sie an die gemeinsame Party von damals und fragte, ob sie sich noch an mich erinnern könne.

»Aber natürlich«, sagte Liya, »ich hatte damals schon viel von dir gehört und war total nervös, als wir uns unterhielten. Ich stand ja noch ganz am Anfang meiner Karriere.«

»Tja, und meine war damals schon fast vorbei«, erwiderte ich. Einige Tage vor dem Fest hatte ich gerade nach einem langen Fotoshooting mit Richard Avedon beschlossen, mit dem Modeln aufzuhören und mich ganz dem Kampf gegen weibliche Genitalverstümmelung zu widmen.

Nun wollte ich unbedingt mehr über Liya erfahren, und nachdem wir bestellt hatten, löcherte ich sie förmlich mit Fragen. Sherry hörte interessiert zu, denn auch für sie waren einige der Informationen neu.

»Wie bist du denn nach Amerika gekommen?«, erkundigte ich mich als Erstes.

»Meine Modelagentur in Frankreich hat mich damals zuerst nach Chicago und dann nach New York geschickt«, antwortete sie.

»Und in Frankreich, wie bist du dort gelandet?«

»Ich bin dort zur Schule gegangen und habe nebenbei schon gemodelt.«

Ich war überrascht. »Aber du stammst doch aus Äthiopien, wieso bist du da in Frankreich zur Schule gegangen?«, hakte ich nach. Schließlich wollte ich es ganz genau wissen.

»Meine Eltern wollten mir eine gute Ausbildung verschaffen«, erwiderte sie mit einem Lächeln. »Ich war schon vorher auf einer französischen Schule in Addis Abeba.« Sie schien eine völlig andere Kindheit gehabt zu haben als ich.

»Deine Eltern sind also keine Nomaden?«, fragte ich vorsichtig. Ich trank einen Schluck von meinem frisch gepressten Orangensaft und schaute mein Gegenüber erwartungsvoll an.

»Nein. Mein Vater war PR-Chef der Ethiopian Airlines, und meine Mutter hat ihre eigene Werbeagentur. Meine Eltern waren sehr erfolgreich, deshalb konnten sie mir eine gute Ausbildung ermöglichen.«

»Und jetzt wohnst du in New York?«

»Ja, mein Mann arbeitet dort als Investment-Banker. Wir haben zwei kleine Kinder und leben in einem Penthouse in Manhattan«, erzählte sie gut gelaunt.

Ich war von diesen Informationen ein wenig überrumpelt,

denn die Frau, die mir hier in diesem schicken Restaurant in Berlin-Mitte gegenübersaß, war extrem weit von meiner Figur in *Wüstenblume* entfernt. Unter anderem sprach sie akzentfreies Englisch. Konnte sie sich überhaupt vorstellen, wie es war, durch London zu laufen, ohne ein Wort zu verstehen? Oder wie es sich angefühlt hatte, zum ersten Mal in einer Großstadt zu sein, wenn man seine gesamte Kindheit in den Weiten der Wüste verbracht hatte?

Liya war in einer wohlhabenden Familie aufgewachsen und konnte daher gar nicht wissen, was für Entbehrungen das Leben in der Wüste mit sich brachte. Ich war in London anfangs von meiner eigenen Familie als Putzfrau ausgebeutet worden und hatte völlig isoliert von der englischen Gesellschaft gelebt. Später dann hatte ich mich eine Weile ganz allein als streunende Straßenkatze durchgeschlagen. Ich lebte damals von Abfällen und putzte bei McDonald's. Ich hatte eine Scheinehe hinter mir, um in England bleiben zu dürfen, ungültige Papiere und lebte mit der ständigen Bedrohung, jederzeit nach Somalia abgeschoben werden zu können.

Mein mit Herzblut geführter Kampf gegen weibliche Genitalverstümmelung beruhte auf einer traumatischen Erfahrung, die mich fast das Leben gekostet hatte und mich noch immer in meinen Träumen verfolgte. Wie sollte ein reiches Mädchen aus Addis Abeba, das ausschließlich auf Privatschulen gegangen und schon früh nach Frankreich geschickt worden war, so eine Geschichte glaubwürdig darstellen können?

Während Sherry und Liya miteinander über Details der Dreharbeiten sprachen, saß ich da und kam aus dem Grübeln nicht mehr heraus. Ein plötzliches Misstrauen überkam mich, und ich konnte den Gedanken nicht loswerden, dass der Film womöglich eine völlig andere Geschichte erzählen würde als meine und Liya eine ganz andere Person darstellen würde als mich. Ich war zutiefst verunsichert und bereute nun, dass ich mich nicht von Anfang an mehr in den Entstehungsprozess eingemischt hatte.

Bald steckten die beiden mich jedoch mit ihrer Ausgelassenheit an, und trotz unserer unterschiedlichen Hintergründe wurde es ein interessanter, kurzweiliger Abend. Aufgrund der mangelnden Gemeinsamkeiten, was unsere Kindheit anging, kamen wir schnell auf das Modelbusiness zu sprechen. Ich wollte von Liya vor allem wissen, wie ihre Erfahrungen als schwarzes Model waren, da sie ihre Karriere immerhin einige Jahre nach mir begonnen hatte, und wir hatten uns viel zu erzählen.

Später im Hotel, ich lag bei geöffnetem Fenster auf dem Bett und betrachtete die funkelnden Sterne am pechschwarzen Himmel, sinnierte ich immer noch über meine Erlebnisse als Model. Durch das Gespräch mit Liya waren mir viele Geschichten wieder eingefallen, an die ich seit Jahren nicht mehr gedacht hatte.

Die Modewelt hat mir nie viel bedeutet, und ich habe nie den Ehrgeiz entwickelt, der so viele erfolgreiche Models antreibt. Wenn es Arbeit gab, dann habe ich die Jobs angenommen, aber ich habe mich nie in den Vordergrund gedrängt oder darum gekämpft, vorne mit dabei zu sein. Obwohl ich insgesamt zehn Jahre lang in dieser Welt gearbeitet habe, habe ich zu ihr immer eine gewisse Distanz bewahrt. Ich ging zu einem Shooting hin, machte meinen Job und ging wieder, ich wollte nie irgendwo dazugehören oder mit irgendwem dick befreundet sein.

Ohnehin war ich von Anfang an eine Außenseiterin, denn

ein schwarzes Model zu sein, ist schwer. Ich musste mir im Laufe meiner Karriere so manche Erniedrigung gefallen lassen, vor allem in den Anfangstagen.

Ich werde oft gefragt, warum ich es in diesem rassistischen Business geschafft habe, trotzdem zu einem Star zu werden. Meiner Meinung nach gibt es dafür zwei Hauptgründe: Erstens war ich zur richtigen Zeit am richtigen Ort und hatte einfach Glück. Zweitens war ich für die Agenten und Booker so etwas wie ein Kompromiss. Die Medien beschrieben mich damals gerne als schwarze Frau mit dem Gesicht einer weißen. Ich hatte nicht die typischen Züge, die viele Leute mit Schwarzen in Verbindung bringen, keine breite Nase und auch keine voluminösen Lippen. Damit war ich im Grunde eine Weiße mit dunkler Haut.

Nicht selten wollten meine Auftraggeber mich daher so hell wie möglich aussehen lassen, indem man mich heller schminkte oder die Fotos am Computer nachbearbeitete. Leider hatten die meisten Visagisten damals keine Ahnung, wie man schwarze Haut richtig schminkt, und oft sollte ich blaue oder grüne Kontaktlinsen tragen, oder sie setzten mir Perücken mit glatten Haaren auf den Kopf.

Dann stand ich da, ein künstliches amerikanisches Lächeln auf den Lippen, während ich mir bei ein paar Grad im Bikini den Hintern abfror und dabei auch noch so auszusehen versuchte, als hätte ich gerade den Spaß meines Lebens. Die Leute um mich herum hätte es gar nicht weniger interessieren können, wie es mir dabei ging. In dieser Welt dreht es sich nun mal nicht um das Model, sondern um das Produkt, um die Bilder, um die Wünsche des Kunden. »Tu, was der Fotograf dir sagt. Entspreche den Wünschen des Kunden«, lautet das Motto.

Einmal, kurz nach der Geburt meines ersten Sohnes Aleeke, rief mich meine Agentur mit einem Jobangebot an. Es war ein gutbezahlter Job, und ich sagte spontan zu, da ich gerne

wieder einsteigen wollte. Vorab fragte ich allerdings meine Agentin, ob der Kunde wisse, dass ich gerade erst ein Baby bekommen hatte, und sie bejahte.
»Wird es denn vorher kein Treffen oder eine Anprobe geben, die kennen mich doch gar nicht?«, hakte ich verwundert nach.
»Nein, der Kunde will kein Fitting«, sagte die Agentin. »Sei einfach pünktlich dort, die machen das alles vor Ort.«
Als ich in dem Studio ankam, begrüßte mich eine Frau – obwohl, von begrüßen konnte im Grunde keine Rede sein. Sie musterte mich vielmehr wortlos von Kopf bis Fuß, und ihr verkniffenes Gesicht zeigte keinerlei Regung. Sie brachte mich zum Fitting, und danach begannen wir mit den Probeaufnahmen. Alles lief ganz normal, bis ich in einer kurzen Pause einen Anruf von meiner Agentur bekam.
»Waris, was ist denn da los?«, fragte meine Agentin aufgeregt. »Der Kunde hat sich über dich beschwert.«
Ich war völlig überrascht. »Was meinst du? Ich bin hier, und wir arbeiten längst. Alles läuft bestens!«
»Die sagen, du seist fett. Dass du furchtbar in den Klamotten aussiehst«, lautete die Antwort.
»Was haben sie gesagt?«, schrie ich in den Hörer.
Da hatte diese miese kleine Stylistin nicht mal den Mumm, mir ins Gesicht zu sagen, was sie von mir hielt?
Kaum hatte ich aufgelegt, stürmte ich auf die Frau zu und baute mich vor ihr auf. »Hast du ein Problem mit meiner Arbeit? Gefällt dir mein Körper nicht?«, fragte ich sie direkt.
Sie sah mich kurz an und ließ mich dann einfach stehen.
»Wenn du ein Problem mit mir hast, dann sag es. Ich habe ein kleines Baby zu Hause, bei dem ich jetzt wirklich lieber wäre als hier. Also, wozu machen wir das hier alles?«
Endlich sah sie mir für einen Moment ins Gesicht. »Ich habe bereits mit deiner Agentur gesprochen.« Das war alles.
Ich packte meine Sachen, stürmte aus dem Studio und fuhr

nach Hause zu meinem Kind. Unterwegs wären mir fast die Tränen gekommen, so aufgewühlt war ich. Was bildete diese Frau sich eigentlich ein?

In solchen Momenten kann man sehr leicht sein Selbstwertgefühl verlieren. Ich war alt genug, um zu wissen, dass diese Frau es nicht wert war, mir den Kopf über sie und ihre Worte zu zerbrechen. Aber die jungen Mädchen, die Jahr für Jahr in die Modelbranche drängen, werden genauso behandelt. Sie sind noch Kinder, kleine, unschuldige Mädchen, die von einer großen Karriere in der Glamourwelt träumen, und dann müssen sie sich anhören, sie seien fett und hässlich. Wenn ich heute zu Modenschauen gehe, habe ich manchmal Angst, dass diese Kinder es auf ihren Streichholzbeinchen nicht mal bis zum Ende des Laufstegs schaffen. Einfach schrecklich!

Nur wessen Schuld ist das?

Letztlich sind sie alle mit dafür verantwortlich: die Designer, die Klamotten für kleine Kinder entwerfen, ebenso wie die Fotografen, die Stylisten, die Agenten und die Booker. Wenn ich ein Designer wäre, dann wäre es mein Ziel, wunderschöne Kleider zu entwerfen. Kleider, in denen jede Frau toll aussieht. Es würde mir darum gehen, Mode zu kreieren, die mir gefällt. Aber es geht immer nur darum, was sich am besten verkauft.

Die Agenturen züchten das passende »Material« für diese Designerträume heran. Sie kontrollieren, wie die Mädchen aussehen, was sie essen, wann sie schlafen, welche Jobs sie bekommen. Die unerfahrenen Models sind wie kleine Roboter. Die Menschen in dieser Industrie sollten sich schämen für das, was sie so vielen jungen Mädchen antun.

Aber das Schlimmste an dieser Arbeit ist, dass man sein Hirn nicht benutzen kann, es nicht benutzen darf. Modeln ist so weit von einer intellektuellen Herausforderung entfernt, wie ein Job es nur sein kann. Schlussendlich war es die Erkenntnis, dass ich in diesem Business nichts weiter war als ein Objekt, das funktionieren sollte, die mich dazu brachte, mit dem Modeln aufzuhören.

Aber es gibt noch ganz andere schlimme Dinge, die in der Branche leider bis heute gang und gäbe sind:

Einmal war ich sehr früh am Morgen auf dem Weg zu einer Location für ein Fotoshooting. Wir flogen erst mit dem Flugzeug nach Arizona und machten uns danach mit mehreren Autos auf den Weg in die Wüste. Ich fuhr mit dem Fotografen voraus, weil er vorab ein paar Probeaufnahmen von mir schießen wollte. Auf einmal legte er den Arm um mich. Ich war viel zu schläfrig, um sofort zu verstehen, was los war, und reagierte nicht weiter darauf. Doch im nächsten Moment drückte er meinen Kopf direkt zwischen seine Beine. Dieser Mistkerl wusste dagegen ganz genau, was er da tat, denn seine Hose war offen, und er presste mein Gesicht direkt auf seinen Penis.

»Blas mir einen«, sagte er.

Ich schrie los, er solle sofort anhalten.

Als er am Straßenrand hielt, sprang ich aus dem Wagen und lief ein paar Meter von der Straße weg.

»Waris, mach keinen Scheiß«, rief er mir nach. »Wo willst du denn hin? Stell dich nicht so an und steig wieder ein.«

»Nein!«, brüllte ich außer mir. »Ich bleibe lieber hier, als mit dir auch nur einen Meter weiterzufahren.«

»Komm schon, steig wieder ein. Sonst kannst du den Job vergessen«, drohte er mir.

Am Ende setzte ich mich tatsächlich wieder zu ihm in den Wagen, und wir fuhren schweigend zur Location. Er tat einfach, als wäre nichts passiert. Und ich schwieg, denn ich brauchte diesen Job dringend.

Die Modeindustrie ist nichts als Prostitution. Vom schlichten Fahrer über den Fotografen bis zum Art Director – jeder will Sex von dir, und wenn du nicht mitspielst, kannst du deine Karriere vergessen. Ich habe viele solche unschönen Geschichten selbst erlebt und noch mehr gehört.

Zu Beginn meiner Karriere stellte ich mich mal in einer französischen Agentur vor. Sie hatten einige Castings für mich, allerdings musste ich dafür ein paar Tage in Paris bleiben, also fragten sie mich, ob ich einen Platz zum Schlafen hätte. Der Fotograf, der die Probeaufnahmen von mir gemacht hatte, hörte das Gespräch mit und bot mir an, bei ihm zu übernachten. Okay, warum nicht?, dachte ich. Die Agentur kennt ihn, er wird schon seriös sein. Naiv, wie ich damals war, ging ich davon aus, ich würde auf seinem Sofa schlafen oder im Gästezimmer. Als wir bei ihm zu Hause ankamen, brachte er mich jedoch sofort in sein Schlafzimmer.

»So, hier ist das Bett, zieh dich ruhig schon mal aus …«, sagte er und grinste anzüglich.

»Ich werde doch nicht in deinem Bett schlafen«, erwiderte ich. »Gibt es denn kein Sofa?«

»Nein, es gibt keins, du schläfst hier bei mir«, verkündete er siegesgewiss.

Am Ende schlief ich auf dem Boden im Flur, und als mich der Fotograf am nächsten Tag hinauswarf, zeigte er mir noch mal, was er von meiner Weigerung hielt. »Ich werde dafür sorgen, dass du nie wieder einen Job mit mir bekommst!«, rief er mir nach, als ich ging.

Ein anderes Mal hatte es der englische Artdirector bei einem sehr großen Shooting in Bath darauf abgesehen, mich ins Bett zu zerren. Er verhielt sich nicht mal sonderlich subtil, sondern machte seine Absichten sehr deutlich, so dass bald das ganze Team darüber witzelte. Ständig fragte er mich, ob er abends zu mir aufs Zimmer kommen dürfe, aber ich lehnte immer dankend ab. Er versprach mir unzählige Jobs und die tollsten Aufträge, doch ich konnte mir wahrlich etwas Schöneres vorstellen, als eine Nacht mit diesem alten Widerling zu verbringen.

Gemeinsam mit Naomi Campbell, mit der ich im selben Luxushotel untergebracht war, lachte ich jeden Abend über die plumpen Annäherungsversuche des Artdirectors, und wir fragten uns, wann er wohl endlich aufgeben würde. Aber er gab nicht auf, und irgendwann gingen mir seine Avancen und die Scherze der anderen so sehr auf die Nerven, dass ich spaßeshalber sagte: »Okay, komm heute Abend zu mir aufs Zimmer.«
Er kam tatsächlich vorbei, und bevor ich auch nur hallo sagen konnte, sprang er auch schon auf mich.
»O Waris, endlich, ich bin verrückt nach dir!«, säuselte er mir ins Ohr und legte einen Arm um mich.
»Hör zu«, erwiderte ich und schob den Arm weg. »Du wirst jetzt schön wieder in dein Zimmer gehen. Und wenn du mir nicht all die tollen Jobs und Aufträge verschaffst, die du mir versprochen hast, dann wird deine Frau erfahren, was du heute Abend vorhattest.«
Wutschnaubend zog er wieder ab, und ich war ihn für den Rest des Aufenthalts los. Fortan ignorierte er mich einfach, und die Crew nahm wohl an, dass er sein Ziel erreicht hatte. Mir war das nur recht, ich machte den Job zu Ende und dachte nicht weiter über die ganze Sache nach.
Wieder zurück in London, rief mich meine damalige Agentin an, und fragte mich, ob ich Lust hätte, am Abend bei ihr vorbeizukommen. Ich freute mich und dachte, sie wolle mich für den tollen Job in Bath loben oder mir einen neuen Auftrag anbieten. Aber als ich bei ihr zu Hause eintraf, war sie alles andere als in Gratulationslaune.
»Ich weiß genau, was für Spielchen du da treibst«, griff sie mich unvermittelt an. »Die Leute von der Crew haben mir alles erzählt. Hast du wirklich geglaubt, du könntest dich am Set an meinen Freund ranmachen, ohne dass ich davon erfahre?«
Der Artdirector war also tatsächlich der Freund meiner

Agentin! Ich verkniff mir ein Lachen und sagte nur: »Es tut mir sehr leid, da muss ich dich enttäuschen. Dein Lover war zwar sehr hartnäckig und ausdauernd, aber ich habe ihn trotz allen Flehens nicht in mein Bett gelassen.« Damit drehte ich mich um und ließ sie stehen.

Jobs gegen Sex ist ein klassischer Deal in dieser Branche. Die jungen Models sind nun mal davon abhängig, dass sie gebucht werden, und ob es dazu kommt oder nicht, hat oft nichts mit ihrer Leistung zu tun. Sie sind vom Geschmack der Kunden sowie der Willkür der Booker und Agenten abhängig und Letzteren wehrlos ausgeliefert. Die Modeindustrie ist ein schmutziges Business, trotzdem streben unzählige junge Mädchen danach, ein Teil dieser Gemeinschaft zu sein. Sie halten Models für Vorbilder und wollen so dünn und so schön sein wie diese erfolgreichen Frauen. Sie unterwerfen sich einem verrückten und unrealistischen Schönheitsideal, einem Ideal, das krank macht. Jahr für Jahr geraten Hunderte Mädchen voller Träume und Hoffnungen in diese Branche, die sie nicht selten als magersüchtige, drogenabhängige, depressive und alkoholkranke Menschen verlassen.

Warum suchen Designer, Stylisten, Fotografen und Booker fast nur magersüchtige Mädchen aus? Was ist so sexy an Haut und Knochen? Eine Frau sollte einen Busen und einen Hintern haben, *das* sollte als schön dargestellt werden, anstatt ein weibliches Schönheitsideal aufrechtzuerhalten, das nichts Weibliches an sich hat. Klar, eine dürre Vierzehnjährige ist leicht anzuziehen. Vor allem aber haben all die schwulen Designer Angst vor echten Frauen. Das ist der Hauptgrund. Wie gestört ist eine Industrie, die unterernährte, kranke Kinder als Schönheitsideal für Frauen präsentiert?

Als Model ist man nichts weiter als ein Stück Fleisch. Als Person ist man absolut nichts wert, die Persönlichkeit der

Mädchen und Frauen interessiert niemanden. Das Erstaunlichste daran ist jedoch, dass die Models sich freiwillig so behandeln lassen. Junge Mädchen sehen das Cover einer Hochglanzzeitschrift und wollen die Person auf diesem Cover sein. All die Demütigungen und Ablehnung, die diese Person ertragen musste, bevor sie es auf das Cover geschafft hat, sehen sie dagegen nicht. Die Modeindustrie hat keinerlei Respekt vor den Models, irgendetwas ist immer falsch: die Größe, die Haare, die Lippen, die Hüften. Wenn man nicht gebucht wird, ist man als Model nichts wert. Um mit dieser ständigen Ablehnung umgehen zu können, muss man sehr stark und in der Lage sein, die Ablehnungen nicht an sich heranzulassen.

Ich habe in den zehn Jahren meiner Karriere als Model nur sehr wenige spannende und faszinierende Menschen getroffen, und interessanterweise waren sie meist Fotografen. Ein gutes Model gibt den Fotografen die Möglichkeit, hervorragende Bilder zu machen. Ich inspirierte sie, spielte gerne mit der Kamera, und oft kamen sehr schöne Aufnahmen dabei heraus. Aber die besten Bilder sind immer dann entstanden, wenn es zwischen mir und dem Fotografen eine Verbindung gab, wenn ein Verständnis herrschte, bei dem kreative Energie entstand. Allerdings macht die Modeindustrie solche Situationen fast unmöglich.

Terence Donovan war einer von denjenigen, bei denen ich diese Energie spürte. Mit ihm absolvierte ich 1987 meinen ersten großen Job, den Pirelli-Kalender, mit dem ich meine Karriere zehn Jahre später auch beenden sollte. Bei diesem letzten Shooting war Richard Avedon der Fotograf. Dem eher kleinen, höflichen Mann ging es beim Fotografieren immer nur um die Kunst. Als ich nach dem langen Tag abends nach Hause kam, wusste ich, dass dies mein letztes großes Shooting gewesen sein würde. Ich wusste, dass ich etwas Neues ausprobieren musste.

Ich hatte keine Lust mehr auf diese verlogene Modeindustrie, die letztendlich eine weiße Industrie ist. Wenn man in Europa eine Frauenzeitschrift durchblättert, entdeckt man oft nicht ein einziges schwarzes Mädchen darin. Für eine schwarze Frau in einem weißen Land gibt es keine Zeitschrift, die sie sich kaufen könnte, um etwas über Make-up-Produkte oder Schminktipps für ihre Hautfarbe zu lesen. Wollen die Redakteure und Herausgeber, also diejenigen, die über die Inhalte entscheiden, allen Ernstes behaupten, dass eine schwarze Frau keine Kleider vorführen könne? Dass sie keine Kleider verkaufen könne? Dass es nicht genug schwarze Leserinnen gebe, um Make-up-Tipps für dunkle Haut abzudrucken? Oder sind wir einfach nur nicht schön genug? Verdienen wir es nicht, in diesen Magazinen abgebildet zu sein? Sind wir es nicht wert, schön sein zu wollen? Warum werden schwarze Frauen von der Modeindustrie ausgeschlossen und ignoriert? Glaubt ihr, dass wir keine Kleider kaufen? Dass wir kein Geld für Make-up ausgeben? Dass wir uns all die Dinge, die Weiße sich kaufen, nicht leisten können?

Die Modeindustrie scheint der letzte Bereich zu sein, in dem Rassismus so offen ausgetragen wird. Auf MTV sieht man mittlerweile fast nur noch schwarze Künstler, und deren Musik hören hauptsächlich weiße Kids, die auch noch dieselben Klamotten tragen. Diese Leute setzen Jahr für Jahr Millionen um. Und ihr wollt mir erzählen, dass Make-up-Produkte für Schwarze sich nicht lohnen würden?

Warum überlassen die großen Zeitschriften nicht mal den Frauen die Wahl, selbst zu entscheiden, was sie sehen oder kaufen wollen? Ich habe keine andere Möglichkeit, als Monat für Monat dieselben weißen Gesichter auf den Titelblättern zu betrachten. Eine Zeitschrift mit einem schwarzen Covermodel verkaufe sich nicht, sagt die Modeindustrie und beschuldigt damit die Konsumenten. Nur haben die

Leserinnen nicht die Möglichkeit, dies unter Beweis zu stellen, da ein solches Produkt gar nicht erst produziert wird. Also schiebt euren Rassismus gefälligst nicht auf die Endkunden.

Ich schäme mich fast zuzugeben, dass ich über zehn Jahre lang ein Teil dieser Gesellschaft war und mitgespielt habe in diesem oberflächlichen, künstlichen Spiel. Wie oft stand ich da, aufwendig zurechtgemacht für ein schönes Foto. Das war meine Aufgabe.

Die Leute, die das Bild später auf Plakaten oder in Zeitschriften sehen, haben nicht die geringste Ahnung, wie viel Zeit und Arbeit in dieser Illusion steckt. Nichts davon ist echt. Was die Menschen in all den Zeitschriften sehen, sind lediglich Illusionen von Schönheit. Trotzdem funktioniert es. Fünfzigjährige Frauen kaufen die Kleider oder die Produkte, die ein Mädchen im Teenageralter auf dem Bild angeblich so schön und faltenfrei gemacht haben ...

Ich war ein Teil dieser Welt. Ich weiß, wie solche Abbilder unglaublicher Schönheit entstehen. Ich weiß, was sie wert sind.

Auch wenn ich die Modeindustrie heute verurteile und ablehne, ist mir natürlich bewusst, dass ich letztlich erst durch diese Branche dorthin gekommen bin, wo ich heute stehe. Durch meine Arbeit als Model erreichte ich finanzielle Unabhängigkeit und wurde so bekannt, dass sich mir überhaupt erst die Möglichkeit bot, zum Sprachrohr für die Millionen Frauen und Mädchen zu werden, die niemanden haben, der für sie Partei ergreift.

Niemand hätte mir zugehört, als ich zur Menschenrechtsaktivistin wurde und anfing, über FGM zu sprechen, wäre ich einfach nur irgendein betroffenes afrikanisches Mädchen gewesen. Nur weil ich in sündhaft teuren Klamotten von angesagten Designern über die Laufstege dieser Welt lief und mein Gesicht auf dem Cover irgendwelcher Magazine zu sehen war, hatte ich überhaupt eine Stimme und wurde gehört.

Das mag als Grund dafür, dass die Leute mir zuhörten, völlig absurd sein, aber wichtig war am Ende nur, dass sie es taten. Ich konnte meine Bekanntheit also für etwas Sinnvolles nutzen, und darin sehe ich auch heute noch den Sinn meiner Arbeit als Model.

Sorge ist wie ein kostbarer Schatz,
den man nur Freunden zeigt.
Aus Ghana

14

Veruschka

Am Morgen nach dem Abendessen mit Sherry und Liya holte mich eine Limousine der Produktionsfirma von meinem Hotel ab und brachte mich zum Set. Peter hatte am Berliner Kurfürstendamm ein leerstehendes ehemaliges Luxushotel angemietet, in dem die Dreharbeiten stattfinden sollten.
Als ich vor dem Hotel stand, war ich vollkommen überwältigt von dem riesigen Gebäude mit den prachtvollen Räumen und den ausladenden Holztreppen. Alles wirkte etwas eingestaubt, als wäre die Zeit hier einfach stehen geblieben. Es war wie ein großes, schlafendes Märchenschloss mitten im Trubel der Großstadt Berlin. Peter und Sherry hatten in dem Hotel die verschiedensten Räume und Szenenbilder einrichten lassen. Unter einem Dach befanden sich daher die somalische Botschaft in London, meine Modelagentur, das McDonald's-Restaurant, in dem ich geputzt hatte, und der Laufsteg, auf dem meine Modelauftritte gedreht werden sollten. Gleich nebenan lagen meine erste schicke Wohnung in New York und die Disco in London, in die mich Marilyn mitgenommen hatte, meine Freundin aus dem YMCA.
Im ganzen Hotel waren zur Orientierung Wegweiser aufgestellt, die den herumwuselnden Menschen zeigten, wie sie von der Botschaft in die Disco und vom Laufsteg zu McDonald's kamen. Das Haus war trotz seiner Größe gerammelt voll, und ich konnte kaum glauben, wie viele Menschen man brauchte, um einen Film zu drehen. Entlang dem Kurfürstendamm parkten mehrere riesige Lastwagen, mit denen die Crew das Equipment herbeigeschafft hatte. Es gab sogar drei Cateringwagen, in denen die Mitarbeiter

essen konnten. Überall hasteten Techniker, Assistenten, Bühnenbildner, Beleuchter, Kameraleute, Maskenbildner und jede Menge andere anscheinend wichtige Leute herum. Ich kam mir vor wie in einer kleinen Stadt, und offensichtlich wusste jeder Einzelne ganz genau, was er zu tun hatte. Peter, der mich bereits erwartet hatte, führte mich durchs ganze Haus. Die Räumlichkeiten der somalischen Botschaft sahen tatsächlich so aus wie die Botschaft, in der ich jahrelang gelebt hatte. Überall Bücher in somalischer Sprache, Flaggen, Kleidung, Schmuck aus Somalia – alles war da.

Nach der Führung traf ich Sherry in einem der Gänge, und sie zog mich in einen leerstehenden Raum, wo wir uns einfach auf den Boden setzten, um ungestört ein paar Worte zu wechseln.

»Hallo, Waris, wie geht es dir?«

»Danke, gut«, sagte ich. »Und dir?«

Sherry stöhnte. »Wir sind hier fast fertig. Heute drehen wir die Modenschau, aber ich möchte dir davor gerne noch etwas anderes zeigen.« Sie öffnete ihren Laptop, den sie sich unter den Arm geklemmt hatte, und zeigte mir einige Szenenbilder von den Drehs aus Dschibuti.

Mir blieb förmlich die Luft weg. Zwar war ich mehrheitlich bei den Dreharbeiten dabei gewesen und hatte am Set auch schon einige Filmszenen gesehen, aber dies hier waren die ersten bearbeiteten Bilder, die ich zu Gesicht bekam. Es waren wunderschöne, farbenprächtige und lebendige Aufnahmen.

Da war ich nun, mitten in Berlin, in einem riesigen Märchenschloss, das in jedem Zimmer eine andere Welt beherbergte, und fühlte mich beim Betrachten dieser Szenen augenblicklich in meine Kindheit und meine Heimat zurückversetzt. Ich saß in diesem leeren Hotelzimmer auf dem Boden und starrte wie hypnotisiert auf die Bilder, die auf

dem Computer abliefen. Alle Zweifel, die mich am Vorabend bei dem Treffen mit Liya geplagt hatten, waren wie weggeblasen. Sherry und ihr großartiges Team hatten meine Kindheitserinnerungen zu beeindruckenden, bewegenden Szenen verarbeitet.
»Wirklich tolle Arbeit, Sherry«, sagte ich zutiefst gerührt. »Hast du zufällig auch schon die ersten Bilder aus New York?«
Sherrys Miene verfinsterte sich. »Die Dreharbeiten in New York sind eine eigene Geschichte. Ich wollte es dir eigentlich noch gar nicht erzählen, aber ich denke, du solltest es doch besser jetzt schon erfahren. Sie klappte den Laptop zu und begann von New York zu erzählen. »Wir wollten deine Rede vor den UN im UN-Hauptgebäude in New York drehen. Die UN haben Filmproduktionen schon häufiger in ihr Hauptquartier hereingelassen, Sydney Pollack zum Beispiel durfte für *Die Dolmetscherin* mit Nicole Kidman und Sean Penn sogar im Hauptversammlungsraum drehen.«
»Und«, fragte ich ungeduldig, weil sie nicht auf den Punkt kommen wollte, »was ist passiert? Gab es Probleme?«
»Die UN hatten uns eine Drehgenehmigung gegeben, und es war fest geplant, deine Rede in einem der großen Tagungssäle zu drehen«, fuhr Sherry unbeeindruckt von meiner Zappeligkeit fort. »Aber im letzten Moment, als wir bereits mit der gesamten Crew in New York waren, haben sie die Drehgenehmigung zurückgezogen.« Sie sah mich mit betretener Miene an.
»Das ist jetzt nicht dein Ernst, oder?« Ich konnte es einfach nicht glauben. Da arbeitete ich jahrelang als Sonderbotschafterin mit den UN zusammen, und nun, da ein Film über mein Leben gedreht wurde, stellten sie sich derart quer? »Warum?«, fragte ich und ballte die Hände zu Fäusten, um meine Emotionen im Zaum zu halten. »Ich meine,

es muss doch einen Grund gegeben haben, dass sie die Dreherlaubnis plötzlich zurückgezogen haben?«

Die Regisseurin schüttelte den Kopf. »Meines Wissens gab es keinen schlüssigen Grund. Sie haben die Genehmigung urplötzlich und ohne jede Erklärung zurückgenommen.«

Ich war furchtbar enttäuscht.

Im Jahr 1997, als Kofi Annan mich zur UNO-Botschafterin ernannt hatte, war ich unglaublich stolz. Es war wie ein Traum, denn ich dachte, durch diese wichtige Position in einer so riesigen Organisation könnte ich wirklich etwas erreichen. Für eine Organisation, die überall auf der Welt vertreten war und in der sich die wichtigsten Politiker der Welt trafen, konnte es doch kein allzu großes Problem sein, FGM endlich auszurotten, so dachte ich. Aber ich hatte mich getäuscht.

Zum einen hatte ich unterschätzt, wie bürokratisch diese Institution ist, zum anderen verwendete mich die UNO in erster Linie als Repräsentationsfigur, zu inhaltlichen Fragen konnte ich praktisch nichts beitragen. Ich lernte schnell, dass die UN nichts anderes waren als die Gesamtheit ihrer Mitglieder. Sie war keine moralische Instanz, die den Staaten der Welt erklärte, was richtig und was falsch war. In allem, was in den UN passierte, ging es immer nur darum, nur ja niemanden vor den Kopf zu stoßen, und da eignete sich das Thema FGM natürlich nicht besonders gut. Daher vermieden es die meisten Staatschefs, zu einem Thema wie FGM ein Statement abzugeben.

Irgendwann hatte ich lange genug darauf gehofft, dass FGM in irgendeiner gemeinsamen Erklärung oder Resolution verurteilt würde – wenngleich sie am Ende doch keine Handlungen nach sich ziehen würden. Also beschloss ich, meine eigene Organisation zu gründen, bei der ich all das umsetzen konnte, was ich für richtig und effektiv hielt. So rief ich im Jahr 2002 die Desert Flower Foundation ins Leben.

Die jüngsten Vorkommnisse bestätigten mich nur darin, dass es besser war, meinen eigenen Weg zu gehen.

»Darf ich dir jemand vorstellen, Waris?« Peter trat ins Zimmer und riss mich mit seiner Frage aus meinen Gedanken. »Das ist Veruschka. Veruschka von Lehndorff. Sie war das erste deutsche Supermodel, vielleicht sogar das erste Supermodel der Welt.«
Ich blickte auf und musterte die rotblonde Frau vor mir, die mir sehr groß vorkam. Sie war wirklich eine beeindruckende Erscheinung.
»Hallo Waris, schön, dich kennenzulernen«, sagte sie mit einer tiefen, warmen Stimme. »Ich kenne deine Geschichte gut und wollte in diesem Film als kleinen Beitrag eine kleine Rolle übernehmen. Ich spiele eine Fotografin.« Sie lachte. »Wenn du Lust hast, dann lass uns doch gemeinsam was essen.« Ich willigte ein.
»Gut, gehen wir ins Speisezimmer der somalischen Botschaft. Dort bekommen wir sicher vom Catering ein gutes Essen«, sagte sie und lief voraus.
Ich verabschiedete mich schnell von Sherry und stapfte hinterher.
Veruschka von Lehndorff war mir durchaus ein Begriff, und seit langem wollte ich diese Frau gerne kennenlernen. Sie hatte in jungen Jahren fantastische Fotos mit dem amerikanischen Fotografen Peter Beard gemacht, die ich mir gar nicht oft genug ansehen konnte. Veruschka als Fabelwesen, Veruschka als Schlange, als Zebra, als Salamander, der sich geschmeidig durch den afrikanischen Busch schlängelte. Diese Bilder, unter dem Titel »Bodypaintings« in den sech-

ziger Jahren in Afrika aufgenommen, waren mehr Kunst- als Modefotografie und sind heute absolute Klassiker.
Und noch etwas verband mich mit ihr: Veruschka war durch den 1966 gedrehten Kultfilm *Blow up* von Michelangelo Antonioni über Nacht weltberühmt geworden. Jedes junge Mädchen wollte seitdem Model werden und jeder junge Mann Fotograf, da der Film mit David Hemmings in der männlichen Hauptrolle das Lebensgefühl einer ganzen Generation widergespiegelt hatte. Die Figur des Fotografen wurde von Terence Donovan und seinem Leben im London der sechziger Jahre inspiriert, und ebendieser renommierte Fotograf hatte die ersten Fotos von mir gemacht, als ich noch Putzfrau bei McDonald's war. Es gab also jede Menge Gesprächsstoff.
Nachdem wir etwas bestellt und uns einen freien Stehtisch gesucht hatten, erzählte Veruschka mir von ihren Erlebnissen als weltberühmtes Model. »Es war, als würde man in eine völlig andere Welt eintauchen. Eine faszinierende, aber auch unechte Scheinwelt, in der man alles sein konnte, was man wollte. Es war ganz anders als alles, was ich bis dahin kannte. Wie muss es da erst für dich gewesen sein, in diese verrückte Modewelt zu kommen?«, fragte sie mich.
Ich musste lächeln. Faszinierend und unecht, das traf es gut. Veruschkas Schilderungen erinnerten mich an die ersten Jahre in London, als ich versucht hatte, mich als Model durchzuschlagen.
»Woran denkst du?«, fragte sie mich und aß einen Löffel von ihrer Kartoffelsuppe.
Ich blickte von meinem Salat auf. »Sagt dir das Café de Paris in London etwas?«, fragte ich.
Sie schüttelte den Kopf, und ich begann ihr von meinem Leben als Model zu erzählen.
Das Café de Paris war *das* Szenelokal in London in den frühen achtziger Jahren. Dort verkehrten damals Rockstars,

Produzenten, Fotografen, Models, Künstler und jede Menge Leute, die gerne Teil des Showbiz gewesen wären. Mitten in dieser hippen Menge war regelmäßig ein junges Mädchen anzutreffen, das alle wegen seiner schwarzen Haut und der kurzgeschorenen, blondierten Haare nur »Guinness« nannten. Ich trug damals immer Doc Martens zu einem knallgelben Mantel, und egal, wo ich damit hinkam, drehten sich die Leute nach mir um.

Damals war ich noch recht pummelig. Ja, in meinen ersten Jahren in England war ich nicht gerade die Schlankste. Wenn man mit einem ständigen Mangel an Nahrung aufwächst und sich plötzlich in einer Welt des Überflusses wiederfindet, versucht man automatisch, alles zu probieren und nachzuholen, was man verpasst hat.

Ich erinnere mich noch gut an den ersten Abend nach meiner Ankunft in England. Ich saß mit meinen Verwandten am Tisch, und es war das erste und letzte Mal, dass ich mit ihnen essen durfte. In der Mitte des Tisches stand ein großer, gutgefüllter Teller, von dem es lecker duftete. Ich war beeindruckt und dachte: so viel zu essen, und das alles nur für mich. Da ich beginnen durfte, nahm ich meine Gabel und wollte gerade loslegen, da zog mein Onkel mir den Teller auch schon wieder weg. »Moment, Waris«, sagte er, »das Essen ist für uns alle.« Ich hätte es sicher auch alleine verputzt.

In den ersten Jahren in England aß ich all das, was ich in meiner Kindheit nicht gekannt hatte. Ich schob die Dinge in mich rein, als hätte ich noch nie etwas zu essen gesehen. Bald hatte ich Dehnungsstreifen, wie ich sie später selbst in zwei Schwangerschaften nicht mehr bekommen habe. Außerdem sah ich in meinen durchgeknallten Outfits aus wie ein Junge. Ich kann gar nicht zählen, wie oft mich die Leute mit »Sir« ansprachen. Mein Standardantwort lautete damals: »Sie nennen mich Sir? Wollen Sie meine Titten sehen?«

»Was soll denn das sein? Mädchen, du musst abnehmen«, lautete der Standardsatz, den ich zu Beginn meiner Karriere regelmäßig zu hören bekam. Anfangs war es sehr schwierig, Jobs zu ergattern – keine Ahnung, ob ich zu schwarz oder zu dick war, vermutlich beides. Ab und zu bekam ich Jobs von den Leuten, mit denen ich damals rumhing, für Lokalzeitungen oder Magazine, allerdings waren nie Laufstegjobs oder Aufnahmen für Hochglanzmagazine dabei.

Selbst nachdem ich 1987 zum ersten Mal im Pirelli-Kalender gewesen war, ging ich manchmal zu zehn Castings pro Tag und bekam kaum einen Job. Damals sagten sie mir in England ständig, ich müsse ins Ausland wechseln. Als Model kann man nicht von einem Job im Monat leben, aber mit meinem damaligen Pass konnte ich auch nicht aus England ausreisen. Ich saß also fest.

Es war eine schwierige Zeit, und ich hielt mich mit kleinen Aufträgen über Wasser. Durch den Pirelli-Kalender hatte ich immerhin eine gewisse Bekanntheit in der Branche erlangt und wurde gelegentlich gebucht. Ich war auf dem Cover des *Sunday Times Magazine*, und auf der Titelseite von *The Face*, der damals angesagtesten Zeitschrift Englands. Zahlreiche Fotografen machten künstlerische Aufnahmen von mir, aber von diesen Aufträgen konnte ich kaum meine Rechnungen bezahlen. Von meiner damaligen Agentur bekam ich in regelmäßigen Abständen zu hören, es gebe nun mal keine gutbezahlten Jobs für schwarze Models.

Es war trotzdem eine verrückte Zeit in London, und ich traf viele interessante Menschen. Allerdings bekam ich auch Unmengen an leeren Versprechungen von Menschen, die sich als Produzenten ausgaben. Neben einigen Filmrollen, darunter ein Part in dem James-Bond-Streifen *Der Hauch des Todes*, spielte ich in diversen Musikvideos mit, und George Michael probierte eine Zeitlang hartnäckig, mich als Background-Sängerin zu engagieren.

Danach versuchte ich mein Glück in Mailand, aber auch dort hörte ich immer wieder, ich würde nur meine Zeit verschwenden, als schwarzes Model könne ich in Italien niemals arbeiten. Ich ergatterte zwei oder drei Jobs, bevor ich die lombardische Metropole in Richtung Paris verließ, denn es gab keinen Grund für mich, dort zu bleiben. Der Rassismus und die sexuelle Ausbeutung der jungen Models machten die Stadt auch nicht attraktiver. In Paris sah man mich von oben bis unten an und befand: »Na ja, erst einmal nimmst du ab, und danach sehen wir weiter.« In der Agentur rieten sie mir, Äpfel und Salat zu essen und es danach noch mal zu versuchen. Nach der kurzen Zwischenstation in Frankreich kam ich in die USA, wo der Stein dann plötzlich ins Rollen kam.
Es schien, als habe sich meine Karriere verselbständigt. In Europa war ich jahrelang nur abgelehnt worden, aber als ich Anfang der Neunziger in den USA ankam, traf ich wohl irgendwie den Puls der Zeit. Ich weiß selbst nicht, warum ich auf einmal ständig gebucht wurde, aber egal. Es lief, und das war wichtig. Ich erinnere mich noch gut an ein Treffen mit der Inhaberin meiner ersten amerikanischen Agentur. Sie kündigte mir an, dass meine kurzen Haare mit Extensions verlängert werden würden, woraufhin ich mir die Haare millimeterkurz abrasierte. Am nächsten Tag war in der Agentur die Hölle los, und ich durfte mir anhören, dass ich raus sei, wenn ich noch mal mein Aussehen ohne die vorherige Erlaubnis der Agentur veränderte.
Kurz darauf machte ein Fotograf ein paar Probeaufnahmen von mir für meine Setcard, und schon einen Tag darauf hatte ich einen Vertrag in der Tasche. Damals ging alles so schnell, dass ich nicht mal mehr weiß, welcher mein erster richtiger Job in den USA war. Es schien, als wollte über Nacht jeder mit mir arbeiten. Am einen Tag war ich noch arbeitslos und kämpfte ums Überleben, und am nächsten zählte ich zu den gefragtesten Models. Es war schwer zu begreifen.

In der Modeindustrie muss man mit solchen Schwankungen umzugehen wissen. In einem Moment ist man ein Star, im nächsten will einen keiner mehr buchen. Heute ist man ein Niemand, morgen will jeder mit einem arbeiten. Es ist ein verrücktes Geschäft. Und ein gefährliches. Wenn ich eine Tochter hätte und sie würde Model werden wollen, ich würde es ihr ohne zu zögern verbieten. Ein Model zu sein, ist kein erfüllender Beruf. Man ist ständig von Menschen umgeben, die einen nur als ein Stück Fleisch betrachten, und bewegt sich in einer völlig künstlichen, oberflächlichen Welt. Jeder frustrierte Agent, Designer oder Stylist lässt seine Unzufriedenheit an den armen Models aus. Und wenn eine von ihnen aufgibt, stehen genügend andere Schlange, um ihren Platz einzunehmen.

In den USA probierte ich auch einige andere Sachen aus und moderierte unter anderem die Musiksendung *Soul Train*. Bei der ersten Probe gab der Produzent mir ein Script.

»Ich brauche kein Script. Kann ich nicht einfach sagen, wonach ich mich fühle?«, fragte ich.

»Nein, das kannst du nicht«, lautete die Antwort, »das hier ist eine Livesendung …«

»Tja, ich kann aber nicht lesen«, sagte ich, was damals noch der Fall war, und gab ihm das Script zurück.

Daraufhin versuchte er, mich anders auf die Gäste der Show vorzubereiten, doch es war mir egal. Ich legte einfach los, und nach der ersten Show kam der Produzent begeistert zu mir und lobte mich.

»Du hast echt was drauf, du hältst das Mikrofon wie ein Profi«, schwärmte er. »Wie Oprah Winfrey!«

»Danke«, antwortete ich. »Aber wer zum Teufel ist Oprah Winfrey?«

Veruschka lachte laut, nachdem ich mit meinen Schilderungen geendet hatte. »Das passt zu dir, Waris!«, rief sie.
Beim Essen erfuhr ich aber auch von ihr sehr persönliche Dinge, die nicht auf den Klappentexten ihrer Bildbände zu lesen waren.
»Jetzt lebst du also in Wien?«, fragte sie mich, nachdem wir uns schon eine ganze Weile unterhalten hatten.
»Ich bin gerade nach Polen umgezogen, an die Ostseeküste, nach Danzig«, erzählte ich ihr und fing gleich an zu schwärmen.
»Danzig? Du lebst in Polen? Wusstest du, dass ich da ganz in der Nähe aufgewachsen bin, in einem Ort namens Steindorf?«, fragte sie mich. »Meine Familie bewohnte dort seit Generationen ein Schloss. Ich hatte eine wunderschöne Kindheit inmitten der Natur, doch dann kamen die Nazis. Mein Vater war ein Freund und enger Vertrauter von Graf von Stauffenberg, der damals versucht hat, Hitler umzubringen«, erzählte sie dann.
Ich war fasziniert. »Wirklich? Hat nicht Tom Cruise gerade erst einen Film darüber gedreht, hier in Berlin?«
»Ja, genau diese Geschichte. Das Attentat scheiterte, und alle, die man dafür verantwortlich machte, wurden hingerichtet. Auch mein Vater. Meine Mutter kam in ein Arbeitslager, und meine Schwestern und ich wuchsen in Flüchtlingslagern auf. Unser Anwesen wurde erst von den Nazis beschlagnahmt, danach von den Kommunisten konfisziert. Sie haben uns alles gestohlen, was wir besaßen.«
Sie seufzte und sah mich lange an, ehe sie weiterredete.
»Man vergisst leicht, vor wie kurzer Zeit hier in Europa noch unglaubliche Verbrechen passiert sind. Alle tun immer so entsetzt, wenn man hierzulande über die Kriege und Massenmorde in Afrika berichtet, aber noch vor einigen Jahrzehnten ging es in Europa ganz genauso zu. Wusstest du, dass das schlimmste Vernichtungslager der Nazis in Po-

len war, in Auschwitz? Dort wurden über eine Million Menschen von den Nazis systematisch wie Vieh abgeschlachtet. Das ist ungefähr das Ausmaß des Völkermords in Ruanda in einem einzigen Lager.«
Ich war sprachlos. Natürlich wusste ich von den Verbrechen der Nazis, aber ich hatte noch nie eine Zeitzeugin kennengelernt, und es war mir auch nicht bewusst, dass diese Dinge sich so nah an meinem neuen Zuhause abgespielt hatten.
»Und nach allem, was du erlebt hast, wohnst du jetzt wieder in Deutschland, hier in Berlin?«, fragte ich Veruschka erstaunt. Ich könnte das nicht, dachte ich im selben Moment, ich hätte an ihrer Stelle keinen Fuß mehr auf deutschen Boden gesetzt.
»Aber ja«, sagte sie und lächelte leise. »Ich versuche sogar ein Kulturzentrum in unserem ehemaligen Anwesen in Polen einzurichten. Es ist extrem wichtig, dass die Menschen aufgeklärt werden und trotz der Vergangenheit miteinander reden. Man kann sowieso nicht vor ihr davonlaufen, sondern sollte versuchen, die Zukunft besser zu gestalten. Es geht doch um unsere Jugend, um unsere Kinder.«
Veruschka hatte recht. Europa hatte sich trotz dieser unglaublichen Geschichte weiterentwickelt und war inzwischen ein friedlicher Kontinent. Und das, obwohl sich die Menschen noch vor weniger als hundert Jahren gegenseitig umgebracht und mitten im Herzen Europas die schlimmsten Kriegsverbrechen in der Menschheitsgeschichte geschehen waren.
So etwas war nur möglich, wenn man nicht vor der Vergangenheit davonlief. Diese Entwicklung hatte bloß stattfinden können, weil Menschen wie Veruschka versucht hatten, die Zukunft Europas besser zu machen.
Hier saß ich nun als schwarze Frau im weißen Land und fragte mich, ob ich nicht all die Jahre immer nur versucht hatte, vor meiner Vergangenheit davonzulaufen. Die Sze-

nenbilder aus Dschibuti, die mich zuvor so sehr fasziniert hatten, kamen mir wieder in den Sinn. Ich erinnerte mich an den Tag, als ich mich in der Wüste verlaufen hatte und mich dort dennoch so sicher und geborgen, so sehr zu Hause gefühlt hatte.
Ich blickte mich um. Hier, in dieser Phantasiewelt des Filmsets, trafen so viele Ansichten und Kulturen aufeinander. Wenn Europa es geschafft hatte, seine unglaublich grausame Vergangenheit zu überwinden und in eine gemeinsame friedliche Zukunft zu gehen, wieso sollte man Afrika dann für immer als einen von Kriegen und Hass zerfressenen Kontinent abschreiben? Die Gewalt und die sinnlosen Kriege, die meine Heimat zerstörten, konnten sicher genauso überwunden werden. Das ging allerdings nur, wenn wir Afrikaner nicht versuchten, vor den Problemen in unserer Heimat davonzulaufen. Wenn wir stolz und mit erhobenem Haupt für unser Land kämpften.
Ich war und bin noch immer sehr stolz darauf, Afrikanerin zu sein. In meiner Heimat läuft zwar vieles sehr falsch, aber an meiner Verbundenheit zu meinem Kontinent hat das nie etwas geändert. Nichts würde mich stolzer machen, als zu sehen, wie die Afrikaner ihren Kontinent retten. Ich werde sie mit allen mir zur Verfügung stehenden Mitteln unterstützen, denn ich weiß, dass sie dazu in der Lage sind.

Peter trat zu uns und unterbrach unser Gespräch.
»Waris, es warten noch einige Journalisten, die Interviews mit dir machen wollen. Heute Abend wird es außerdem ein großes Abschlussfest geben. Ich hoffe doch sehr, dass du kommst!«

Ich nickte nur und ging mit ihm, um die Interviews zu absolvieren. Dann bat ich Veruschka, ein paar Bilder mit mir zusammen machen zu lassen. Ich wollte unbedingt einige Fotos haben, die mich an diesen wichtigen Tag in meinem Leben mit dieser beeindruckenden Frau erinnerten. Es sind berührende Bilder geworden, die ich mir immer wieder ansehe.

Am nächsten Morgen fuhr ich zurück nach Danzig. Unterwegs musste ich ständig an mein Gespräch mit Veruschka zurückdenken. Versöhnung lautete der Aspekt, der mich am nachhaltigsten beeindruckt hatte. Ich musste mich mit Afrika versöhnen, dann konnte ich dauerhaft zurückgehen.

Auf einmal wusste ich ganz sicher, dass mein Leben sich ändern würde, und zwar wieder einmal grundlegend.

*Jedes Kind ist ein Zeichen der Hoffnung
für diese Welt.*

Aus Kamerun

15

Schwanger

Kaum war ich wieder in Danzig, drängte sich ein Gedanke in den Vordergrund, den ich schon die gesamte Berlin-Reise über mit mir herumgetragen, in der Hektik aber verdrängt hatte. Ich wartete schon seit Wochen auf meine Periode und hatte deren Ausbleiben immer auf die vielen Reisen und den Stress geschoben. Da sich jedoch auch in den folgenden Tagen nichts tat, beschloss ich irgendwann, sicherheitshalber einen Schwangerschaftstest zu machen. Seit ich wieder in Polen war, fühlte ich mich irgendwie anders als vor meiner Abreise, konnte allerdings nicht genau sagen, was der Grund dafür war. Nach einem Besuch bei meinem Arzt wusste ich es: Ich war bereits im dritten Monat schwanger!
Als ich die Praxis verließ, war ich überglücklich. Ein zweites Kind war schon lange mein Traum gewesen, und nun, da mein Leben ein wenig zur Ruhe gekommen war, schien mir der Zeitpunkt der richtige zu sein. Dem Vater würde ich nichts davon erzählen, beschloss ich, da ein Leben mit ihm für mich nicht in Frage kam. Ich war eine starke, unabhängige Frau und konnte mein Kind auch ohne Mann großziehen. Während ich darüber nachdachte, erinnerte ich mich wieder an das Gespräch mit der jungen Mutter in Dschibuti, deren Baby ich auf dem Arm gehalten hatte, und ihren Freundinnen. In der Unterhaltung war ebenfalls das Thema aufgekommen, dass ich keinen Mann hatte, und was das anging, hatte sich meine Einstellung seither nicht verändert.
Anstatt nach dem Arztbesuch nach Hause zu gehen, lief ich stundenlang am Meer entlang. Schließlich legte ich mich in

den Sand, streckte Arme und Beine von mir und schloss die Augen. Es war noch immer sehr mild, und die Sonne wärmte mich. Während ich so dalag, dachte ich an meine Eltern und versuchte mich zu erinnern, wie ich sie als Kind wahrgenommen hatte.

Die beiden hatten sehr unterschiedliche Ansätze, was die Kindererziehung betrifft. Mein Vater betonte mit Vorliebe die Verantwortung des Einzelnen gegenüber der Familie, allerdings meinte er mit Verantwortung aber vor allem Verpflichtung. »Ihr seid meine Kinder«, sagte er oft, »ich habe euch großgezogen, und damit habe ich den Schlüssel zu eurem Leben.«

»Wie meinst du das, Papa?«, fragte ich ihn einmal.

»Ihr seid mir verpflichtet. Was auch immer ihr in eurem Leben erreicht, was auch immer ihr verdient, die Hälfte davon soll mir gehören. Ich bin euer Vater, ihr steht in meiner Schuld«, erklärte er mir daraufhin.

Meine Mutter hingegen lehrte mich zu lieben, denn Liebe und Respekt waren die wichtigsten Grundpfeiler ihrer Erziehung. Aber sie brachte mir auch bei, zu mir selbst zu stehen, mich niemals aufzugeben und für meine Träume zu kämpfen. Als Kind hatte ich ein besonders enges Verhältnis zu meiner Mutter. Ich versuchte immer in ihrer Nähe zu sein, und oft folgte ich ihr heimlich, obwohl ich eigentlich etwas anderes hätte tun sollen. In ihrer Nähe ging es mir gut, ich fühlte mich sicher, sobald sie da war. Außerdem war ich felsenfest davon überzeugt, dass meine Mutter magische Kräfte besaß. Ich wusste, sie konnte alles wiedergutmachen, egal, was geschah.

Meine Mutter konnte Menschen heilen. Sie wusste, welche Pflanzen und Kräuter man sammeln, wie man sie einnehmen und welche man auf die Haut auftragen musste, um verschiedene Krankheiten zu kurieren. Oft brauchte sie aber gar keine Hilfsmittel, denn meine Mutter besaß die Fähigkeit, Menschen allein mit ihrer Energie wieder gesund zu machen. Oft kamen daher Fremde zu uns, die sich von meiner Mutter Heilung erhofften.

Ich bin mir sicher, dass sie diese Fähigkeiten hatte, weil sie an ihre eigene Stärke glaubte, an ihre innere Kraft, Dinge zu verbessern. Sie zog diese Stärke und diesen Glauben aus ihrem unerschöpflichen Wissen über die Natur. Wenn man die Natur kennt, weiß man wie von selbst, was zu tun ist, und braucht keine modernen Medikamente. Die sogenannte moderne Medizin ist oft unnötig oder sogar völlig sinnlos, und es gibt so viele Krankheiten auf dieser Welt, die man auch mit den besten Medikamente nicht heilen kann.

In der Wüste gibt es weder Ärzte noch Apotheken. Sobald jemand krank ist, wird deutlich, dass sein Leben völlig in den Händen von Mutter Natur liegt. Sie heilt oder sie tötet uns. Die Wüste ist ein unwirtlicher Lebensraum, doch sie bietet auch alles, um sich gegen die rauhen Bedingungen zu schützen. Für jedes Problem, für jedes Leiden hält die Natur ein Mittel bereit.

Die Kamele haben sich im Laufe der Jahre perfekt an das Leben unter den harten Bedingungen der Wüste angepasst. Diese Tiere sind überlebenswichtig für Menschen, die in der Wüste wohnen, denn sie tragen nicht nur unser Hab und Gut, von unseren Häusern bis zu den kleinsten Kindern, sondern ihre Milch ist obendrein das wichtigste Nahrungsmittel in der Wüste. Kamele können bis zu zwei Wochen ohne Wasser auskommen und selbst unter den kargsten Bedingungen noch Milch produzieren.

Ich kann mich nicht erinnern, wann ich als Kind das erste Mal feste Nahrung zu mir genommen habe, denn meine Geschwister und ich lebten von Kamelmilch. Die Milch der Wüstentiere ist ein echtes Universalmittel: Um sich vor der brennenden Sonne und Trockenheit zu schützen, benutzen die Nomaden Butter aus Kamelmilch. Dazu muss man die

Milch erst einige Zeit stehen lassen und sie dann stundenlang schütteln, bis sie zu einer festen Creme wird. Mit dieser Butter kann man nicht nur kochen – wir Kinder konnten es damals oft gar nicht erwarten, das Gefäß nach dem Schütteln blitzblank zu lecken –, sondern auch Haut und Haare vor der Witterung schützen.

Mir wurde allmählich kalt, daher stand ich nun doch widerwillig auf, klopfte mir den Sand von den Kleidern und machte mich auf den Nachhauseweg. Dort angekommen, setzte ich mich an meinen Lieblingsplatz am Fenster und ließ die Gedanken weiter schweifen.
Während ich einen Apfel aß, den ich mir aus der Küche geholt hatte, musste ich daran denken, dass ich mir seit meiner Kindheit mit bestimmten Hölzern die Zähne putzte. Bis zum heutigen Tage benutze ich, mit einer kurzen Ausnahme, als ich nach Europa kam und alles Neue ausprobieren wollte, keine Plastikzahnbürste oder Zahncreme. Man braucht keine Tuben voll mit Chemikalien und auch keine harten Plastikborsten, die sowieso nur das Zahnfleisch zerstören. Alles, was man zur Reinigung der Zähne benötigt, ist ein kleiner Stock.
In Wien ging ich einmal zu einem Zahnarzt. Nachdem er mich untersucht hatte, sah er mich an und fragte: »Sagen Sie, was benutzen Sie zur Zahnpflege?«
»Warum?«, fragte ich zurück und befürchtete schon schlechte Neuigkeiten. Schließlich preisen Zahnärzte in den Werbespots im Fernsehen ständig neue tolle Bürsten und Pasten an und ermahnen die Zuschauer zum regelmäßigen Gebrauch ebendieser.

»Weil ihre Zähne großartig sind«, sagte der Mann. »Kein Vergleich zu dem, was ich sonst so zu sehen bekomme.«
»Ich benutze einen Stock«, sagte ich und erklärte ihm meine Methode der Zahnpflege.
Bevor ich ging, musste ich dem Mann versprechen, ihm bei meinen nächsten Besuch ein solches Holz mitzubringen und es ihm zu zeigen. Leider wartet er bis heute darauf, weil ich seither nie mehr Anlass hatte, ihn aufzusuchen.
Beim Gedanken an den Besuch in der Praxis musste ich lächeln. Ich sah den Vögeln zu, die im Obstbaum vor meinem Fenster saßen und laut sangen. Wahrscheinlich vertraut man in seinem Leben niemals mehr so sehr, wie man als kleines Kind seinen Eltern vertraut, überlegte ich. Auf einmal kamen mir all die schlimmen Nachrichten in den Sinn, von denen die Medien fast täglich berichteten.
Es ist schrecklich, wie viele Kinder innerhalb ihrer eigenen Familie misshandelt werden, und das Schlimmste daran ist, dass die Erwachsenen ihnen oft nicht einmal glauben. Wie viele Mädchen vertrauen sich ihren Müttern an in der Hoffnung, von ihnen beschützt zu werden, und müssen sich dann anhören, sie würden lügen oder dass sie die Sache für sich behalten müssten. Ist die Ursache Angst vor den Konsequenzen, mangelndes Interesse oder beides? Überall auf diesem Planeten werden Tag für Tag Kinder misshandelt. Sie werden von ihren eigenen Vätern, Onkeln und Brüdern missbraucht. Und wir sehen alle weg.
Auch oder gerade diejenigen, die die Verantwortung für das Wohlergehen ihrer Kinder tragen, sehen weg und vernachlässigen ihre Aufgabe, die jungen, unschuldigen Menschen zu beschützen. Egal ob Familie, Nachbarn, Freunde, Ärzte oder Lehrer – jeder Erwachsene ist verantwortlich, wenn so etwas passiert. Wenn wir nicht mal in der Lage sind, ein schutzloses Kind, das sich nicht selbst verteidigen kann, vor häuslicher Gewalt zu beschützen, wie können wir uns da

Erwachsene nennen? Wie viele Kinder erleben einen Alptraum in ihrem eigenen Zuhause, während ihre Eltern zusehen oder sogar der Grund für diesen Alptraum sind? So etwas verstößt gegen jede Regel der Menschheit, gegen alles, was ich weiß.
Ich fuhr mit der Hand über meinen Bauch und versuchte, das entstehende Leben darin zu spüren. Minutenlang saß ich reglos da und konzentrierte mich voll und ganz auf das Kind, das da gerade in mir entstand.
Ein Kind aufzuziehen ist eine riesige Verantwortung. Ein Kind kann immer nur das werden, was seine Eltern ihm vorleben. Als junger Mensch ist man nun mal die meiste Zeit mit seinen Eltern zusammen, demnach lernt man am meisten von Vater und Mutter. Damit liegt es in der Verantwortung der beiden, was aus ihren Kindern wird. Wo waren die Eltern, als ihre Kinder respektlos wurden? Wo waren sie, als ihre Kinder gewalttätig wurden? Sie waren diejenigen, die diese Kinder aufgezogen haben. Man muss Kindern beibringen, was richtig und was falsch ist.
Wer gewaltsames und respektloses Verhalten in seinem Haus toleriert, kann kaum darauf hoffen, dass seine Kinder sich woanders besser verhalten. Wir, die Eltern, wir wissen, was richtig und was falsch ist. Wir müssen nicht immer die Wahrheit kennen, aber wir müssen auf unser Gewissen hören. Wir müssen uns der Verantwortung, die wir tragen, bewusst sein und uns entsprechend verhalten. Wir können unsere Kinder nicht vernachlässigen oder sie respektlos behandeln und dann erwarten, dass sie sich zu guten Menschen entwickeln. Wenn man eine schöne Kindheit hat, in der man sich geliebt und sicher fühlt, wird man auch ein liebevoller und respektvoll handelnder Mensch werden. Wenn man dagegen in einem gewaltsamen Umfeld aufwächst, trägt man diese Gewalt immer mit sich und wird sie irgendwann an jemand anderem auslassen.

Ich schwor mir in diesem Moment, mein Kind immer mit Liebe und Respekt zu behandeln, egal was passieren würde. Mein Sohn – ich wusste intuitiv, dass es ein Junge wurde – sollte eine völlig andere Kindheit haben als ich. Allerdings würde er von Anfang an auch anders sein als die anderen Kinder, denn er wäre ein schwarzes Kind in einem weißen Land. Er würde irgendwann all diese Sendungen auf MTV sehen und womöglich ein Rapper werden wollen.
Bei der Vorstellung musste ich laut lachen. Mein kleiner Sohn war noch nicht mal auf der Welt, und ich dachte schon über seine wilde Jugend nach. Im nächsten Moment wurde ich fast traurig. Wollte ich wirklich, dass mein Kind hier aufwuchs, in Europa, weit weg von meiner Heimat, nach der ich mich tief in mir drinnen so sehr sehnte?
Auf MTV hatte ich erst kürzlich eine Sendung gesehen, in der gezeigt wurde, wie reiche, verwöhnte Teenager Geburtstag feierten. Diese Kinder waren gerade mal sechzehn und sorgten sich schon darum, wer die tollste und vor allem teuerste Party veranstalten konnte. Man glaubt kaum, was diese Eltern für die Geburtstagsfeiern und Geschenke ihrer Kinder ausgaben, nur um ihren eigenen Wohlstand vorzuführen. Die Menschen in der Fernsehsendung gaben zum Teil mehr für einen Kindergeburtstag aus, als es kosten würde, sämtliche Einwohner eines kleinen afrikanischen Landes ein Jahr lang zu ernähren. Diese Kinder hatten ihre Kindheit verloren, denn sie waren schon als Teenager Sklaven der Konsumgesellschaft. Dabei war es noch nicht mal ihre Schuld. Sie gehörten einer verlorenen Generation an, und da alle um sie herum genauso waren wie sie, kannten sie gar kein anderes Leben. Diese Kinder waren bis oben hin angefüllt mit Lügen. Was sie für Glück hielten, war in Wirklichkeit nichts anderes als Ablenkung.
Wenn man sich vor ein Baby hinstellt, mit einer Rassel herumfuchtelt, und das Baby lacht, dann tut es das, weil es be-

schäftigt wird, weiter nichts. Diese reichen Teenager kauften ein, um sich zu beschäftigen, aber sie wurden dadurch nicht glücklicher. Auch das Baby wird bald das Interesse an der Rassel verlieren. Das ist völlig normal, denn Kinder langweilen sich schnell, sie wollen immerzu Neues entdecken und dazulernen. Das können sie aber nicht, wenn man sie mit Spielzeug überhäuft, denn dann sind sie überfordert. Diese Teenager auf MTV brauchten jedes neue Handy und jeden neuen Computer, der auf den Markt kam, sonst waren sie nicht trendy. Sobald sie jedoch etwas besaßen, war es nicht mehr interessant. Jede Kreativität wird so schon im Keim erstickt. Letztlich geht es dann nur noch darum, das letzte und neueste Etwas zu haben, weil dieser angesagte Musiker es in seinem neuen Video auch hat.

Kinder dürfen nicht vor dem Fernsehen aufwachsen. Kinder müssen möglichst oft und viel draußen spielen, in der freien Natur. Sie brauchen Beschäftigungen, bei denen ihr Geist wachsen und sich entwickeln kann. Wenn Kinder vor dem Fernseher sitzen, werden sie mit Informationen geradezu bombardiert – und wissen am nächsten Tag oft nicht mal mehr, was sie da eigentlich gesehen haben. Sie können sich in den meisten Fällen auch nicht daran erinnern, ob sie mochten, was sie da gesehen hatten.

Wenn ich als Kind spielen wollte, musste ich mir etwas ausdenken, musste ich kreativ sein. Kreativität ist vor allem für kleine Kinder ungeheuer wichtig, denn davon zehren sie ein ganzes Leben.

Als Kind in Afrika bekommt man eine Aufgabe, sobald man alt genug ist, um zu laufen. Man ist ein wichtiger Teil der Familie, und egal wie klein diese Aufgabe ist, man trägt etwas zum Familienleben bei und ist für irgendetwas verantwortlich. Kinder sind sehr intelligent und merken schnell, wenn ihre Eltern sich nicht für sie interessieren.

Allerdings haben Kinder in dieser Gesellschaft meist keine

Stimme, und erfahren viel zu oft Gewalt. Wenn ein Kind ohne Angst ist, erzählt es die unglaublichsten Dinge, aber man kann ein Kind niemals zwingen zu sprechen. Wenn Eltern ihre Kinder nicht respektieren, werden auch die Kinder die Eltern nicht respektieren. Und das alles nur, weil die Leute nicht miteinander kommunizieren, weil die Erwachsenen keine oder zu wenig Zeit mit ihren Kindern verbringen.

Was den Leuten hier in Europa fehlt, sind Familienleben, Zusammenhalt und Nähe. Jeden Abend zusammenzukommen, gemeinsam zu essen und sich gegenseitig zu erzählen, was man erlebt hat, Gutes genauso wie Schlechtes, und dann zu diskutieren, was man am nächsten Tag besser machen kann. Eines der negativsten Dinge, die mir auffielen, als ich nach Europa kam, war diese fehlende Nähe. Die Menschen rannten von ihren Familien förmlich weg. Es gab keinen Zusammenhalt, die Eltern kannten oft nicht mal die Bedürfnisse und Wünsche ihrer Kinder.

Alles, was Kinder brauchen, sind Liebe und Zuneigung. Dann werden sie schon das Richtige tun. Wenn Kinder wissen, dass es in Ordnung ist, die Wahrheit zu sagen, dass ihre Eltern sie nicht bestrafen, wenn sie erfahren, was wirklich passiert ist, dann werden sie auch nicht lügen. Eltern sind dafür zuständig, sich um ihre Kinder zu kümmern, bis sie alleine in die Welt hinausgehen können. Wenn mein Kind mir, seiner eigenen Mutter, nicht von seinen tiefsten oder traurigsten Gefühlen berichten kann, wem dann? Mein Kind soll mir immer alles sagen können, schließlich bin ich seine Mutter und werde es leiten. Wenn Kinder die Wahrheit sagen, sind sie frei. Dann gibt es keine Angst. Wenn ein Kind dagegen Angst hat, dann trägt es sein Leben lang eine schwere Last mit sich herum.

Alles lässt sich am Ende auf die Kindheit zurückführen. Wenn man als Kind nicht lernt, was richtig und was falsch ist oder was die eigenen Bedürfnisse sind, dann wird man irgendwann aufwachen und merken, dass man einen Großteil seines Lebens mit Dingen verbracht hat, die man nicht mal mag.

Nein, so sollte mein Kind nicht aufwachsen. Ich dachte wieder an das Gespräch mit Veruschka von Lehndorff zurück. Sie war zurückgekehrt in das Land, in dem ihr und ihrer Familie wahrlich Schreckliches angetan worden war. Sie hatte sich nicht versteckt, und sie war nicht davongelaufen, und wegen Menschen wie ihr konnten jüngere Generationen in Deutschland in Frieden leben.

Die Frage, die man sich stellen sollte, die jeder Mensch sich stellen sollte, lautet nicht, warum er auf dieser Welt ist, sondern ob er etwas Positives in diese Welt gebracht hat. Es gibt nichts Schöneres, als abends im Bett zu liegen und zu wissen, dass man heute etwas Gutes getan hat, dass man jemandem geholfen hat. Dieses Gefühl ist besser als alles, was man mit Geld kaufen könnte. Geld oder Konsumgüter können einem niemals diese Zufriedenheit verschaffen.

Ich wollte helfen. Und ich wollte meinem Kind ein Leben bieten, das ihm eine gute Zukunft ermöglichte. Wieder strich ich mit langsamen, kreisenden Bewegungen über meinen Bauch und versuchte in mich hineinzuhören.

In diesem Moment beschloss ich, so bald wie möglich nach Afrika zurückzukehren. Vielleicht könnte ich dort ein Projekt in die Tat umsetzen, um den Frauen vor Ort besser zu helfen. Ich müsste ihnen Arbeit und damit eine Perspektive geben. Spontan kam mir in den Sinn, dass ich eine Farm kaufen und sie dort beschäftigen könnte. Der Gedanke gefiel mir.

Ehre dein Kind, und es wird dich ehren.
　　　　Aus Sambia

16

Leons Geburt und neue Pläne

»Waris, Waris, aufwachen! Los, wach auf, wir verpassen sonst den Zug! Schnell, zieh dir etwas an!«
Erschrocken fuhr ich hoch. Im ersten Moment wusste ich weder, wo ich war, noch, wer ich war, und vor allem hatte ich keine Ahnung, wer da so laut schrie.
Einen Moment später steckte Joanna den Kopf durch die Tür zu meinem Schlafzimmer und sah mich vorwurfsvoll an. »Du bist ja immer noch nicht fertig, Waris. Das ist die letzte Zugverbindung nach Wien, die wir nehmen können. Wenn wir die verpassen, musst du dein Kind hier in Danzig zur Welt bringen.«
»Ja, ja, ich komme schon«, sagte ich mürrisch, schlug die Decke zurück und kletterte aus dem Bett.
Joanna hatte in der Zwischenzeit das Fenster geöffnet, und ich schlug fröstelnd beide Arme um den Körper. Augenblicklich wünschte ich mich zurück unter die warme Decke, doch es half nichts. Ich suchte mir etwas zum Anziehen und machte mich auf den Weg ins Bad. Die Koffer hatten wir zum Glück schon am Vorabend gepackt, daher standen sie bereits im Flur. Beinahe wäre ich darüber gestolpert, so schlaftrunken, wie ich noch immer war.
Was hätte ich darum gegeben, wenn ich nicht nur diesen unpraktischen Bauch schon los wäre, sondern auch die europäische Hektik hinter mir gelassen hätte. Aber hier in Polen fuhren die Züge nun mal nicht nach afrikanischer Zeit, sondern nach einem streng getakteten Fahrplan, daher sollten wir besser pünktlich am Bahnhof sein.
Als ich aus dem Bad trat, hupte draußen auf der Straße schon das Taxi.

»Okay, ich hab alles beisammen. Los, ab ins Taxi«, rief Joanna und fing an, die Sachen nach draußen zu schleppen.
Ich hatte derweil genug damit zu tun, mich selbst zu schleppen, denn der Geburtstermin meines zweiten Kindes stand unmittelbar bevor, und mein Bauch hatte inzwischen einen mehr als beachtlichen Umfang. Ich bekam tatsächlich einen Sohn, wie ich es vorhergesehen hatte. Die letzten neun Monate waren wie im Flug vergangen, mit all der Arbeit für die Foundation, und im Nachhinein kam mir meine Schwangerschaft vor, als hätte ich sie im Zeitraffer durchlaufen.
Jedenfalls hatte ich mir vor zwei Monaten in den Kopf gesetzt, meinen Sohn in Wien und nicht in Danzig, wo ich noch immer wohnte, zur Welt zu bringen, auch wenn ich diese Entscheidung in dem Moment zutiefst bereute. Am liebsten hätte ich mich einfach umgedreht und wäre zurück ins Bett gegangen. Ich gähnte demonstrativ, als ich mich ins Taxi hievte und die Tür schloss.
»Immer mit der Ruhe, wir haben noch Zeit«, ließ ich vom Rücksitz verlauten.
Joanna hörte mich vermutlich gar nicht, denn sie redete auf Polnisch auf den Taxifahrer ein, wahrscheinlich um ihn zur Eile zu bewegen. Kurz darauf bretterten wir mit hohem Tempo durch die Vororte Danzigs in Richtung Innenstadt.
Ich blickte aus dem Fenster auf die Ostsee, die nur wenige Meter von meinem Haus und der Straße entfernt ist, die in die Stadt führt. Fast ein Jahr, deutlich länger als geplant, lebte ich nun schon hier, zwischen Danzig und Zoppot, direkt am Meer, und meine gesamte Schwangerschaft hatte ich hier verbracht. Nun konnte ich es kaum erwarten, meinen kleinen Sohn endlich in den Armen zu halten. Ich dachte an die Geburt von Aleeke zurück und daran, wie überglücklich ich gewesen war, als die Krankenschwester ihn mir zum ersten Mal auf den Bauch gelegt hatte. Aleeke bedeutet »starker

Löwe«, und auch meinen zweiten Sohn wollte ich nach dem mächtigen, anmutigen Raubtier benennen: Leon sollte er heißen.

Mit dem Gedanken an meine Söhne besserte sich meine Laune, und auch Joanna entspannte sich, da wir offenbar wieder gut in der Zeit lagen.

Lächelnd drehte sie sich zu mir um. »Den Zug erwischen wir noch«, sagte sie. »Jetzt muss sich der kleine Leon nur noch gedulden, bis wir in Wien sind.«

Zärtlich und voller Liebe blickte ich hinunter auf meinen runden, prallen Schwangerschaftsbauch. »Er wird warten«, sagte ich zuversichtlich.

»Na, hoffentlich hast du recht«, meinte Joanna nur. »Ich will mich nicht darauf verlassen, dass zufällig eine Hebamme in unserem Zugabteil sitzt.«

Ich musste lachen bei der Vorstellung und freute mich auf die bevorstehende Fahrt. Seit mehreren Monaten war ich nicht in Wien gewesen, hatte mit meinen Mitarbeitern in der Foundation nur telefonisch Kontakt gehalten.

Da hielt das Taxi auch schon vor dem Bahnhof, und in der Zeit, die ich brauchte, um aus dem Wagen zu klettern, hatte Joanna bereits das Gepäck beisammen und den Taxifahrer bezahlt. So schnell ich konnte, watschelte ich hinter ihr her Richtung Bahnsteig, wo der Zug schon bereitgestellt war. Kaum dass wir unser Abteil erreicht hatten, ich mich gerade auf meinen Platz hatte sinken lassen, setzte er sich ruckelnd in Bewegung.

Puh, das war knapp.

Ich machte es mir auf meinem Sitz am Fenster gemütlich und blickte hinaus in die vorbeigleitende polnische Frühlingslandschaft. Überall blühte es bereits, und zwischen den saftigen grünen Wiesen lagen überall kleine Seen und Weiher, auf denen Enten- und Schwanenfamilien ihre Bahnen zogen. Die Vorfreude auf meinen kleinen Sohn wuchs mehr und mehr, immerhin war es nun nur noch eine Frage von Stunden, bis die Wehen einsetzten. Mein Hausarzt in Polen, dem ich am Vortag noch einen Besuch abgestattet hatte, hatte mir eindringlich von der Zugreise abgeraten.

»Bei Kindern weiß man nie«, hatte er gesagt.

»Ach, das wird schon klappen«, wischte ich seine Bedenken beiseite.

»Die Gefahr, dass Ihr Sohn im Zug zur Welt kommt, ist recht groß, Frau Dirie. Das dürfen Sie keinesfalls unterschätzen.«

Ich dagegen war mir sicher, dass mir noch genug Zeit bliebe. Mein Sohn würde in Wien geboren werden, das hatte ich mir nun einmal in den Kopf gesetzt, und daran wollte ich auch festhalten. Selbst wenn ich mir sicher war, es noch rechtzeitig zur Geburt nach Wien zu schaffen – sollte Leon es sich unterwegs anders überlegen, dann würde er eben im Zug zur Welt kommen.

Meine Mutter hatte zwölf Kinder zur Welt gebracht, ohne Arzt und immer in der Wüste: ohne Hebamme, draußen in der Natur und ganz auf sich gestellt. Jedes Mal, wenn eine Geburt bevorstand, machte sie sich ohne Begleitung auf den Weg in die Wüste und kehrte erst am nächsten oder übernächsten Tag mit dem Neugeborenen zu unserem Lager zurück. Wenn meine Mutter das Ganze zwölf Mal ohne fremde Hilfe geschafft hatte, dann konnte eine Geburt in einem modernen Zug mitten in Europa keine allzu große Sache sein.

Ich war also unbesorgt und hing meinen Gedanken nach, während wir langsam Richtung Warschau rollten.

Joanna war deutlich weniger entspannt als ich. »Wie lange das dauert hier!«, schimpfte sie. »Die Verbindung nach Warschau war zu meiner Jugend viel schneller als jetzt. Auf der Strecke wird das Gleisbett komplett erneuert, deshalb braucht man jetzt doppelt so lange wie damals, zu Zeiten des Kommunismus.«

Ich grinste sie nur an und bedeutete ihr mit einer Geste, dass es mir gutgehe und sie sich um mich keine Sorgen machen müsse.
Die Fahrt verlief ohne Probleme, und da der Zug nicht besonders voll war, hatten wir das Abteil die ganze Zeit über für uns allein.
So konnten wir uns ausgiebig unterhalten, und bald waren wir beim Thema »Rückkehr nach Afrika« angekommen.
»Ich möchte nicht einfach nur zurückgehen und mich dort zur Ruhe setzen«, erklärte ich ihr. »Ich will mit einer Vision nach Afrika zurückkehren, mit neuen Ideen, wie man dort wirklich etwas verändern kann. Ich kann ewig hier in Europa gegen FGM kämpfen, aber wenn sich in Afrika nicht bald mal etwas Grundlegendes ändert, ist das auf Dauer ein verlorener Kampf. Das weiß ich nun.«
»Wie stellst du dir das vor?«, fragte Joanna, die sämtliche Entscheidungen mit Weitsicht plante.
»Ich will eine Farm kaufen, irgendwo auf dem Land. Ich brauche die Natur und die Weite Afrikas, und ich will, dass meine beiden Söhne auch in einer solchen Umgebung aufwachsen. Vielleicht könnte ich sogar eine eigene Plantage führen, auf der dann ausschließlich Frauen arbeiten und lernen könnten. Meine ganze Familie könnte ich ebenfalls dorthin holen, und auch sie könnten alle auf meiner Farm Arbeit finden.«
»Was wird dann aus der Foundation?«, bohrte Joanna weiter. »Willst du die etwa auch nach Afrika verlegen?«
»Viel wichtiger ist doch die Frage, was die Foundation in Zukunft machen soll.«, entgegnete ich ihr. »Wir haben inzwischen so viel Wissen über Afrika gesammelt und so viel recherchiert, das Know-how müssen wir für die Frauen in Afrika nutzen.«
Sie nickte.
»Sieh dir doch nur mal die Situation der Frauen in Afrika an!

Weibliche Genitalverstümmelung ist ja bloß ein Symptom für ein viel weitreichenderes Problem, nämlich die Tatsache, dass Frauen in Afrika weder Rechte noch gesellschaftliche Anerkennung haben. Solange sich das nicht ändert, werden wir auch FGM nicht besiegen können. Erst wenn die Frauen Afrikas sich von ihren Fesseln befreien, können sie sich auch von weiblicher Genitalverstümmelung befreien!«

Unser Zug erreichte Warschau, wo bereits der Nachtzug »Frédéric Chopin« nach Wien auf uns wartete, in dem Joanna ein Zweierabteil im Schlafwagen reserviert hatte.

Die lange Fahrt strengte mich doch mehr an als erwartet, daher legte ich mich sofort ins Bett. Das Schaukeln des Zuges wirkte beruhigend und schien auch Leon in den Schlaf zu wiegen. Ich schloss die Augen, um zu schlafen, aber meine Gedanken schweiften immer wieder ab. Die vergangenen Monate waren wirklich ereignisreich gewesen, und ich hatte selten so viel Ruhe wie hier, um über alles nachzudenken, was passiert war. Am spannendsten waren die Dreharbeiten zu *Wüstenblume* in Dschibuti und Berlin gewesen, und während ich an die Zeit zurückdachte, fielen mir die Augen zu.

Irgendwann wurde ich wach, weil ich ein Geräusch hörte. Schemenhaft erkannte ich Joanna, die bereits aus ihrem Bett geklettert war und nach einer Uhr suchte.

»Wie spät ist es?«, fragte ich schlaftrunken und versuchte mich ein wenig bequemer hinzulegen, da mein Rücken höllisch schmerzte.

»Es ist vier Uhr früh. Der Zug soll um sechs in Wien ankommen«, antwortete sie. »Wie geht es dem Baby?«

»Gut«, erwiderte ich und richtete mich vorsichtig auf. »Der Kleine meldet sich ständig. Ich glaube, er wird langsam ungeduldig da drin. Vermutlich kommen wir genau rechtzeitig in Wien an.« Ich stützte beide Hände in den Rücken und streckte mich.
Ich wusste genau, dass mein kleiner Sohn an diesem milden Frühlingstag zur Welt kommen würde. Das hatte ich auch die Tage zuvor schon gewusst und mich ganz auf meine Intuition verlassen. Wie schon bei Aleeke würde sich mit der Geburt von Leon mein Leben wieder einmal komplett ändern.
Nach unserer Ankunft in Wien am frühen Morgen fuhr ich mit dem Taxi direkt vom Bahnhof ins Krankenhaus, wo Professor Leodolter bereits auf mich wartete. Den Gynäkologen, der sich immer wieder für die Desert Flower Foundation eingesetzt hatte und mit dem ich inzwischen befreundet war, hatte ich vorher per Handy von meiner Ankunft informiert.
Er begrüßte mich herzlich und geleitete mich sofort in eines der Behandlungszimmer.
»Das war aber allerhöchste Zeit«, sagte er, nachdem er mich untersucht hatte.
»Ja, ich weiß«, sagte ich. »Mein Baby wird heute auf die Welt kommen.«
Kurz darauf brachten sie mich in den Kreißsaal, und tatsächlich war Leon am frühen Nachmittag schon da. Die Geburt verlief genau so, wie ich es mir vorgestellt hatte: unkompliziert und in einer sehr entspannten Atmosphäre. Nachdem sie die Nabelschnur durchtrennt hatte, legte mir die Hebamme Leon in ein weißes, flauschiges Tuch gewickelt auf den Bauch. Erschöpft betrachtete ich meinen kleinen Jungen und empfand tiefes Glück.
Als ich später in meinem Zimmer lag, konnte ich vom Bett aus in den Garten des Krankenhauses sehen, in dem schon die ersten Frühlingsblumen blühten. Die Sonne schien, und es war ungewöhnlich warm für einen Apriltag. Plötzlich

musste ich wieder an meine Mutter und die sicher nicht leichten Geburten mitten in der Wüste denken. Ich dagegen lag hier, in diesem komfortablen Krankenhaus, bei bester medizinischer Versorgung und umgeben von fürsorglichen Krankenschwestern, die ich jederzeit herbeiklingeln konnte. Der Unterschied hätte kaum größer sein können.

In der Wüste kamen die Babys da zur Welt, wo sie auch leben würden, nämlich mitten in der freien Natur, und nicht wie hier in einem sterilen Krankenzimmer. Ich fragte mich, ob meine eigene starke Bindung zur Natur damit zu tun hatte, dass ich seit meinem ersten Atemzug den Duft der Wüste und nicht etwa Desinfektionsmittel eingeatmet hatte. Ich beschloss, Leon so schnell wie möglich hinaus in die Natur zu bringen.

Am nächsten Tag nahm ich meinen neugeborenen Sohn und ging mit ihm hinunter in den Garten. Ich wollte Leon so schnell wie möglich die Natur zeigen, schließlich hatte er bisher nichts weiter als ein Krankenhauszimmer kennengelernt. Er sollte spüren, was es hieß, unter freiem Himmel zu sein, zu hören, zu riechen und zu schmecken.

»Leon, riechst du das?«, fragte ich ihn. »Das ist Mutter Natur.« Ich ließ den Säugling an den Blättern und Blüten der Pflanzen im Garten schnuppern, während ich mit ihm redete.

Eine ältere Frau mit grauen, kurzen Locken, die in einem Hausanzug und mit einer Decke auf den Knien auf einer Parkbank saß, sah mir dabei zu, wie ich meinen kleinen Sohn von einem Strauch zum nächsten trug.

»Die Natur gibt uns alles, was wir brauchen«, erklärte ich ihm. »Sie ernährt uns und hält uns am Leben. Daran musst du immer denken, Leon. Mutter Natur verdanken wir unser Leben, daher müssen wir sie respektieren und lieben.« Ich sog selbst die warme Frühlingsluft tief ein, ehe ich weiterredete. »Wer Mutter Natur beleidigt, sie ausbeutet und benutzt, muss einen hohen Preis dafür berappen. Er bezahlt mit seiner Gesundheit und im schlimmsten Fall sogar mit seinem Leben. Und er gefährdet das Leben anderer Menschen, vor allem das seiner Kinder.«

Die ältere Dame beobachtete mich noch immer und hörte aufmerksam zu. »Das ist sehr weise, was Sie da sagen«, sprach sie mich schließlich an. »Wie alt ist ihr Baby denn?«, fragte sie dann.

»Gestern geboren«, antwortete ich stolz.

»Herzlichen Glückwunsch! Ist es ein Junge oder ein Mädchen?«

»Ein Junge.«

»Wie wunderbar. Ich habe selbst drei Söhne«, berichtete sie mit einem Strahlen in den Augen. »Allerdings haben die mittlerweile schon eigene Kinder.«

»Wirklich? So alt sehen Sie gar nicht aus«, entfuhr es mir.

Die alte Dame freute sich sichtlich. »Ich habe sehr jung Kinder bekommen«, erklärte sie. »Das erste schon mit siebzehn. Das war vielleicht eine Aufregung damals, ich war ja noch nicht einmal verheiratet, als ich schwanger wurde. Das musste dann vor der Geburt noch schnell passieren.« Sie lachte.

»Haben Sie den Vater denn geliebt?«, fragte ich und verspürte ein seltsames Ziehen in der Magengegend.

»Na ja, damals war ich natürlich verliebt in ihn«, erzählte sie und stand auf, um ein paar Schritte mit mir zu gehen. »Und als ich dann schwanger war, war die Sache sowieso entschieden, denn wir mussten zwangsläufig heiraten.« Sie seufzte leise. »Aber ich war immer zufrieden mit dem, was ich hatte, auch wenn das alles so nicht geplant war und ich mir damals natürlich ein anderes Leben erträumt hatte.«

Ich streichelte Leon, der schon wieder eingeschlafen war, über das Köpfchen. »Hatten Sie denn keine andere Wahl, als den Vater des Kindes zu heiraten?«, fragte ich. Für mich war völlig klar, dass ich meinen Sohn alleine großzog. Ich hatte mich ganz bewusst dafür entschieden und bereute diesen Entschluss nicht.

Die Frau lächelte. »Wissen Sie, die Zeiten waren damals anders als heute. Der Krieg war gerade vorbei, und Wien war eine zerbombte Stadt. Viele Menschen starben damals an Hunger oder weil sie kein sauberes Wasser hatten. Heute kann man sich gar nicht mehr vorstellen, dass so etwas überhaupt möglich ist, mitten in Europa.«

»In Wien sind Menschen verhungert?«, fragte ich ungläubig.

»Ja«, antwortete die Frau. »Wir hatten nichts. Die Wirtschaft war komplett zusammengebrochen, und wer keine Kontakte zu den Bauern im Umland von Wien hatte, musste auf dem Schwarzmarkt für viel Geld Nahrungsmittel kaufen. In jener Zeit war die Familie natürlich extrem wichtig, und ein uneheliches Kind war eine echte Katastrophe.« Sie musste lachen, als sie weiterredete. »Noch dazu war das ein Beweis dafür, dass man Sex vor der Ehe gehabt hatte, und das war damals völlig unakzeptabel.«

»Das ist ja genauso wie dort, wo ich herkomme«, sagte ich. »Was haben Sie denn gemacht, als Sie merkten, dass Sie schwanger waren? Haben Sie mit Ihrer Mutter gesprochen?«

Die ältere Dame schüttelte den Kopf und blieb kurz stehen. »Nein. Aber meine Mutter war diejenige, die es gemerkt hat. Ich habe damals ja noch zu Hause gelebt. Mein Vater ist leider im Krieg gefallen. Eines Abends setzte meine Mutter sich mit mir in die Küche und sagte, es sei wohl an der Zeit, dass ich den Alfred heirate. Ich war total überrascht, weil ich immer gedacht hatte, dass meine Mutter nicht gerade begeistert von der Beziehung war.«

»Und dann sollten Sie ihn plötzlich heiraten?« Jetzt war ich neugierig auf den Rest der Geschichte.

Bereitwillig erzählte die Dame weiter. »Nun ja, meine Mutter hatte wohl den Verdacht, dass ich ein Kind bekommen

könnte. Ich war schon seit einigen Monaten schwanger, aber ich hatte ja keinen blassen Schimmer davon, wie man so etwas erkennt. Ich hatte mit meiner Mutter nie über Sex gesprochen, und sie hat es sogar geschafft, mit mir über die Schwangerschaft zu reden, ohne jemals auf das Thema Sex eingehen zu müssen.« Wieder überzog ein Lächeln ihr Gesicht bei der Erinnerung.
»Sie wussten also vorher gar nicht, wie man schwanger wird?«, fragte ich erstaunt.
»Ich hatte keine Ahnung. Für meine Mutter war Sex ein absolutes Tabu, und damals gab es diese ganzen Heftchen ja noch nicht, die heutzutage jeder Jugendliche liest. Die *Bravo* kam erst irgendwann in den fünfziger Jahren auf den Markt, was damals einen echten Skandal auslöste. Aber diese Zeitschrift hat sicher viele Mädchen vor einer Situation wie der bewahrt, in der ich steckte.«
»Oh, die *Bravo* kenne ich!«, rief ich. Leon regte sich in dem Tuch an meiner Brust, und ich redete leise weiter. »Da kann man doch einem Expertenteam Fragen über Sex und seinen Körper stellen, die dann im Heft beantwortet werden. Lesen das denn wirklich so viele Teenager?« Ich konnte es kaum glauben.
»Also meine Kinder haben die Artikel alle heimlich gelesen, und meine Enkelkinder lesen sie auch, allerdings nicht mehr so heimlich und verschämt. Diese Form von Offenheit ist zwar etwas gewöhnungsbedürftig für meine Generation, aber ich hätte meine Kinder ja gar nicht aufklären können, weil ich selbst nie mit jemand über dieses Thema gesprochen hatte, nicht mal mit meinem Mann.«
»Haben Sie die Hefte auch selbst mal gelesen?« Ich wusste, ich war sehr neugierig, aber die Frau schien es mir nicht übelzunehmen.
Sie lachte bei meiner Frage. »Ja, aber nur heimlich. Wenn meine Tochter in der Schule war, habe ich verstohlen ihre

Bravo gelesen. Was es da alles zu sehen gab! Die haben ja wirklich alles abgebildet. Ich habe sozusagen erst durch dieses Heft erfahren, was eine Klitoris ist«, gestand sie mir erstaunlich offen.

»In Afrika wäre so eine Zeitschrift noch immer unvorstellbar«, sagte ich. »Wenn ich an meine eigene Kindheit und auch an Afrika heute denke, so ist Sexualität immer noch ein absolutes Tabu.«

»Wirklich?«, sagte die alte Dame erstaunt. »Das hätte ich jetzt nicht gedacht. Ich war immer der Meinung, in Afrika gingen die Menschen ganz frei mit ihrer Sexualität um.«

»O nein«, widersprach ich ihr. »Ganz und gar nicht. Das Gegenteil ist vielmehr der Fall.«

Wir plauderten noch eine Weile weiter, bis wir eine komplette Runde durch den Park gedreht hatten, dann verabschiedeten wir uns voneinander. Joanna wollte mich noch besuchen, und ich wollte sie nicht warten lassen.

Als ich mit meinem Sohn zurück in mein Zimmer kam, war sie jedoch noch nicht da, und so legte ich mich mit dem Kleinen aufs Bett und schaute aus dem Fenster. Dabei dachte ich über die Situation in meiner Heimat nach. Hier in Europa war Sexualität längst kein Tabuthema mehr, und man konnte sehr leicht vergessen, dass es noch vor wenigen Jahrzehnten unmöglich gewesen war, offen über Sex zu sprechen.

In Afrika redete noch immer niemand offen darüber, und dabei wäre Aufklärung ungemein wichtig. Denn in Afrika hatte die Unwissenheit der Menschen, vor allem der Frauen, weit schlimmere Folgen als eine ungewollte Schwangerschaft. Das Tabu war nach wie vor stärker als der Druck, etwas gegen die Ausbreitung von Aids zu tun, und das fand ich wirklich unglaublich.

Allein südlich der Sahara gibt es mittlerweile zweiundzwanzig Millionen HIV-Infizierte. Die Infektionsraten steigen

fast überall und gehen nur in einigen wenigen Staaten zurück, und zwar ausschließlich dort, wo massiv Aufklärung betrieben wird. Selbst in einem Land wie Südafrika wird das Thema jedoch entweder totgeschwiegen, oder es werden sogar wissentlich Falschinformationen verbreitet, was die Ansteckung und Behandlung von Aids angeht.
Während ich so dalag, musste ich an die weibliche Genitalverstümmelung und die Falschinformationen und Mythen denken, die überall in Afrika darüber verbreitet wurden, und mir wurde ganz schlecht. Die Leute glaubten zum Beispiel nach wie vor, eine genitalverstümmelte Frau sei fruchtbarer und könne mehr Kinder bekommen als eine nicht verstümmelte. Dabei ist genau das Gegenteil der Fall. Jede dritte Frau wird durch die Genitalverstümmelung und die daraus resultierenden chronischen Entzündungen im Genitalbereich unfruchtbar.
Trotzdem werden in Afrika noch immer mehr Kinder geboren als irgendwo sonst auf der Welt. Während in Europa zunehmend weniger Kinder auf die Welt kommen und Politiker in allen Ländern durch die verschiedensten Maßnahmen versuchen, die Geburtenraten zu erhöhen, weil es hier sonst bald nur noch Rentner geben wird, hat Afrika das umgekehrte Problem. Und wie ich seit der Begegnung mit der NGO-Mitarbeiterin in der Mädchenschule in Dschibuti wusste, gehörte das Thema Verhütung noch immer nicht zu den Kernthemen der meisten afrikanischen NGOs gehöre, obwohl in anderen Gegenden sehr stark aufgeklärt werde.
In Südostasien haben sich NGOs beispielsweise stark für eine Geburtenkontrolle eingesetzt, aber in Afrika, wo obendrein ein riesiges Problem mit HIV besteht, wird dieses Thema oft nicht mal angesprochen. Die überwiegende Zahl der Familien bekommt nach wie vor sehr viele Kinder, weil diese in vielen Teilen Afrikas die einzige Form der Altersvorsorge sind. Aber Kinder kosten natürlich auch Geld.

Daher wird in Ländern, in denen die Geburtenrate sehr hoch ist, weitaus weniger Geld zurückgelegt und damit auch weniger Geld in Geschäftsideen gesteckt und investiert. In Afrika hemmt der Kinderreichtum in vielen Gebieten also die Entwicklung.

Ganz unabhängig von den wirtschaftlichen und sozialen Folgen, ist dieses Tabu auch ein großes persönliches Problem. Meine Erfahrung ist, dass nicht nur das Thema Sex, sondern auch der eigene Körper für Frauen etwas ist, womit sie sich nicht beschäftigen.

Schon als kleines Mädchen hatte ich gelernt, dass das, was ich da zwischen den Beinen hatte, etwas Schmutziges und Schlechtes sei, das ich auf keinen Fall berühren dürfe und am besten komplett ignorierte. Eine Frau, die nichts über ihren eigenen Körper, geschweige denn über ihre eigene Sexualität erfährt, kann niemals ein glückliches und erfülltes Sexualleben haben, weil sie gar nicht weiß, was sie mag und was nicht. Natürlich kann sie so auch niemals über ihre eigene Sexualität bestimmen und ein sexuelles Selbstwertgefühl aufbauen. Das wirkt sich auf jede Partnerschaft aus, die eine afrikanische Frau eingeht, und schränkt sie in ihrer Beziehung zu Männern extrem ein. Wenn man sich selbst nicht wertschätzt, wird man von seinem Partner auch keine Wertschätzung bekommen. Für eine Frau, die mit diesen Ansichten aufgewachsen ist, wird es sehr schwierig, wenn nicht sogar unmöglich, jemals eine gleichberechtigte Beziehung zu führen. Das meine ich jetzt nicht nur in Bezug auf Sexualität, sondern auch in allen anderen Bereichen einer Beziehung.

Als Joanna zaghaft an die Tür klopfte, hatte ich mich gerade so richtig in meinen Gedanken hineingesteigert und war froh, dass sie mich ablenkte. Ich freute mich sehr über ihren Besuch, und nachdem sie den schlafenden Leon gebührend bewundert hatte, saßen wir noch lange zusammen, um zu reden. Sie war zwischenzeitlich in der Foundation gewesen und brachte mich wieder auf den aktuellen Stand. Gemeinsam gingen wir einige der anstehenden Projekte durch und besprachen die Themen, die dringend anstanden.

Joanna kam täglich vorbei, um mich auf dem Laufenden zu halten, und nach wenigen Tagen durfte ich mit Leon die Klinik verlassen. Die alte Dame habe ich leider nicht wiedergesehen, aber ich erinnere mich gerne an das aufschlussreiche Gespräch mit ihr zurück.

Die nächsten Wochen verbrachte ich mit meinem kleinen Sohn in Wien. Ich genoss die erste Zeit mit ihm ganz besonders und versuchte, so wenig wie möglich zu arbeiten. Allerdings hatte ich in der Zwischenzeit viele E-Mails aus der ganzen Welt erhalten, die alle beantwortet werden wollten, und ich hatte viel für meine Rückkehr nach Afrika vorzubereiten.

Meine Mitarbeiter hatten in den vergangenen Monaten intensiv recherchiert und einige interessante Projekte ausfindig gemacht, von denen sie mir nun berichteten. Gemeinsam überlegten wir, wie wir diese mit meinem Ziel, eine Farm zu kaufen, verbinden könnten. Vielleicht könnten wir das Konzept ausdehnen und zusätzlich Hilfe leisten? Wir begannen zu überlegen, was wir am besten anbauen konnten und wie wir möglichst vielen Frauen Arbeit geben konnten. Dass die Situation in meiner Heimat sich seit Jahren nicht zum Besseren wendete, war für mich nicht länger hinnehmbar, daher spielten wir einfach alle Möglichkeiten durch.

Mit meiner Foundation hatte ich in den letzten Jahren weltweit gegen weibliche Genitalverstümmelung gekämpft, Tausende Menschen beraten, unzählige Gespräche mit Verantwortlichen geführt und zahlreiche Politiker überzeugt. Dabei war mir zunehmend klargeworden, dass ich bisher zwar viele Menschen erreichen und aufrütteln konnte, aber dass ich mit meiner Arbeit nichts gegen die wirklichen Ursachen von weiblicher Genitalverstümmelung auszurichten vermochte. Immer und immer wieder war ich in den Diskussionen mit Betroffenen genauso wie mit Eltern, die ihre Töchter genitalverstümmeln ließen, an einen Punkt gelangt, an dem weder religiöse noch kulturelle Motive und Argumente wichtig waren. Jede Diskussion lief irgendwann auf zwei Punkte hinaus: Armut und die jeweiligen Überzeugungen, welche gesellschaftliche Rolle eine Frau in Afrika einnehmen könne und solle.

FGM wird vor allem von Menschen praktiziert, die in großer Armut leben und die in der arrangierten Verheiratung ihrer Töchter eine wichtige Einnahmequelle für die Familie sehen. Viele genitalverstümmelte Töchter sind für die Eltern eine gute Altersversorgung, denn nur solche Mädchen können problemlos verheiratet werden. Das liegt daran, dass in vielen Gesellschaften nach wie vor der Glaube vorherrscht, nur eine genitalverstümmelte Frau sei eine treue Ehefrau.

Als Frau nicht verheiratet zu sein, ist in solchen Gesellschaften unvorstellbar. Eine Frau gehört bis zu ihrer Hochzeit ihrem Vater und wechselt dann automatisch in den »Besitz« der Familie ihres Ehemannes. Allein hat sie weder das Recht, Grund zu erwerben, noch die Möglichkeit, ein eigenes Einkommen zu haben oder irgendeine gesellschaftliche Rolle einzunehmen.

Die finanzielle Motivation der Beschneidung macht es in den oft sehr armen Gegenden extrem schwierig, effektiv gegen FGM vorzugehen. Dieser Zustand basiert auf dem für Europäer völlig absurden Frauenbild, das in diesen Gesellschaften immer noch maßgebend ist. Eine effektive Strategie, weibliche Genitalverstümmelung in Afrika zu bekämpfen, muss also immer an zwei Punkten ansetzen: als Erstes an der Aufklärung der Menschen, und zwar nicht nur über die Gefahren und Folgen von FGM, sondern vor allem über die weibliche Sexualität und die Rolle der Frau in der Gesellschaft. Der zweite wichtige Ansatz, ohne den kein Anti-FGM-Programm jemals nachhaltigen Erfolg haben kann, ist die Bekämpfung der Armut. Nur wenn die Menschen nicht mehr tagtäglich um das nackte Überleben kämpfen, werden sie sich mit gesellschaftlichen Themen überhaupt beschäftigen.

Ich weiß aus Erfahrung, dass die Afrikaner sehr kreativ sind, wenn es darum geht, sich über Wasser zu halten. Allerdings geschieht das normalerweise nicht in einer Art und Weise, die Arbeitsplätze schafft und die wirtschaftliche Entwicklung nachhaltig fördert. Aber ich bin mir sicher, dass die afrikanische Kreativität ein enormes Potenzial hat, das sich schon mit Hilfe kleinerer Investitionen freisetzen ließe. Natürlich müssen diese Investitionen an gewisse Regeln und vor allem regelmäßige Kontrollen gebunden sein, denn es wäre naiv anzunehmen, dass die einfachen Leute nicht, genau wie ihre sogenannten Eliten, lieber heute ein Auto kaufen, als das Geld nachhaltig zu investieren.

Allerdings wäre die Sachlage stark vereinfacht dargestellt, wenn man behauptete, dass alles, was in Afrika fehlt, das nötige Kapital sei. An den ölfördernden Staaten Westafrikas kann man deutlich erkennen, dass Reichtum sich oft in keiner Weise auf die Situation der Armen im Land auswirkt. Nigeria ist beispielsweise der sechstgrößte Ölproduzent der Welt. Die nigerianische Regierung ist einer der wichtigsten Öllieferanten der USA, die in Zukunft einen noch höheren Anteil ihrer Ölimporte aus Afrika beziehen wollen. Zwar gibt es durchaus einige positive Nebenwirkungen dieses Ölreichtums, etwa die als Hilfsgelder für den Bau von Straßen und Schulen getarnten »Bestechungsgelder« für die Erlaubnis, Öl zu fördern. Doch von dem Reichtum, den der Verkauf des Rohöls dem nigerianischen Staat einbringt, spürt die einfache Bevölkerung nichts.

In Nigeria führt das seit mehreren Jahren immer wieder zu Sabotageakten. Überall zapfen die Menschen die Pipelines an, regelmäßig kommt es zu schlimmen Unfällen mit zahlreichen Toten. Schon mehrmals haben solche Vorfälle heftige Einbrüche bei den Staatseinnahmen verursacht, da der nigerianische Haushalt zu über neunzig Prozent aus Ölverkäufen finanziert wird. Die Regierung reagierte auf diese Einbrüche übrigens mit der Kürzung von Sozialausgaben.

Dass Geld allein nicht der entscheidende Faktor ist, zeigt sich auch in anderen Teilen Afrikas. Wenn es nur am mangelnden Kapital läge, dass dieser Kontinent sich nicht nachhaltig entwickelt, wären die unzähligen Milliarden, die an Hilfsgeldern nach Afrika geflossen sind, nicht so wirkungslos geblieben.

Es hilft niemandem, wenn die Industriestaaten in einem afrikanischen Dorf eine Maschine finanzieren, die dann niemand bedienen kann. Genauso wenig ist es sinnvoll, ein Krankenhaus mitten in den Dschungel zu stellen, wenn das qualifizierte Personal fehlt, das dort arbeiten könnte. Solche Beispiele gibt es in Afrika leider überall.

Nachdem die Mitarbeiter meiner Foundation und ich in langen Gesprächen vor allem über die Probleme und Entwicklungshindernisse wie mangelnde Bildung, mangelnde Aufklärung, wirtschaftliche Probleme und andere Themen diskutiert hatten, standen nun erfreulichere Dinge an. Voller Elan stürzte ich mich in die letzten Vorbereitungen für die Rückkehr in meine Heimat und wir hielten bereits Ausschau nach einem geeigneten Standpunkt für die Farm.

»Werde unabhängig!«, ist keine Beleidigung.
Aus Ghana

17

Mama Africa

Der Plan, die Menschen in Afrika vor Ort zu unterstützen, ihnen Arbeit zu geben, sie bei der Firmengründung zu beraten, nahm immer mehr Gestalt an. Ziel musste es sein, dafür zu sorgen, dass die gutausgebildeten jungen Leute nicht mehr auswanderten, sondern blieben und sich in ihrem Land engagierten.
Wochenlang überlegte ich hin und her, schmiedete Pläne und verwarf sie wieder und konnte nachts oft kaum schlafen, da mich der Gedanke an mein Engagement in Afrika nicht mehr loslassen wollte. Denn bevor ich das Projekt mit der Farm in Angriff nehmen konnte, stand ich erst mal vor einer langen Reihe von Fragen: Wie sollte ich das Ganze aufbauen? Wie sollten wir all die Menschen mit ihren tollen, förderungswürdigen Ideen finden, die sicher in ganz Afrika verteilt waren? Wo sollte ich am besten anfangen? An wen musste ich mich wenden? Wer hatte Erfahrung mit ähnlichen Projekten und konnte mich und meine Organisation beraten?
Mit Feuereifer schilderte ich meinen Mitarbeitern in der Foundation meine Ideen, und gemeinsam stürzten wir uns in die Arbeit. Bei unseren Recherchen stießen wir durch einen Artikel in einem Wirtschaftsmagazin schon bald auf einen deutschen Unternehmer, der unser Interesse weckte: Felix Ahlers, der Geschäftsführer des Tiefkühlkost-Herstellers Frosta, der in Afrika kleine und mittelgroße Unternehmen mit Startkapital und seinem Know-how unterstützte. Sofort nahm ich mit ihm Kontakt auf und vereinbarte einen Termin.
Auf der Reise nach München, wo wir uns in einem Hotel

trafen, ging ich noch mal alle Fragen durch, die ich an den engagierten Unternehmer hatte, schließlich wollte ich einfach alles von ihm wissen. Richtige Löcher würde ich ihm in den Bauch fragen und mir jede Einzelheit genau schildern lassen. Ich war ziemlich aufgeregt, denn ich erhoffte mir sehr viel von dem Gespräch. Immerhin setzte Felix Ahlers vieles von dem, was ich erreichen wollte, in Afrika bereits um – erfolgreich, wie es schien.

Der freundliche, zurückhaltende Mann begrüßte mich zuvorkommend, als ich die Hotelbar betrat, in der wir verabredet waren. Er hatte bereits etwas zu trinken vor sich auf dem Tisch stehen und winkte sogleich den Kellner für mich herbei.

Kaum hatte ich mich gesetzt und mir ein Wasser bestellt, überfiel ich Herrn Ahlers auch schon mit der ersten Frage. Schließlich wollte ich so viel wie möglich von ihm erfahren, und unsere Zeit war begrenzt. »Was genau machen Sie eigentlich in Äthiopien?«, eröffnete ich das Gespräch.

Er lehnte sich in dem braunen Holzstuhl mit den breiten Armlehnen zurück und begann zu erzählen. »Vor etwa zwei Jahren habe ich einen Wettbewerb für Geschäftsideen in Äthiopien ausgeschrieben und über vierhundert Einsendungen mit den verschiedensten Vorschlägen erhalten.« Seine Augen fingen an zu leuchten, und ich merkte ihm die Begeisterung, mit der er bei der Sache war, deutlich an.

Nach Kriterien wie Originalität, Durchführbarkeit und der Zahl der Arbeitsplätze, die durch die Firmengründung entstehen sollten, wurden am Ende zwanzig Kandidaten ausgewählt, die eine Einladung zu einem Business-Workshop in Addis Abeba erhielten.

»Im Rahmen dieses Seminars«, berichtete er, »bei dem auch ich mein Geschäftswissen weitergegeben habe, entwickelten wir gemeinsam mit den Bewerbern die einzelnen Ideen weiter, um sie auf ihre Marktreife zu überprüfen. Schließlich

wählten wir zwei Vorschläge aus, die wir realisieren wollten. An den beiden neugegründeten Unternehmen bin ich seither als Minderheitsteilhaber beteiligt, außerdem unterstütze ich zwei weitere Unternehmen, zum einen, indem ich die fertigen Produkte abnehme, zum anderen, indem ich den Vertrieb in Deutschland vorantreibe«, erklärte er mir.
Ich hatte ihm ganz gebannt zugehört, und so entstand eine kurze Pause, ehe ich die nächste Frage stellte. »Was für Geschäftsideen waren das, die den Wettbewerb gewonnen haben?«, hakte ich interessiert nach.
Herr Ahlers trank einen Schluck und behielt beim Reden das Glas in der Hand. »Das erste Unternehmen stellt ätherische Öle her. Mit dem von mir zur Verfügung gestellten Startkapital konnte ein Destillationsgerät angeschafft werden, das zur Herstellung von ätherischen Ölen nötig ist.« Er stellte das Glas auf dem Tisch ab und schenkte nach. »Äthiopien importiert jährlich ätherische Öle im Wert von knapp zehn Millionen Euro, um daraus Seifen, Waschmittel und andere Produkte zu produzieren. Gleichzeitig wächst in Äthiopien eine Vielzahl von Pflanzen, aus denen wertvolle ätherische Öle gewonnen werden könnten. Mit dem nötigen Wissen und den entsprechenden Maschinen müsste man die Rohstoffe nicht mehr teuer importieren, sondern könnte direkt in Äthiopien ätherische Öle produzieren und verkaufen.«
Das klang ja ganz einfach und naheliegend. »Auf die Idee sind doch aber sicher schon andere gekommen?«, fragte ich kritisch. Ich musste an mein Gespräch mit dem Journalisten Abdullah in Dschibuti denken, der über das Thema Wertschöpfung so einiges zu sagen gehabt hatte.
Felix Ahlers musste lachen. »Doch, die Ideen haben natürlich schon vorher existiert, das hat die Ausschreibung deutlich gezeigt. Allerdings fehlte bisher das nötige Startkapital, schließlich muss die Destillationsmaschine erst mal ange-

schafft werden, bevor man mit dem Verkauf des Öls Einnahmen erzielen kann. Außerdem brauchen diese neuen Unternehmen Unterstützung durch Menschen mit Erfahrung und Fachwissen auf ihrem Gebiet.«
Das leuchtete mir sofort ein. Wissen war – neben Geld – der entscheidende Faktor, um den Afrikanern den Start in eine neue Zukunft zu ermöglichen.
»Was war das zweite Projekt, das bei dem Wettbewerb einen Preis gewonnen hat?«, fragte ich weiter.
»Eine Pilzsporenproduktion«, erwiderte der Unternehmer völlig selbstverständlich.
»Eine was?«, entfuhr es mir. Davon hatte ich noch nie etwas gehört und konnte mir beim besten Willen nichts darunter vorstellen.
»Pilzsporen«, wiederholte Felix Ahlers, »die benötigt man, um Pilze anbauen zu können.«
»Aber Äthiopier essen doch gar keine Pilze«, sagte ich erstaunt. »Ist es denn wirklich eine gute Idee, dort Pilze anzubauen?«
»Genau deshalb ist es eine gute Idee«, antwortete der sympathische Unternehmer. Dann erklärte er mir, dass in Äthiopien sehr viele Chinesen lebten, die Pilze in so ziemlich jedem ihrer Gerichte verwendeten. Chinesische Restaurants und Geschäfte importierten Jahr für Jahr enorme Mengen Pilze aus China. »Da die Äthiopier selbst keine Pilze essen, wissen sie nicht, wie man sie züchtet. Indem wir ihnen Pilzsporen verkaufen, lässt sich die Produktion der Pilze nach Äthiopien verlegen.«
Allmählich verstand ich, worauf er hinauswollte. Ich war fasziniert, mit wie viel Herzblut Felix Ahlers bei der Sache war. Es musste doch noch mehr Menschen geben, die wie er tickten und die sich auf diese Art engagieren wollten, anstatt einfach nur Geld zu spenden, von dem keiner wusste, wo und wie es tatsächlich verwendet wurde.

Durch meine vielen Reisen und Vorträge hatte ich in Europa und Amerika zahlreiche Unternehmerinnen und Managerinnen kennengelernt, von großen Konzernen bis zu kleineren Familienbetrieben. Diese Menschen müssen davon überzeugt werden, dass es sich lohnt, in Afrika zu investieren, überlegte ich. Sie müssen mithelfen, Betriebe aufzubauen und so in Afrika Arbeitsplätze zu schaffen. Ich könnte außerdem einige beruflich sehr erfolgreiche Menschen ansprechen, die schon in Rente waren, damit sie mir, ähnlich wie Felix Ahlers in Afrika, beim Aufbau von Unternehmen, ihr Wissen zur Verfügung stellten. Ich hatte im Rahmen meiner Recherchen schon mal über diese »Business Angels« gelesen, die ihre Kenntnisse derzeit nur in Europa und in Amerika einsetzten. Sie könnten einen großen Beitrag dazu leisten, damit sich die Wirtschaft in Afrika nachhaltig entwickelte. Nur durch die Kombination von nötigem Wissen und Fähigkeiten sowie dem erforderlichen Startkapital für ein Unternehmen ließen sich gute Ideen in Afrika auch erfolgreich umsetzen.

»Baut dieses Unternehmen die Pilze dann auch selbst an?«, erkundigte ich mich.

»Nein«, erwiderte er, »die Firma züchtet nur die Sporen und verkauft sie dann an äthiopische Bauern weiter. Damit vergrößert sich der positive Effekt der Investition, genau wie bei der Destillationsmaschine. Auch hier profitieren die Bauern, die die Destillerie beliefern, ebenfalls von der Geschäftsidee. So schafft man sinnvoll Arbeitsplätze und Einkommen.«

Ich war beeindruckt. Die Ideen schienen so einfach und trotzdem so effizient zu sein. »Und es gibt keine Probleme, das einfach so umzusetzen?«, fragte ich ungläubig. Das klang irgendwie alles zu schön, um wahr zu sein.

Herr Ahlers lachte. »Doch, es gibt sogar jede Menge kleine Probleme, die überall auftauchen. Aber ich bin davon über-

zeugt, dass die Grundidee die richtige ist. Natürlich muss man bei neugegründeten Unternehmen auch sehr viel in Bereiche wie die Buchhaltung und das Qualitätsmanagement stecken, damit die Sache langfristig funktioniert.«
Als der Kellner an unserem Tisch vorbeikam, bestellte ich schnell noch etwas zu trinken. Herr Ahlers und seine Ideen gefielen mir immer besser, sein Ansatz war genau der richtige. Nur so konnte es mit Afrika endlich bergauf gehen.
»Unterstützen Sie denn auch Unternehmen, die schon etabliert sind? Oder beschränkt sich Ihr Engagement auf neugegründete Firmen?«, wollte ich als Nächstes wissen.
Der Unternehmer hob beide Hände. »Nein, nein, ich unterstütze auch zwei etablierte Unternehmen. Eines davon ist die Kaffeerösterei Solino Kaffee, die Biokaffee herstellt. Das ist etwas ganz Besonderes, da meist nur die ungerösteten Bohnen exportiert werden. Bei diesem Betrieb findet dagegen die gesamte Wertschöpfung in Äthiopien statt, und erst das fertige Produkt geht per Schiff auf den Weg in aller Herren Länder.«
Auch das erinnerte mich sehr an mein Gespräch mit Abdullah. »Wie genau bringen Sie sich dort ein?«, fragte ich nun. Ich konnte mir im ersten Moment nicht vorstellen, wo seine Hilfe bei der beschriebenen Kaffeerösterei ansetzen sollte.
Der Unternehmer räusperte sich, ehe er fortfuhr. »Ich unterstütze die Kooperative beim Vertrieb in Deutschland, und natürlich berate ich sie auch. Beispielsweise ist der Kaffeegeschmack, wie ihn die Leute hier in Europa mögen, anders als der in Afrika. Dort wird der Kaffee viel stärker geröstet, was für uns fast verbrannt schmeckt. Ein solches Produkt würde sich in Deutschland nicht verkaufen. Derartige Informationen muss man natürlich weitergeben, damit der Vertrieb in Deutschland eine Chance hat.«
Er hat recht, überlegte ich überrascht, denn darüber hatte ich mir noch nie Gedanken gemacht.

»Das zweite Unternehmen, das ich unterstütze, ist ein Betrieb für Lederverarbeitung, in dem ausschließlich alleinerziehende Mütter beschäftigt sind. Die Frauen stellen dort die verschiedensten Gegenstände her, zum Beispiel Geldbörsen.« Er griff nach seiner Tasche, die er neben dem Stuhl abgestellt hatte und holte eine Schachtel hervor. »Hier«, sagte er dann und reichte sie mir, »ich habe Ihnen eine mitgebracht.«
»Danke«, entgegnete ich und fuhr mit der Hand über das braune Lederportemonnaie, das darin lag. Auf der Innenseite war der Name seiner Firma eingestanzt.
»Ich habe eine gewisse Stückzahl davon gekauft, um die Geldbörsen als Werbegeschenke bei Frosta zu nutzen. Bei diesem Projekt bin ich also inhaltlich nicht ganz so stark involviert, sondern gebe nur Tipps zur Qualitätssicherung und unterstütze die Firma, indem ich einen Teil der Produktion abnehme«, erklärte der Unternehmer abschließend.
Wenn ich eines gelernt hatte, dann, dass die Bekämpfung von Armut in Afrika nicht darin bestehen konnte, Spenden zu sammeln und Geld zu schicken. Schließlich passierte das seit Jahrzehnten in gigantischem Ausmaß, ohne dass sich für die Menschen vor Ort etwas verbessert hätte. Im Gegenteil, fünf Jahrzehnte westlicher Entwicklungshilfe in Afrika hatten die Menschen ärmer, abhängiger und verzweifelter gemacht. Der Kampf gegen die Armut in Afrika musste an einer ganz anderen Stelle ansetzen. Entwicklungshilfe schaffte keine Arbeitsplätze für Afrikaner, sondern nur für die Entwicklungshelfer. Sie schaffte weder regelmäßige Einkommen noch eine nachhaltige Wirtschaft und hielt Afrika so immer in Abhängigkeit. Mal ganz abgesehen davon, dass Gelder, die an afrikanische Regierungen gezahlt wurden, zum größten Teil sofort wieder auf irgendeinem Schweizer Bankkonto verschwanden. Nein, das Geld musste dort investiert werden, wo wirklich etwas daraus entstehen konnte: bei den Afrikanern selbst.

Der Unternehmer bestätigte meine Gedanken, als ich ihn fragte, ob er denn auch mit der Regierung in Äthiopien zusammenarbeite. »Die Verantwortlichen müssten doch auch sehen, dass Ihr Ansatz vielversprechend ist, oder?«

»Ich habe das Gefühl, dass die meisten afrikanischen Regierungen nur damit beschäftigt sind, ihre eigene Macht und ihren Wohlstand zu sichern«, antwortete er. »Oft führt dies dazu, dass riesige Bürokratien entstehen, die das Leben lahmlegen.«

Ich wusste genau, wovon er sprach, dennoch interessierte mich, was er persönlich für Erfahrungen gemacht hatte. »Können Sie mir denn ein konkretes Beispiel nennen?«, hakte ich daher nach.

»Sehr gerne. Vor einigen Jahren wollte ich mit einer kleinen äthiopischen Firma gerösteten Kaffee nach Deutschland exportieren. Nachdem wir uns auf den Preis geeinigt hatten, erklärte uns die Nationalbank, dass der vereinbarte Preis zu niedrig sei, obwohl er um ganze fünfzig Prozent höher lag als der für den Kaffee, den man in Äthiopien in den Läden kaufen konnte«, berichtete er und war noch immer empört über das, was seinerzeit vorgefallen war.

»Was ist daraus geworden?«, erkundigte ich mich, obwohl ich mir die Antwort auf meine Frage hätte selbst geben können.

»Das Geschäft kam damals nicht zustande«, erwiderte Felix Ahlers, wie ich es erwartet hatte. »Vorstellen kann ich mir nur«, überlegte er weiter, »dass die Bank dachte, wir hätten den Preis künstlich niedrig gehalten, um den Differenzbetrag dann außerhalb des Landes auf ein gesondertes Konto zu überweisen. Bürokraten, die nicht wissen, was in ihrem eigenen Land passiert, behindern vieles in Äthiopien. Externe Entwicklungshilfegelder behalten die korrupten Regierungen zu großen Teilen ein, bevor sie wirklich an den vorgesehenen Stellen ankommen. Aber dies ist nur das kleinere Übel.« Er holte tief Luft, bevor er fortfuhr. »Schlimmer ist, dass viele Afrikaner durch permanente externe Hilfe ihre Eigenverantwortung verlieren. Auch ihr Selbstwertgefühl leidet, und als Folge davon glauben die Menschen nicht mehr, dass sie sich auch alleine helfen können. Diese Nebenwirkungen unserer aktuellen Entwicklungshilfe sind verheerend, und wir müssen dringend umdenken.«

Ich nickte bekräftigend, denn er sprach mir gerade aus der Seele.

»Sinnvolle Hilfe bedeutet, endlich unsere Märkte für afrikanische Produkte zu öffnen, nachdem wir sie über fünfzig Jahre lang durch Zölle geschützt haben. Und zwar nicht nur für Rohstoffe aus Afrika, sondern auch für die veredelten Produkte. Nur so können langfristig qualifizierte Arbeitsplätze entstehen und nur so verringert sich die Abhängigkeit von der Landwirtschaft. Denn die großen Hungersnöte entstehen immer dann, wenn es eine Missernte gibt und neunzig Prozent der Bevölkerung von der Landwirtschaft lebt. In Afrika müssen endlich auch andere Arbeitsplätze entstehen!«

Ich war rundherum begeistert von den Gedanken und Ideen, die Herr Ahlers mir gerade beschrieben hatte. Wenn jedes große Unternehmen in Europa und Amerika sich so einbringen würde wie er, dann käme all das viele Geld endlich an der richtigen Stelle an. Obendrein schien der finanzielle Aufwand nicht mal besonders groß zu sein.

»Das ist sozusagen der Vorteil in einem derart armen Land. Man kann mit relativ wenig Geld oft sehr viel bewegen«, bestätigte Herr Ahlers, als ich ihn darauf ansprach.

Damit hatte er mich endgültig überzeugt, und mein Entschluss, seine Arbeit zu unterstützen, stand fest. »Wie könnte ich mich denn in einem solchen Projekt einbringen?«, fragte ich daher.

»Schön, dass Sie uns unterstützen möchten, Frau Dirie«, sagte Felix Ahlers begeistert. »Am meisten wäre uns gedient, wenn Sie uns helfen, diesen Ansatz bekannter zu machen. Wenn Sie zum Beispiel für die nächste Ausschreibung werben könnten, würden wir sicher doppelt so viele Einsendungen erhalten. Ich habe schon so viele Menschen getroffen, die gerne daran teilgenommen hätten und richtig gute Ideen hatten, nur leider haben sie nichts von der Ausschreibung gewusst.«
Ich nickte begeistert. »Das will ich gerne tun«, sagte ich.
»Natürlich ist es nicht einfach, eine solche Aktion wirklich in jedem Winkel eines so großen Landes bekannt zu machen. Aber ich bin mir sicher, dass es in Äthiopien noch unzählige Menschen mit sehr guten Ideen gibt, die wir nur finden müssen«, berichtete Felix Ahlers weiter von seinen Plänen.
»Vielen Dank«, sagte ich abschließend, »das war ausgesprochen aufschlussreich. Ich bin sehr froh, dass wir uns kennengelernt haben.«
Wir verabschiedeten uns, und als ich kurz darauf durch die große, elegante Halle des Hotels ging, waren meine Schritte beschwingter als sonst. Nach dem Gespräch war ich sehr motiviert, vor allem aber inspiriert von dem, was Herr Ahlers mir erzählt hatte. Nach all den negativen Informationen, die ich in den letzten Monaten mit meinen Mitarbeitern diskutiert hatte, waren die Projekte des Unternehmers so etwas wie ein Hoffnungsschimmer für mich.
Während ich im Taxi auf dem Weg zum Flughafen saß und die grünen Wiesen betrachtete, die draußen vorüberzogen, ging ich die Einzelheiten unserer Unterhaltung im Kopf noch mal durch. Es gab also trotz all der Probleme und der fehlgeschlagenen Ansätze in Afrika nicht wenige Dinge, die man tun konnte und die wirklich einen Unterschied machten. Am meisten beflügelte mich aber der Gedanke, dass

Herr Ahlers mit einem um ein Vielfaches kleineren Budget arbeitete als die meisten Organisationen in Afrika.

Kaum zurück in Wien, machte ich mich gleich daran, nach weiteren Menschen zu fahnden, die sich in Afrika engagierten und deren Hilfe tatsächlich bei den Menschen ankam. Wann immer ich den kleinen Leon ansah, der sich prächtig entwickelte, wusste ich, dass ich auch mein eigenes Projekt weiter vorantreiben musste: die Farm.
Nun, da mein Entschluss feststand, nach Afrika zurückzukehren, beschäftigte ich mich mit den verschiedenen Möglichkeiten, meinen Traum von einer eigenen Farm zu verwirklichen. Auch wenn ich in meiner Vorstellung und meinen Träumen vor allem an die schöne, wilde Natur und die Weite des Landes dachte und von der Freiheit träumte, wusste ich natürlich, das die Praxis etwas komplizierter aussah.
In erster Linie wollte ich versuchen, gerade junge, hochqualifizierte Afrikanerinnen in ihren Heimatländern zu halten. Diese jungen Frauen waren es nämlich, die in Afrika wirklich etwas bewirken konnten, nicht nur wirtschaftlich, sondern auch gesellschaftlich. Sie würden zu den Vorbildern werden, die afrikanische Mädchen brauchten.
Zusammen mit den Mitarbeitern meiner Foundation nahm die Idee, diese jungen Frauen zu fördern, immer konkretere Formen an. Ich wollte Studentinnen unterstützen, die sich bereits am Ende ihres Studiums befanden und damit eindeutig zu den hochqualifizierten Frauen mit viel Potenzial gehörten. Ihnen traute ich zu, auch gesellschaftlich etwas zu bewegen. Ziel des Förderprogramms sollte es sein, nicht nur

die Kosten für ihr Studium durch Zuschüsse zu verringern, sondern vor allem die Frauen miteinander ins Gespräch zu bringen, und zwar über die Landesgrenzen hinaus.
Außerdem planten wir, über meine Foundation Schulungen für die Stipendiatinnen zu organisieren, in denen sie allerlei Wichtiges über Themen wie Frauenrechte, Korruptionsbekämpfung, Nachhaltigkeit und Umweltschutz lernen würden. Denn diese Themen, das war mir mittlerweile klar, mussten in jedem Konzept für Afrika vorkommen, das von Erfolg gekrönt sein sollte.
Ich wollte diese jungen Frauen also nicht nur finanziell unterstützen, sondern vor allem vor Ort ein Netzwerk aufbauen, über das sie sich austauschen und Kontakte zu ortsansässigen Unternehmen bekommen könnten, die potenzielle Arbeitgeber waren. Denn ohne Arbeitsplätze, da bestand für mich kein Zweifel, hätte keine Förderung, und sei sie noch so finanzkräftig, den gewünschten Erfolg: zu verhindern, dass jedes Jahr Tausende qualifizierte Frauen Afrika verließen.
Doch wie konnten wir all das schaffen? Ohne Unternehmen würde es auch keine Arbeitsplätze für diese Frauen geben. Man musste diese Frauen dazu bewegen, selbst unternehmerisch tätig zu werden. Letztlich müssten es nicht einmal Studentinnen sein, denn kreative Ideen gab es natürlich auch außerhalb der Universitäten.
Jeder, der sich näher mit Afrika beschäftigt, weiß genau, dass die Frauen das Rückgrat Afrikas sind. Sie ziehen die Kinder groß, erhalten die Familien und erledigen einen Großteil der Arbeit. Ohne sie würde der Kontinent wirtschaftlich komplett zusammenbrechen. Für mich war schnell klar, dass ich nur Frauenprojekte in Afrika unterstützen wollte. Diese Frauen sind Mama Africa. Nur leider wird ihr Beitrag zum afrikanischen Leben gesellschaftlich überhaupt nicht gewürdigt.

Das war es! Ich musste den Frauen Afrikas die Möglichkeit geben, ihr Können und ihr Wissen wirklich in die wirtschaftliche Entwicklung ihrer Heimatländer einzubringen. Je länger ich darüber nachdachte, desto begeisterter war ich von der Idee. Die Rechte der Frauen lassen sich nur stärken, wenn die Frauen vor Ort gestärkt werden, überlegte ich, als ich nach einem weiteren langen Tag in der Foundation müde auf mein Bett sank. Ich hielt einen Moment inne und musste unwillkürlich lächeln, als ich den schlafenden Leon betrachtete, der sich prächtig entwickelt hatte. Er war so ein liebes Kind, das mir viel Freude bereitete, und ich bedauerte, dass ich momentan nur wenig Zeit mit ihm verbringen konnte. Aber Afrika wartete auf mich. Die Frauen brauchten mich. Das ist es, dachte ich und strich meinem kleinen Sohn über die Wange, eine finanziell unabhängige, gesellschaftlich anerkannte Frau ist durch ihren Status vor häuslicher Gewalt viel besser geschützt als durch jede andere Maßnahme. Deshalb muss es mein großes Ziel sein, Frauen mit guten Geschäftsideen, die einen Betrieb aufbauen wollen, dabei zu unterstützen – und zwar sowohl durch wirtschaftliches Wissen als auch durch Hilfe bei der Bereitstellung des nötigen Startkapitals. Felix Ahlers hatte mir im Grunde vorgemacht, wie so etwas aussehen konnte.

Nur wie sollte ich den geeigneten Ort dafür finden? Wir waren an diesem Punkt trotz unserer Bemühungen noch nicht weitergekommen. Wie die Farm richtig bewirtschaften? Schließlich wollte ich alles, was ich über Afrika, über die Entwicklungsmöglichkeiten in meiner Heimat, über Naturschutz und die Schätze Afrikas gelernt hatte, auch selbst umsetzen.

Im Rahmen meiner Recherchen und Vorbereitungen stieß ich bald auch auf Jochen Zeitz, den Vorstandsvorsitzenden des Sportartikelherstellers PUMA. Über einen Freund erfuhr ich von einem Projekt, das Jochen Zeitz seit einiger

Zeit mit großem Engagement vorantrieb. Auf der Website seiner privaten Stiftung präsentierte er verschiedene Orte, an denen Tourismus und Umweltschutz miteinander verbunden waren. Mir gefiel die Idee sehr gut, und ich wollte gern mehr darüber erfahren, also vereinbarte ich auch mit ihm einen Termin und besuchte ihn bald darauf in der Firmenzentrale in Herzogenaurach.

Als ich vor dem modernen knallroten Hauptgebäude des Unternehmens aus dem Taxi stieg, wanderte mein Blick sofort zu dem überlebensgroßen springenden Puma ganz in Weiß. Das Logo strahlte eine unglaubliche Dynamik aus und stand für mich vor allem für Kraft und Stärke. Voller freudiger Erwartung ging ich auf den Eingang zu und trat durch die Glastür in die große Halle. Eine junge Dame geleitete mich zu Jochen Zeitz, und ich war sehr gespannt auf diesen Mann, über den ich im Vorfeld so viel gelesen hatte.

Der blonde Hüne begrüßte mich sehr freundlich, und wir waren uns spontan sehr sympathisch. Als wir uns endlich in seinem Büro gegenübersaßen, unterhielten wir uns vor allem über unsere gemeinsame Leidenschaft: Afrika. Dabei erzählte mir Jochen Zeitz, dass er selbst eine Farm in Kenia gekauft habe, auf der er eine ganze Reihe an interessanten Ideen und Projekten umsetzte. Beispielsweise betrieb er auf der Farm nicht nur Landwirtschaft und hielt Nutztiere, sondern veranstaltete gemeinsam mit der lokalen Bevölkerung auch regelmäßig Kultur- und Sportevents, um ihr auf diese Art näherzubringen, warum Natur- und Umweltschutz so wichtig sind.

»Erzählen Sie mir mehr von Ihrer Farm«, bat ich ihn. »Wie haben sie es geschafft, das alles dort umzusetzen?«

Bereitwillig begann er zu berichten, und er erzählte so lebendig, dass ich seine Farm förmlich vor mir sah. »Zuallererst musste natürlich die notwendige Infrastruktur geschaffen werden, immerhin gehören zu der Farm 20 000 Hektar

Land«, begann er. »Anfangs haben wir vor allem nach Menschen gesucht, die das nötige Wissen und Können hatten, eine solche Farm zu führen. Die politische Situation ist natürlich auch nicht immer ganz einfach. Sobald wir die richtigen Leute engagiert hatten, kümmerten wir uns darum, die Farm umweltfreundlicher zu machen. So haben wir nach und nach alle Dieselgeneratoren durch solar- und windbetriebene ersetzt.«
Ich war erstaunt. »Das funktioniert? Sie machen also all Ihren Strom selbst?«, fragte ich nach, denn diese Möglichkeit faszinierte mich sehr.
»Ja«, erwiderte er mit einem stolzen Lächeln, »mittlerweile wird die gesamte Farm mit erneuerbaren Energiequellen betrieben, und wir arbeiten daran, diese Techniken auch bei der lokalen Bevölkerung einzuführen.« Er beugte sich nach vorne und sah mich an, als er weiterredete. »Wichtig ist auch das Abfallmanagement. Da arbeiten wir momentan mit den Menschen in der Umgebung zusammen und versuchen, ein Recyclingprogramm für die gesamte Region auf die Beine zu stellen.«
Ich war beeindruckt. Wieder saß ich vor einem Mann, der seine Zeit und Energie einsetzte, um den Menschen in meiner Heimat zu einer besseren Zukunft zu verhelfen. Sofort kam wieder der Gedanke in mir auf: In Afrika schlummert ein ungemein großes, bisher unausgeschöpftes Potenzial. Wenn es mir nun gelänge, all die Menschen für meine Idee zu gewinnen, die bereit wären, mit Geld, mit Know-how, mit Herzblut zielgerichtet Hilfe in Afrika zu leisten, was wäre dann alles möglich? Immerhin ging es um Hilfe, die wirklich bei den Menschen ankam, die ihnen eine Perspektive bot, die ihr Leben tatsächlich verbesserte.
»Haben Sie diese Farm gekauft? Kann man in Kenia überhaupt Land kaufen?«, fragte ich Jochen Zeitz als Nächstes. Ich wusste nämlich, dass viele afrikanische Staaten grund-

sätzlich kein Land verkauften, sondern nur verpachteten. Diese Vorgehensweise war allerdings durchaus ein zweischneidiges Schwert. Vor allem wenn größere Flächen an ausländische Investoren gingen, wurden Kleinbauern nicht selten einfach vertrieben oder waren gezwungen, auf den neuen Riesenfarmen zu arbeiten. Zu einem Hungerlohn, versteht sich.

Jochen Zeitz kannte sich in dem Punkt offenbar aus und hatte sicher nicht nur gute Erfahrungen gemacht. »Die Landfrage ist ein zentrales Problem für die einheimische Bevölkerung, und wir versuchen, gemeinsam Lösungen zu finden«, sagte er. »Die unsichere Rechtslage ist ein großes Hindernis, wenn man nachhaltiges Handeln etablieren möchte. Wenn die Menschen keine juristisch anerkannten Rechte über natürliche Ressourcen wie Land, Wald, Wasser und Wild haben, messen sie dem auch keinen Wert bei.«

Das alles klang sehr überzeugend für mich und kam meiner Vorstellung von Hilfe für Afrika sehr nahe. Bei diesem Projekt standen die Macher ganz offensichtlich im Kontakt mit den Menschen in der Region und wussten, was sie da taten. »Arbeiten die Leute, die Sie beschäftigen, denn alle auf der Farm? Und wie sind die Arbeitsbedingungen dort?« Die Fragen gingen mir nicht aus, und Jochen Zeitz stand mir nach wie vor bereitwillig Rede und Antwort.

»Momentan arbeiten für uns in Kenia über 130 Menschen, hauptsächlich in der Landwirtschaft, als Wildhüter, in der Verwaltung und in den Gemeinschafts-Projekten. Faire Arbeitsbedingungen sind uns sehr wichtig, deshalb haben wir die Farm von einer unabhängigen Organisation prüfen lassen.«

Die nächste Frage lag mir schon seit einer Weile auf den Lippen, weil mir dieses Thema besonders wichtig war. »Tun Sie denn auch etwas speziell für Frauen?«

»Aber ja«, antwortete der Vorstandsvorsitzende von PUMA

mit Überzeugung. »Wir versuchen Frauen besonders im Bereich der Bildung zu fördern und dafür zu sorgen, dass sie Einkommen erwirtschaften können und in Entscheidungen eingebunden werden.«
Damit sprach er einen Punkt an, der mir sehr am Herzen lag. Letztlich ist Bildung ein wichtiger Schlüssel zur wirtschaftlichen Entwicklung Afrikas. Aber nur Schulen zu bauen, reicht auch nicht. Viel entscheidender ist doch, was mit den jungen Afrikanerinnen und Afrikanern passiert, die eine Universität oder Ausbildungseinrichtung verlassen. In den meisten Fällen finden sie in ihrer Heimat keine Arbeit und verlassen daher das Land – nicht selten sogar den Kontinent. Gerade für medizinisches Personal sind die Arbeitsbedingungen in Europa bei weit besseren Gehältern und vor allem in sichereren Umständen deutlich attraktiver.
Nicht wenige Hochschulabsolventen mit hervorragendem Abschluss, die in Afrika keinen Job finden, werden Kellner in Dubai, weil sie dort besser verdienen als mit ihrer Ausbildung in ihrem Heimatland. Wenn dieser Braindrain nicht gestoppt wird, ist er tödlich für jeden Versuch, in Afrika eine wirtschaftlich starke Mittelschicht aufzubauen, die dem gesamten Kontinent einen ökonomischen Aufschwung bescheren könnte.
»Bald können auch Touristen auf die Farm reisen, wo sie in umweltverträglichen Unterkünften untergebracht werden. Das Konzept erfüllt die Vorgaben des nachhaltigen Tourismus und ist eine weitere Möglichkeit, der lokalen Bevölkerung Einkommensmöglichkeiten zu eröffnen«, erzählte Jochen Zeitz mir außerdem.
Nicht zuletzt deswegen gefiel mir diese Idee ausgesprochen gut. Ökotourismus hielt ich für ein tolles Beispiel dafür, dass Umweltschutz und wirtschaftliches Handeln sich nicht widersprechen müssen, sondern sich sogar gegenseitig begünstigen können.

Vom Tourismus kamen wir zum Thema Umweltschutz, ebenfalls ein wichtiger Punkt, wenn es darum ging, den Menschen in Afrika eine lebenswerte Zukunft zu ermöglichen.
»Ich glaube, dass langfristig Umweltschutz und wirtschaftliches Handeln zusammengehören müssen, vor allem in Afrika«, erklärte mir Jochen Zeitz seine Einschätzung dazu. »Es gibt zahlreiche Projekte, die eine grünere Wirtschaft fördern. Auch da versuchen wir einen Beitrag zu leisten, etwa indem wir uns mit PUMA an der Initiative ›Cotton made in Africa‹ beteiligen. Wir setzen diese nachhaltig in Afrika erzeugte Baumwolle in mehreren Kollektionen ein.«
»Vielen Dank«, beendete ich das Gespräch. »Sie haben mir großen Mut gemacht, meine Ideen in die Tat umzusetzen und mich in meiner Heimat zu engagieren. Ich weiß nun, wo ich anfangen muss, und bin sicher, dass ich viel bewirken kann.«
Wir verabschiedeten uns voneinander und vereinbarten, in Kontakt zu bleiben, um uns auszutauschen, und als ich beschwingt durch die Tür nach draußen trat, wusste ich, dass ich auf dem richtigen Weg war.

Auf der Rückfahrt dachte ich noch lange über die Farm und die Projekte von Jochen Zeitz in Kenia nach. Umweltschutz und wirtschaftliches Handeln miteinander zu verbinden, war die einzige Möglichkeit, die Natur in Afrika wirklich nachhaltig zu schützen und zu bewahren, das wusste ich. Schließlich hatte ich selbst erlebt, dass die Menschen immer wieder wertvolle Bäume als Brennholz oder Baumaterial verwendeten, ohne zu ahnen, was sie damit anrichteten.

Das Problem dabei ist, dass die Bäume nur sehr langsam nachwachsen, was das Ökosystem nachhaltig durcheinanderbringt, da sie eine extrem wichtige Rolle für die Umwelt spielen. Wenn die Leute also beispielsweise Weihrauchbäume abholzen, um sie als Brennholz zu verwenden, machen sie damit der Wüste den Weg frei, sich weiter auszubreiten. Die Wurzeln der Bäume sorgen außerdem dafür, dass der Grundwasserspiegel nicht zu weit absinkt. Je weniger Bäume das Wasser halten, desto tiefer muss man nach Wasser bohren – ein nicht enden wollender Kreislauf.
Die Menschen in der Wüste mögen wissen, dass die Bäume wichtig sind, aber wo Armut herrscht, dort sind die akuten Bedürfnisse immer stärker als der Gedanke an die Zukunft. Umweltschutz lässt sich in Afrika also nicht nur durchsetzen, indem man den Menschen die Wichtigkeit der Natur erklärt und sie vor den Folgen von Abholzung oder Wasser- und Bodenverschmutzung warnt. Die Initiativen zu mehr Umweltschutz müssen vielmehr mit wirtschaftlicher Entwicklung verbunden werden, damit die Menschen in Afrika eine Chance haben, ihre Grundbedürfnisse zu stillen, und gleichzeitig in der Praxis erfahren, wie reich ihr Kontinent wirklich ist.
Denn Afrika ist reich, und der größte Schatz, den dieser Kontinent hat, ist seine unglaublich schöne und vielfältige Natur.
Während ich im Zug nach Österreich saß, dessen Räder unter mir monoton dahinratterten, rief ich mir noch einmal die Worte von Jochen Zeitz in Erinnerung, mit denen er mir seine Idee vom nachhaltigen Tourismus skizziert hatte. Er hatte wirklich recht: Touristen die wunderbare afrikanische Natur zu zeigen und ihnen zu ermöglichen, Dinge zu sehen, die es in Europa oder Nordamerika nicht gab, bedeutete letztendlich, dass die Afrikaner direkt davon profitierten, wenn sie die Natur erhielten. Die unberührte Natur zu

schützen, würde so zu einem unmittelbaren finanziellen Interesse der Afrikaner, und in armen Regionen war das nicht nur der effektivste, sondern wahrscheinlich auch der einzige Weg, die Naturschätze Afrikas auf Dauer zu bewahren.

Aber nicht nur für die Einheimischen in Afrika ist eine solche Form von Tourismus eine tolle Chance, dachte ich. Wenn ich Menschen, die in Europa oder Nordamerika aufgewachsen sind, auf meine eigene Farm bringen könnte, dann könnten sie am eigenen Leib erfahren, wie es ist, inmitten der afrikanischen Natur zu leben. Viele Menschen in Europa und Amerika haben schlicht überhaupt keinen Bezug zur Natur und könnten bei einem solchen Aufenthalt sicher Erfahrungen machen, die ihre Einstellung zur Natur verändern würden.

Ich blickte auf die Uhr: noch eine Stunde bis zu meiner Ankunft in Wien, wo ich meine Mitarbeiter in der Foundation gleich über das konstruktive Gespräch mit dem Vorstandsvorsitzenden von PUMA informieren wollte.

Je länger ich über die Idee mit dem nachhaltigen Tourismus nachdachte, desto besser gefiel sie mir. Naturferne, gestresste und vom Stadtleben geprägte Europäer einfach mitten in die unberührte Natur Afrikas zu setzen und ihnen zu zeigen, was ihnen in ihrem Leben fehlte. Gleichzeitig würde ich dafür sorgen, dass die Afrikaner nicht nur eine Lebensgrundlage und damit Unabhängigkeit erlangten, sondern auch ein echtes Interesse daran entwickelten, ihre Umwelt und damit die Natur zu schützen. Denn ohne die wunderbare Natur würden auch keine Ökotouristen nach Afrika reisen, und damit käme kein Geld ins Land.

Zurück in Wien, stürzte ich mich sofort mit meinen Mitarbeitern in die Arbeit. Wir recherchierten weiter, sprachen Menschen an, von denen wir glaubten, dass sie unser Projekt unterstützen könnten, und führten unzählige Gespräche, in denen wir das Für und Wider erörterten. Mein Bild von dem, was Afrika brauchte, wurde immer klarer, denn ich wusste, dass ich nur vor Ort wirklich Hilfe leisten konnte.

Ein Boot kommt nicht voran,
wenn jeder auf seine Art rudert.
Aus Uganda

18

Venedig – Start in ein neues Leben

Einige Monate nach Leons Geburt war es dann tatsächlich so weit: die Weltpremiere des Films *Wüstenblume* bei den Internationalen Filmfestspielen von Venedig stand bevor. Ich mochte die Lagunenstadt eigentlich sehr, dennoch freute ich mich kaum auf die bevorstehende Reise. Zu angespannt war ich angesichts dessen, was mich dort erwartete. Leon würde ich mitnehmen, hatte ich beschlossen. Ich wollte meinen kleinen Sohn unbedingt an meiner Seite haben, auch wenn es sicher nicht einfach werden würde, immerhin war er kaum ein halbes Jahr alt.
Mit den Reisevorbereitungen stieg meine Nervosität, und meine Gedanken kreisten bald nur noch um den Film. Wie würde *Wüstenblume* wohl beim Publikum ankommen? Wie würde es sich anfühlen, wenn ein ganzer Kinosaal voller fremder Menschen sich mein Leben auf einer riesigen Leinwand ansah? Und was, wenn der Film dem Publikum nicht gefiel?
Während ich unruhig durch meine Wohnung tigerte und versuchte, an all die Dinge zu denken, die ich vor unserer Abreise noch erledigen musste, wanderten meine Erinnerungen wieder zu den Erfahrungen zurück, die ich mit meinem ersten Buch gemacht hatte. Ich war damals selbst mit dem Manuskript von *Wüstenblume* in New York von Verlag zu Verlag gegangen und hatte eine Absage nach der nächsten kassiert. Nach unzähligen erfolglosen Gesprächen war ich schließlich bereit, das Buch auf eigene Kosten drucken zu lassen und es anschließend an Universitäten und Bibliotheken zu verschenken, damit zumindest irgendjemand meine Geschichte las.

Ganze eineinhalb Jahre sollte es dauern, bis ich durch eine Freundin einen Verlag fand, der Interesse an meinen Aufzeichnungen hatte. Und auch als das Buch endlich auf den Markt kam, ließ der Erfolg erst einmal auf sich warten. Es vergingen dann noch einmal zwei Jahre, bis das Buch sich zu einem Erfolg entwickelte. Bis dahin hatte ich unzählige Interviews gegeben und die halbe Welt bereist, um über weibliche Genitalverstümmelung zu sprechen und das Buch vorzustellen.

Ich wusste aus jenen Tagen nur zu genau, wie hart man oft um die Aufmerksamkeit und das Wohlwollen der Menschen kämpfen musste. Wie viel persönlichen Einsatzes es bedurfte. Und ich hatte am eigenen Leib erfahren, wie es sich anfühlte, abgelehnt zu werden, noch dazu mit einer Geschichte über mein eigenes Leben. All das kam nun wieder hoch.

Damals, als ich an dem Buch *Wüstenblume* arbeitete, erwartete ich mein erstes Kind, meinen Sohn Aleeke. Diesmal, über zehn Jahre später, war gerade mein zweiter Sohn auf die Welt gekommen, und ich war an einem anderen Punkt in meinem Leben. Dennoch war die Angst davor, das Erlebte und natürlich auch meine Gedanken und Gefühle vor so vielen fremden Menschen auszubreiten und nicht zu wissen, wie ihre Reaktionen ausfallen würden, immer noch so stark wie beim ersten Mal.

Joanna, die mich auf der Reise nach Italien begleiten sollte, kam vorbei, um mit mir die letzten Details durchzusprechen. Ich war unendlich erleichtert, sie zu sehen, und sie merkte sofort, was mit mir los war, als sie die Tür hereinkam.

»Keine Sorge, Waris«, beruhigte sie mich. »Die Medien sind schon sehr interessiert an dem Film, es gibt bereits jede Menge Interviewanfragen für die Tage in Venedig.«

Ich zuckte nur die Achseln.

»Das ist wirklich ein gutes Zeichen«, fuhr Joanna fort und berichtete mir, was für die einzelnen Tage alles geplant war. Mich erwartete wirklich ein volles Programm in der Lagunenstadt, dennoch zweifelte ich weiter. Was, wenn die Medien den Streifen zerreißen?, ging es mir durch den Kopf, der vor Gedanken geradezu schwirrte. War es wirklich richtig gewesen, dieser Produktion zuzustimmen? Schließlich ging es nicht nur um die Verfilmung meines Lebens, sondern auch um meine Mission. Es ging um den Kampf gegen weibliche Genitalverstümmelung, den ich mit diesem Film vorantreiben wollte. Letztendlich ging es auch um mein Engagement für Afrika. Um die Frauen auf diesem Kontinent.

»Wer sagt denn, dass die Medien nicht nur daran interessiert sind, den Film runterzumachen?«, fragte ich nach. »Vielleicht wollen sie sich einfach schon mal ein Interview mit mir sichern, falls die Premiere danebengeht?«

»So ein Quatsch, Waris«, widersprach Joanna mir heftig. »Jetzt hör endlich auf, dir solche Horrorszenarien auszumalen. Du machst dir doch sonst auch nicht so viele Gedanken.« Sie sah mich mit strengem Blick an.

Joanna hatte recht, normalerweise war ich ziemlich abgebrüht, was die Presse oder irgendwelche Reaktionen auf mich und meine Arbeit anging. Aber das hier war nun mal etwas anderes.

»He, Waris, die Filmkritiker können dich nicht kritisieren, sie beschäftigen sich ausschließlich damit, wie dein Buch im Film umgesetzt wurde, und bewerten vor allem die Arbeit der Regisseurin und der Schauspieler.« Es war, als hätte Joanna meine Gedanken lesen können. Dennoch scheiterte ihr erneuter Versuch, mich zu beruhigen.

Ich sprang vom Sofa hoch, auf das wir uns gesetzt hatten, und hätte dabei beinahe mein Glas vom Tisch geworfen, so fahrig war ich. Nach ein paar Schritten zur Tür drehte ich um und setzte mich wieder hin. »Pah, die drehen alle einfach

den nächsten Film, wenn der hier in die Hose geht. Für mich dagegen gibt es keinen zweiten Versuch. Das ist mein Leben, das da verfilmt wurde. Der Film ist ungeheuer wichtig für das, was ich erreichen will«, sprudelte es aus mir hervor.
»Das weiß ich doch«, sagte Joanna.
Mir war klar, wenn dieser Film ein Erfolg würde, könnte ich damit Millionen Menschen erreichen und ihnen die Grausamkeit von FGM vor Augen führen. Die Verfilmung von *Wüstenblume* könnte das stärkste Statement gegen weibliche Genitalverstümmelung werden, das es je gegeben hatte. Dieser groß angelegte Kinofilm, dem ich anfangs sehr kritisch gegenübergestanden hatte, könnte tatsächlich viele junge Mädchen retten. Für mich stand also weitaus mehr auf dem Spiel als der finanzielle Erfolg oder Misserfolg eines Spielfilms.
In der Nacht vor der Abreise konnte ich vor lauter Aufregung kaum schlafen. Ich versuchte mich abzulenken, indem ich mich intensiv um Leon kümmerte und immer wieder an meine Pläne nach der Premiere dachte, an meine Rückkehr nach Afrika.
In den letzten Monaten hatten sich meine Ideen beständig weiterentwickelt und nicht nur in meinem Kopf mehr und mehr Gestalt angenommen. Ich hatte mich intensiv mit der Vorbereitung auf meine Rückkehr in meine Heimat beschäftigt und hatte lange überlegt, wo ich nach einer Farm Ausschau halten konnte. Ich würde meine Farm selbst führen und dort Ökotourismus und nachhaltige Landwirtschaft betreiben. Meine ganze Familie würde mit mir und meinen beiden Kindern auf diesem Stück Land leben und arbeiten.
Somalia kam aufgrund der nach wie vor bürgerkriegsähnlichen Zustände nicht in Betracht, aber Tansania war neben einigen anderen Ländern in der engeren Wahl. Der afrikanische Nachbarstaat Kenias hat im Vergleich zu Somalia nur

einen relativ kleinen Küstenstreifen am Indischen Ozean und wird ringsherum von zahlreichen anderen Staaten eingerahmt, darunter Kenia, Ruanda, Sambia und Mosambik. Die Regierung des 41-Millionen-Staates ist stabil, Unruhen sind eher selten.

Dabei erinnerte ich mich auch an das Gespräch mit Jochen Zeitz, dem Vorstandsvorsitzenden von PUMA, der mir von seiner Farm in Kenia erzählt hatte, und an das Gespräch mit Felix Ahlers, der mehrere kleine Unternehmen in Äthiopien mit Startkapital und Know-how unterstützte. Die beiden verkörperten für mich eine neue Generation von Firmenlenkern und Managern, von denen ich gerne lernen wollte. Sie waren Männer, die Afrika und den Einheimischen dort mit Respekt und auf Augenhöhe begegneten und es trotzdem schafften, ihr Wissen dort zu vermitteln und erfolgreich zu sein. Sie behandelten die Afrikaner wie ihre Partner und forderten von ihnen daher auch, dass sie sich wie Partner verhielten. Genau so wollte ich meine Farm führen.

Bereits drei Tage vor der Premiere meines Films reiste ich in Begleitung von Joanna, ihrer Mutter und meinem Manager Walter mit dem kleinen Leon nach Venedig. Bei unserer Ankunft am Flughafen war es drückend heiß, obwohl wir schon Anfang September hatten, und ich fühlte mich sofort rundherum wohl. Schließlich war das genau mein Wetter.

Ein Wassertaxi brachte uns vom Flughafen zum Hotel Excelsior am Lido, wo alle Gäste des Filmfestivals untergebracht waren. Obwohl das Festival bereits begonnen hatte, waren nur wenige Boote unterwegs und ich genoss auf dem Weg durch die Lagunen die wunderschöne Natur. Ich spürte den Fahrtwind und die wärmenden Sonnenstrahlen, Leon fest an mich gedrückt, und genoss die Ruhe vor dem Sturm. Damit war es dann schneller vorbei, als ich mir je hätte träumen lassen.

Das Boot brachte uns direkt bis zum Hotel, das sogar einen eigenen Steg für die Ankunft der Filmstars reserviert hatte. Gegenüber gab es einen Pressesteg, auf dem sich Fotografen und Kamerateams wahre Schlachten um die beste Position und damit die besten Bilder lieferten. Als unser Wassertaxi sich dem Steg näherte, begann zu meiner Überraschung ein Blitzlichtgewitter, von dem sich Leon zum Glück nicht weiter beeindrucken ließ. Mein Film war noch gar nicht gelaufen, trotzdem stürzten sich die Medien schon auf mich. Fast fühlte ich mich wie ein Filmstar.

Von meinem Zimmer aus hatte ich einen unglaublichen Blick über die Stadt, die Lagune und das offene Meer. Venedig gehörte in Europa schon immer zu meinen Lieblingsstädten. Als Wüstenkind liebte ich Wasser über alles, und davon gab es in Venedig ja nun wirklich reichlich. Durch die Nähe zum Wasser war Venedig eine Stadt, in der man die Kraft der Natur immer wieder sehr unmittelbar zu spüren bekam. Die Balance zwischen Mensch und Natur, die ich in Europa so oft vermisste, war mir hier um einiges bewusster als an vielen anderen Orten. Gleichzeitig war die Lagunenstadt ein starker Kontrast zu Afrika, zu meiner Heimat und zu dem Ort, an den ich schon bald zurückkehren würde.

»Was sagst du dazu, Leon?«, fragte ich meinen kleinen Sohn, während ich mit ihm am Fenster stand und den Blick über die Stadt schweifen ließ. »Kurz bevor es endlich nach Afrika geht, sitzen wir ausgerechnet im nassesten Städtchen Europas. Weißt du, dass es hier jedes Jahr ein solches Hochwasser gibt, dass die Menschen Angst haben, die Stadt könnte versinken?«

Ich riss mich von dem traumhaft schönen Anblick los und

band mir Leon mit einem großen Tuch auf den Rücken, damit ich mit ihm noch einen Spaziergang durch das abendliche Venedig machen konnte.
Ich trage meinen Sohn bis heute fast immer an meinem Körper, so wie ich es von meiner Mutter gelernt habe. Die bunten Tücher, die ich dazu verwende, sind alle Geschenke von meiner Mutter. Ich verwende sie auch gerne als Schals, denn sie sind Glücksbringer für mich, und ich ziehe sie oft bei Interviews, Vorträgen und auf Reisen an. Wo auch immer ich bin, geben mir diese Tücher ein Gefühl von Heimat. Wenn ich Leon abends ins Bett bringe, decke ich ihn stets mit einem dieser Tücher zu, damit auch er ein Stück Heimat in seinem Bettchen liegen hat. Die Tücher hat meine Mutter früher selbst getragen und sie mir bei ihrem Besuch in Wien vor einigen Jahren als Geschenk mitgebracht. »Waris«, sagte sie damals, »diese Tücher sollen dich immer daran erinnern, woher du kommst und wo deine Heimat ist.«
Wenn ich Leon vor dem Einschlafen damit zudecke, wird er sofort ganz ruhig und entspannt sich sichtlich. Die Tücher haben zweifelsohne etwas Magisches, sie beschützen meine Kinder und mich selbst.
Als ich durch die Hotellobby ging, drängten sich dort noch immer unzählige Fotografen und Journalisten, Kamerateams und Filmproduzenten. Dazwischen entdeckte ich immer wieder Gesichter von Menschen, die ich aus Filmen und Zeitschriften kannte. Es war unglaublich laut, die Leute redeten in allen möglichen Sprachen miteinander oder riefen sich gegenseitig etwas zu, und die Fotografen schrien die Namen der Schauspieler und Prominenten, die gerade ankamen, wild durcheinander.
So schnell wie möglich schob ich mich mit meinem Sohn durch die Lobby und ging ans Meer. Der Strand war fast menschenleer, was ich als sehr wohltuend empfand. Barfuß

schlenderte ich in der Abendsonne durch den warmen Sand und genoss die Ruhe. Dann blieb ich stehen und deutete auf das Wasser.
»Sieh nur, Leon, auf der anderen Seite des Meeres liegt Afrika. Schon bald werden wir dort sein, in unserer Heimat.« Ich streichelte ihm über die Wange, und er brabbelte fröhlich vor sich hin.

Am Morgen der Premiere brach schon früh Hektik aus, denn zahlreiche Fernsehstationen, Magazine und Zeitungen hatten sich angemeldet, um mit mir zu sprechen. Während der Interviews fragte ich die Journalisten immer wieder aufgeregt, ob sie den Film schon gesehen hätten und wie sie ihn beurteilten. Mehrfach bestätigten sie mir, dass der Film eine sehr starke Botschaft hätte und sicher viele Menschen erreichen würde. Ich freute mich natürlich, das zu hören, meine Zweifel und Sorgen konnten die Journalisten jedoch nicht ausräumen. Schließlich würde mir sicher keiner von ihnen beim Interview ins Gesicht sagen, dass ihm der Film nicht gefallen hatte.
Beim Mittagessen unter freiem Himmel im Innenhof des Hotels entspannte ich mich. Ich saß mit Joanna, Walter und einigen Leuten vom Filmverleih zusammen, als plötzlich am Nebentisch ein Mann aufstand und zu uns herüberkam. Die ganze Gruppe an meinem Tisch schien den Atem anzuhalten, als ich mich umdrehte.
»Waris«, sagte der große, kräftige Mann vor mir, »wir haben deinen Film in einem Screening gesehen, und er ist wirklich stark. Der Streifen hat uns sehr gut gefallen, herzlichen Glückwunsch!«
»Danke«, erwiderte ich nur verdutzt, und ein freudiges Strahlen stahl sich auf mein Gesicht.
Der Mann verabschiedete sich mit einem Nicken in die Runde und ging zurück ins Hotel.

An meinem Tisch stockte immer noch allen der Atem, keiner aß mehr, alle starrten mich an.
»Weißt du, wer das war?«, fragte schließlich einer der Mitarbeiter des Verleihs. »Das war Harvey Weinstein, einer der größten Produzenten Hollywoods!«
Ich war beeindruckt und fühlte mich augenblicklich stärker, aber der entscheidende Moment, die Premiere, stand uns immer noch bevor. Wie wird das Publikum den Film beurteilen?, fragte ich mich wohl zum hundertsten Mal.
Nach dem Essen ging ich auf mein Zimmer, um mich umzuziehen und auf die Veranstaltung vorzubereiten. Am späten Nachmittag machte ich mich auf den Weg zum Veranstaltungsort, wo bereits zahlreiche Schaulustige, Fotografen und Journalisten warteten. Leon blieb im Hotel bei Joannas Mutter, die sich oft um ihn kümmerte und die für ihn schon so etwas wie eine Ersatzoma war.
Während ich über den roten Teppich schritt und mir einen Weg durch die Menschenmenge bahnte, ging erneut ein wahres Blitzlichtgewitter auf mich nieder. Meine Nervosität stieg so sehr, dass ich am liebsten auf der Stelle umgekehrt wäre. Aber ich lächelte tapfer, setzte einfach weiter einen Fuß vor den anderen und versuchte, mir nichts anmerken zu lassen. Trotzdem war ich froh, als ich endlich den Kinosaal erreichte und mich auf meinem Sessel niederlassen konnte.
Der Saal war bis auf den letzten Platz besetzt, einige Menschen saßen sogar in den Gängen und auf den Treppenstufen.
Nach einer kurzen Ansprache durch den Präsidenten der Festspiele wurde es dunkel. Für einen Moment war es mucksmäuschenstill, dann begann der Film.
Schon bei den ersten großartigen Bildern aus der Wüste vergaß ich die Leute um mich herum, die Premiere, Venedig und alle Sorgen, die ich mir in den vergangenen Tagen gemacht hatte. Binnen Sekunden war ich zurück in der Wüste,

zurück in meiner Kindheit. Vor mir auf der riesigen Leinwand lief ein Spielfilm, während sich gleichzeitig in meinem Kopf mein eigenes Leben abspulte. Alles kam in diesem Augenblick mit voller Wucht zurück. Alles, was ich in diesem Leben an Schönem und Schrecklichem gesehen und erlebt hatte, gebündelt für die Dauer eines Kinofilms. Zu jeder Szene, die ich auf der Leinwand sah, stiegen unzählige andere Erinnerungen in mir auf.

Als nach knapp zwei Stunden der Abspann lief, hatte ich Schwierigkeiten zu begreifen, was da gerade passiert war. Ich hatte die Uraufführung von *Wüstenblume* miterlebt, dem Kinofilm über mein Leben.

Von irgendwo hörte ich eine Stimme. »Meine Damen und Herren, Waris Dirie!«

Rund um mich herum standen die ersten Zuschauer auf, und auf einmal brach tosender Applaus los. Noch völlig benommen von den Eindrücken des Films und den eigenen Bildern in meinem Kopf, stand ich auf und schob mich durch die Menge nach vorn zur Bühne. Die Menschen klatschten und klatschten, inzwischen stand der ganze Saal und applaudierte. Es schien, als wollte der Applaus gar kein Ende mehr nehmen.

In diesem Augenblick empfand ich eine unglaubliche Erleichterung, während mir die Tränen nur so über die Wangen liefen. In den letzten Wochen und Tagen hatte ich mir diesen Moment so oft ausgemalt, aber das hier übertraf alle meine Erwartungen. Glücklich umarmte ich erst Sherry und Peter, danach Liya und Soraya, die mich so berührend dargestellt hatten. Unser gemeinsames Baby *Wüstenblume* hatte nun das Licht der Welt erblickt, und ich konnte mir keine bessere Art vorstellen, mich von Europa zu verabschieden.

Nach der Vorstellung gab es einen Empfang, veranstaltet vom Präsidenten des Filmfestivals, zu dem die Crew und zahlreiche Ehrengäste eingeladen waren. Ich sonnte mich in

dem Erfolg, dennoch wollte ich nicht lange bleiben. Es zog mich zurück ins Hotel, zu Leon.
»Ich danke euch sehr für diesen wunderschönen Abend«, verabschiedete ich mich von den Feiernden um mich herum und schlich mich unauffällig hinaus.
Zu Fuß lief ich zurück ins Hotel und atmete die klare Nachtluft tief ein. Was für ein Erlebnis. Was für ein Erfolg. Die Weichen waren nun endgültig gestellt.
Im Hotelzimmer sah ich sofort nach Leon, der selig schlafend dalag. Als ich mich aus dem bodenlangen blauen Premierenkleid schälte, wachte er auf und sah mich an. Ich nahm meinen kleinen Sohn aus seinem Bettchen und stellte mich mit ihm an das weit geöffnete Fenster. Warme Luft wehte aus dem Süden zu uns herein, dort, wo Afrika lag.
»Wir haben es geschafft, Leon«, sagte ich überglücklich.
Ich ging mit ihm auf dem Arm zu dem Stuhl, auf dem meine Handtasche lag, und griff hinein. Dann zog ich ein längliches weißes Kuvert hervor.
»Weißt du, was das ist, mein Sohn?«, fragte ich ihn, woraufhin er mich mit großen Augen ansah. »Das sind unsere Tickets nach Afrika. Ich trage sie schon die ganzen Tage hier in Venedig mit mir herum, sogar bei der Premiere hatte ich sie dabei. Jetzt, nach diesem perfekten Abend, kann ich Europa mit einer wunderschönen Erinnerung verlassen und mit dir in meine Vergangenheit reisen. In unsere gemeinsame Zukunft. In unser neues Leben. Nach Afrika!«

Zwar hat der Mensch zwei Beine,
doch er kann nur einen Weg gehen.
Aus dem Senegal

Epilog

Afrika, meine Hoffnung

Ich allein kann Afrika nicht retten. Afrika kann sich nur selbst retten.

Letztendlich kann ich als Afrikanerin lediglich mit gutem Beispiel vorangehen. Deshalb werde ich auch in meine Heimat zurückkehren, um dort für die gesellschaftlichen Veränderungen zu kämpfen, die notwendig sind, damit Afrika endlich sein Potenzial voll ausschöpfen kann.

Ich bin fest davon überzeugt, dass sich auf diesem Kontinent etwas Grundlegendes ändern muss: die gesellschaftliche Stellung der Frau. Nur so hat Afrika überhaupt eine Chance.

In der Natur sind die Dinge in der Balance. Es gibt Tag und Nacht, Sommer und Winter, Aufruhr und Ruhe. Nach einer Dürreperiode muss es irgendwann wieder regnen, und wenn man lange wach war, muss man irgendwann schlafen. Mann und Frau spiegeln diese Balance der Natur im Grunde ebenfalls wider.

Aber überall auf der Welt ignorieren die Menschen diese natürliche Balance, oder sie unterdrücken und zerstören sie mutwillig, indem sie Frauen, die sich von Natur aus in einem natürlichen Gleichgewicht mit den Männern befinden, systematisch unterdrücken. Wenn eine Gesellschaft einen Mann höher stellt als eine Frau, wenn sie ihm mehr Rechte zuspricht und ihm erlaubt, mit Frauen umzugehen, wie er will, dann missachtet diese Gesellschaft das grundlegendste aller Naturgesetze. Eine solche Gesellschaft kann niemals so gedeihen und sich entwickeln wie eine Gesellschaft, die diese natürliche Balance zwischen Männern und Frauen achtet.

In Afrika ist diese Balance nachhaltig zerstört worden, und

es wird sehr viel an Einsatz, Mut und Geduld brauchen, um sie wiederherzustellen. Trotzdem bin ich davon überzeugt, dass die afrikanischen Frauen mit all ihrem Mut und ihrer Würde in absehbarer Zeit den Platz in der Gesellschaft erringen werden, den die Natur für sie vorgesehen hat: gleichberechtigt im Hinblick auf ihren Einfluss und ihre Macht mit den Männern.

Die Frauen Afrikas dürfen nicht länger abwarten, sie müssen selbst Veränderungen anregen, sie müssen ihr eigenes Denken und das ihrer Gesellschaften wachrütteln und neu sortieren, bis alles wieder an dem von der Natur vorgesehenen Platz und damit in perfekter Balance ist.

Mit meiner Foundation möchte ich einen Beitrag zu dieser Neugestaltung der afrikanischen Gesellschaft leisten. Ich möchte dabei helfen, die afrikanischen Frauen zu dem Platz in der Gesellschaft zu führen, der ihnen angestammt ist. Zu dem Platz, den sie verdienen und auf den sie ein Recht haben. Deshalb startet noch in diesem Jahr mein Programm zur Förderung von jungen afrikanischen Frauen, die das Potenzial haben, die Gesellschaft in ihrem jeweiligen Heimatland zu verändern. Diese Frauen sollen Vorbilder für alle kleinen afrikanischen Mädchen werden, die ihnen folgen werden im Kampf für Gleichberechtigung und gesellschaftliche Anerkennung.

Möge mein Vorhaben gelingen!

Anhang

Im Jahr 2002 habe ich die Desert Flower Foundation gegründet, da ich davon überzeugt war, dass mein Engagement gegen FGM ein so großer und wichtiger Kampf ist, dass ich ihn im Rahmen einer eigenen Organisation vorantreiben sollte. Als UN-Botschafterin musste ich die Erfahrung machen, dass sehr große Organisationen wie die Vereinten Nationen nicht immer der effektivste und effizienteste Weg sind, ein Übel in der Welt zu bekämpfen.
Während meines Aufenthalts in Großbritannien im Jahr 2001 erfuhr ich aus der somalischen Community, dass FGM auch in den afrikanischen Gemeinschaften in England sehr weit verbreitet war und es trotzdem so gut wie keine Maßnahmen dagegen gab. Die Behörden interessierten sich schlicht nicht dafür, dass dieses Verbrechen in Großbritannien begangen wurde. Die Recherchen und gesammelten Informationen über die weite Verbreitung von FGM in Großbritannien sollten das erste Projekt meiner eigenen Organisation werden. Doch schon im Rahmen der Vorarbeiten stellte sich heraus, dass sich das Problem nicht auf Großbritannien beschränkte, sondern dass afrikanische Communities FGM in ganz Europa praktizierten.
Trotz dieser Situation gab es außer in Frankreich in keinem Land staatliche Maßnahmen gegen dieses Verbrechen. Entweder die Politiker ignorierten es, oder sie rechtfertigten es mit dem scheinheiligen Argument, FGM sei nun einmal Teil der afrikanischen Kultur und der Westen habe kein Recht, sich in die Traditionen und Bräuche der Afrikaner einzumischen.
Nach mehreren Monaten beschloss ich, die Informationen, die ich gesammelt hatte, zu einem Buch zu verarbeiten. *Schmerzenskinder* erschien nach über zweijährigen intensiven Recherchen im Jahr 2005 und war die erste Publikation zum Thema FGM in Europa. Zum Zeitpunkt der Veröffentlichung des Buches gingen wir von 500 000 betroffenen Frauen in Europa aus, heute wissen

wir, dass die Dunkelziffer um einiges höher ist. Wir konfrontierten die Behörden, die Ärzteschaft und Politiker mit unseren Resultaten – mit Erfolg.

Im Januar 2006 setzte die EU das Thema FGM in Europa erstmals auf die Agenda des Ministerrats. Ich wurde eingeladen, unsere Ergebnisse und die Arbeit meiner Foundation in Brüssel zu präsentieren. In zahlreichen Einzelgesprächen versicherten mir die Ministerinnen und Minister der verschiedenen Länder immer wieder, man werde etwas gegen dieses Verbrechen unternehmen. Tatsächlich verschärften daraufhin fast alle europäischen Staaten ihre Gesetze.

Die Arbeit meiner Foundation war damit allerdings bei weitem nicht getan, ganz im Gegenteil. Ich hatte mir bei der Gründung meiner eigenen Organisation zum Ziel gesetzt, Kampagnen zur Meinungsbildung gegen weibliche Genitalverstümmelung insbesondere in Europa, aber auch in Amerika und natürlich in Afrika durchzuführen und zu unterstützen. Ich beschloss, dafür zu sorgen, dass jeder, der etwas über dieses Thema erfahren wollte, seien es nun Betroffene, Politiker, Journalisten, Lehrer, Ärzte oder interessierte Privatpersonen, leicht und jederzeit an verlässliche Informationen herankam. Ich wollte erreichen, dass niemand in Europa und auf der ganzen Welt mehr sagen könnte, er habe noch nie von FGM gehört. Natürlich wollte ich auch den Betroffenen oder Mädchen, die von FGM bedroht waren, schnelle und unbürokratische Hilfe anbieten. Im Jahr 2007 veröffentlichte ich das Waris-Dirie-Manifest, in dem ich eine Reihe von Forderungen formulierte.

Um diese Ziele umsetzen zu können, ließ ich eine zweisprachige Homepage einrichten, um Betroffenen ebenso wie Menschen, die sich im Kampf gegen Genitalverstümmelung engagieren wollten, eine Informationsplattform zu bieten. Über diese Homepage kann jeder, der will, mit mir direkt oder mit meinen Mitarbeitern in Kontakt treten. Inzwischen haben sich mehr als 40 000 Menschen unter der E-Mail-Adresse waris@utanet.at an uns gewendet. Die

Anfragen erreichen uns aus der ganzen Welt, und wir beantworten garantiert jede einzelne Zuschrift.

Dank dieser Möglichkeit der Kontaktaufnahme konnten bis heute zahlreiche Mädchen aus England, Frankreich, Spanien, Deutschland, Österreich, der Schweiz, Italien, Holland, Schweden, Kenia, Nigeria, Ghana, Kamerun, Äthiopien und Dschibuti, um nur einige zu nennen, vor weiblicher Genitalverstümmelung bewahrt werden.

Sobald Gefahr in Verzug ist, schalten wir in den Ländern der Betroffenen entweder die NGOs oder die Behörden ein, vornehmlich Jugendämter und Sozialeinrichtungen, die sich in aller Regel umgehend um die Mädchen und deren Familien kümmern. Wir machen diese Fälle prinzipiell nicht publik, um den betroffenen Mädchen, deren Eltern oft vom Einschreiten der Behörden überrascht sind, nicht zu schaden.

Des Weiteren unterstützt die Desert Flower Foundation weltweit alle Medien, die über dieses Thema berichten wollen, mit Recherchematerial. Seit Gründung der Organisation wurden über 3500 redaktionelle Beiträge auf der ganzen Welt mit unserer Unterstützung veröffentlicht. Allein 2009 haben meine Mitarbeiter und ich mehr als 400 Medienberichte bearbeitet und Journalisten mit Infomaterial versorgt. Dank der großen internationalen Medienpräsenz meldeten sich bei uns auch Frauen, Ärzte und Hebammen aus Ländern, die bisher in keiner FGM-Statistik erfasst werden, wie zum Beispiel aus dem Irak, dem Iran, Indonesien, Malaysia, Pakistan, Indien, Bosnien und Kolumbien, um nur einige zu nennen. Es melden sich Krankenhäuser aus Australien, Neuseeland und den USA, die zahlreiche betroffene Frauen behandelten und dachten, FGM sei nur ein lokales Problem in ihrer Region.

Als ich mit meinem Kampf gegen FGM begann, schätzten offizielle Stellen wie die UN oder die WHO die Zahl der Betroffenen auf weltweit 70 Millionen Frauen und Mädchen. Heute geht man von mindestens 150 Millionen betroffenen Frauen aus. Ich bin davon überzeugt, dass die tatsächliche Zahl doppelt so hoch ist.

In den ersten Jahren als Menschenrechtsaktivistin konzentrierte ich mich vor allem auf die Aufklärungsarbeit. Ich wollte erreichen, dass in absehbarer Zeit ein jeder über das Thema FGM Bescheid wusste und die zuständigen Politiker endlich merkten, dass FGM überall auf der Welt ein Problem war und nicht etwas, das nur in Afrika passierte.

Was das angeht, haben wir in den letzten Jahren viel erreicht. Mittlerweile kann kein Politiker oder Arzt mehr mit gutem Gewissen behaupten, er habe nichts von dem Problem gewusst. Überall auf der Welt gibt es inzwischen Organisationen und Initiativen gegen FGM, und auch den Opfern kann mittlerweile besser geholfen werden. Trotzdem bleibt das Problem bestehen.

Ich bin überzeugt, dass man FGM nur dann effektiv bekämpfen kann, wenn man die gesellschaftlichen Strukturen, die die Grundlage für dieses Verbrechen bilden, nachhaltig verändert. FGM ist nichts anderes als eine besonders brutale Form der Unterdrückung von Frauen, und man wird FGM nur dann effektiv bekämpfen können, wenn man zunächst die Ursache aus der Welt schafft. Frauen in ganz Afrika und überall sonst auf der Welt müssen endlich die gesellschaftliche Rolle und den Respekt bekommen, der ihnen zusteht. Wenn jedes Mädchen und jede Frau mit dem Respekt behandelt würde, der ihr als Mensch zusteht, gäbe es FGM schon bald nicht mehr, genauso wenig wie Zwangsverheiratung und Polygamie.

Die Arbeit meiner Foundation wird sich deshalb in Zukunft nicht mehr auf Aufklärungsarbeit und Informationsbeschaffung beschränken, sondern sich vor allem auf die Verbesserung der Situation der Frauen in Afrika konzentrieren. Die Entwicklung im Westen hat deutlich gezeigt, dass neben der gesetzlichen Gleichstellung von Mann und Frau vor allem ein eigenes Einkommen Frauen zu mehr Unabhängigkeit und damit zu einer stärkeren gesellschaftliche Stellung verholfen hat. Die Frauen Afrikas haben das Potenzial, das Gleiche zu erreichen, man muss ihnen nur die Möglichkeit geben, finanziell unabhängig zu werden.

Dazu möchte ich mit meiner Foundation aktiv beitragen, indem ich afrikanische Unternehmerinnen bei der Umsetzung ihrer Geschäftsideen unterstütze. Denn nur, wenn in Afrika Jobs geschaffen werden und Frauen über ein eigenes Einkommen verfügen, kann sich dort nachhaltig etwas ändern. Im Rahmen der Arbeit an diesem Buch habe ich eine neue Liste von Forderungen erstellt. Ich bin überzeugt, dass eine Erfüllung dieser Punkte nicht nur die Lebenssituation aller Afrikaner verbessern, sondern auch der grausamen Praxis weiblicher Genitalverstümmelung ein Ende setzen würde.

Meine Forderungen für die Zukunft Afrikas: Frauenrechte stärken

- Den Frauen in Afrika muss endlich der Respekt entgegengebracht werden, den sie verdienen. Das bedeutet: zum einen gleiche Rechte für Männer und Frauen, zum anderen ein Verbot von Polygamie, Zwangsverheiratungen und Genitalverstümmelung.
- Afrika braucht sexuelle Aufklärung. Afrikanerinnen und Afrikaner müssen anfangen, über Sex zu sprechen. Sie müssen wissen, wie sie sich vor Aids und vor ungewollten Schwangerschaften schützen können. Afrika braucht im Grunde seine eigene *Bravo*. Sexuelle Aufklärung ist entscheidend, damit die Frauen mehr Rechte und mehr Unabhängigkeit erlangen können. Mädchen und junge Frauen müssen wissen, dass kein Mann ein Recht darauf hat, Sex mit ihnen zu haben, dass sie immer selbst entscheiden dürfen und ihr Körper nur ihnen allein gehört.

Wirtschaftliche Entwicklung fördern

- Afrika braucht gezielte Investitionen in die Wirtschaft statt Entwicklungshilfe sowie gezielte Förderung von Unternehmen, die Frauen zu fairen Bedingungen beschäftigen. Afrika braucht Kapital für den Aufbau von Klein- und Mittelbetrieben statt Geldspenden.
- Afrika braucht mehr Nachhaltigkeit bei den Investitionen, das bedeutet mehr Investitionen in Bildung und Infrastruktur sowie die Schulung von afrikanischen Unternehmerinnen in Qualitätsmanagement, Vertrieb und Marketing.
- High Potentials müssen gefördert werden. Nur wenn es in Afrika Arbeitsplätze für Hochqualifizierte gibt, kann die Abwanderung von gut ausgebildeten afrikanischen Arbeitskräften gestoppt werden.
- Schluss mit reinen Rohstoffexporten und Monokulturen, der komplette Wertschöpfungsprozess muss in Afrika stattfinden.
- Die Geberländer von Entwicklungshilfe sollten ihre wirtschaftlichen Interessen in Afrika offenlegen und afrikanischen Produkten Zugang zu ihren Märkten ermöglichen.

Korruption bekämpfen

- Die Korruption in Afrika muss endlich nachhaltig bekämpft werden. Viele Millionen Euro gehen jedes Jahr durch Korruption verloren; das ist wertvolles Geld, das in die Entwicklung des Kontinents investiert werden könnte – und dringend müsste. Die Afrikaner müssen erkennen, dass ihre korrupten Eliten die Ausbeutung der Kolonialherren nur weiterführen und ihre eigenen Völker auspressen.
- Die afrikanischen Regierungsmitglieder müssen aufhören, ihr Geld für Autos und westlichen Luxus auszugeben, und anfan-

gen, Geld für Schulen auszugeben und in die Bildung ihrer Jugend zu investieren. Bildung ist der Schlüssel für eine nachhaltige wirtschaftliche Entwicklung und für eine Gesellschaft, die das Tun ihrer eigenen Eliten hinterfragt und somit kontrollieren kann.
- Die großen Geber von Entwicklungshilfe wie die EU, die USA oder China müssen endlich aufhören, korrupte und kriminelle Regierungen zu unterstützen. Sie dürfen nicht länger wissentlich Verbrechern Geld in die Hände geben, das an anderer Stelle dringend gebraucht wird.

Afrika muss aufhören, sich selbst zu zerstören

- Die sinnlosen Kämpfe zwischen Familien, Stämmen, Rebellengruppen müssen aufhören. Ohne Frieden gibt es keine Zukunft für Afrika.
- Afrika muss sein eigenes Potenzial erkennen. Die Afrikaner müssen die Schönheit ihres Kontinents schätzen lernen und begreifen, wie sie die unglaublichen Ressourcen nutzen können, die Afrika zu bieten hat. Auch das touristische Potenzial kann nur erschlossen werden, wenn es keine sinnlosen Kriege und Umweltzerstörung mehr gibt.
- Die Afrikaner müssen endlich aufhören, auf Rettung zu warten. Nur die Afrikanerinnen und Afrikaner selbst können ihren Kontinent retten. Afrika muss dringend umdenken. Macht endlich Schluss mit der Passivität und tut etwas für eure eigene Zukunft.

AFRICA NEEDS A NEW SPIRIT.
Waris Dirie

Bitte unterstützen Sie mich und meine Projekte!

Zukünftig wird die Desert Flower Foundation gezielt in Projekte investieren, die eine nachhaltige wirtschaftliche Entwicklung in Afrika möglich machen. Dabei werden wir uns vor allem auf die Beschäftigung und Förderung von Mädchen und Frauen konzentrieren, da wir überzeugt sind, nur so die Unterdrückung von Frauen und damit Verbrechen wie Zwangsverheiratung und Genitalverstümmelung wirksam und nachhaltig bekämpfen zu können.

Wir werden hauptsächlich in zwei Bereiche investieren: in die berufliche Ausbildung junger Mädchen und in die Förderung von Unternehmerinnen, die Arbeitsplätze für Frauen schaffen.
Alle geförderten Projekte werden auf der Homepage der Desert Flower Foundation vorgestellt, wo auch ihre Entwicklung dokumentiert wird.

Wenn Sie mich unterstützen wollen, investieren Sie mit mir in die Zukunft der Frauen Afrikas. Weitere Infos finden Sie unter www.desertflowerfoundation.org

Danke
Ihre Waris Dirie

Die Spendenkontonummern der Desert Flower Foundation lauten:

für Deutschland:
Dresdner Private Banking
Kto.-Nr: 40 55 64000
BLZ: 500 803 00
IBAN: DE25 5008 0300 0405 5640 00
BIC: DRSDEEFF

für Österreich:
Bank Austria Creditanstalt
Kto.-Nr: 50333 903 555
BLZ: 12000
IBAN: AT30 1200 0503 3390 3555
BIC: BKAUATWW

für die Schweiz:
Raiffeisenbank St. Gallen
Kto.-Nr: 799407 36
BC: 80005
IBAN: CH63 8000 5000 0799 4073 6
SWIFT: RAIFCH22

Waris Dirie

WÜSTENBLUME

Vom Nomadenleben in der somalischen Wüste auf die teuersten Designer-Laufstege der Welt – ein Traum. Und ein Alptraum, denn Waris Dirie wurde im Alter von fünf Jahren Opfer eines grausamen Rituals: Sie wurde beschnitten.
In *Wüstenblume* bricht sie ihr jahrelanges Schweigen und erzählt ihre Geschichte. Heute kämpft sie mit ihrer eigenen Stiftung gegen die Genitalverstümmelung, die täglich 8000 Mädchen weltweit erleiden müssen.

»Ich weiß, dass *Wüstenblume* eine wichtige Botschaft hat,
die von allen Menschen geteilt wird:
die Achtung vor der menschlichen Würde.«
Waris Dirie

»Ihr Buch ist eine gelebte Geschichte voll Grausamkeit
und Glamour.«
Süddeutsche Zeitung

KNAUR TASCHENBUCH VERLAG

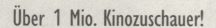